LEÇONS

DE

DROIT MUSULMAN.

LEÇONS

DE

DROIT MUSULMAN.

PAR

Mᵣ L. de LANGLARD,

PRÉSIDENT

DE LA COUR D'APPEL DE PONDICHÉRY,

OFFICIER D'ACADÉMIE

Chargé des cours de droit indou et musulman
à l'Ecole de Droit de Pondichéry.

PONDICHÉRY,

Imprimerie de E. Rattinamodéliar.

1887.

A MONSIEUR EDOUARD MANÈS,

Chevalier de la Légion d'honneur

Gouverneur

des Etablissements français dans l'Inde.

———

HOMMAGE

de sympathie profonde
et de respectueux dévouement.

———

A MES SOUSCRIPTEURS.

MESSIEURS,

A vous l'honneur de cette publication.

C'est un devoir, c'est un besoin pour moi de vous remercier de votre confiance dans les efforts que j'ai tentés pour doter l'Inde française d'un livre qui manquait à tous.

Ce livre est très imparfait.—Nul ne le sait plus que moi.—Mais il invitera à faire mieux. La route est désormais ouverte.

Vous, qui m'avez permis de l'ouvrir, MESSIEURS, acceptez l'expression de ma reconnaissance absolue et laissez-moi en marquer le témoignage, en inscrivant vos noms au frontispice de ce livre qui est autant votre œuvre que la mienne.

Pondichéry, le 15 Mars 1887.

DE LANGLARD.

LISTE DES SOUSCRIPTEURS

AUX LEÇONS DE DROIT MUSULMAN.

MM.

Adam (E.) Huissier, (Pondichéry.)
Amourdanadin Greffier malabar (Pondichéry)
Anandarayassmy Conseil agréé (Karikal)
Appouodéar Conseil agréé (Pondichéry)
Arathoom (E.) Etudiant en droit (Pondichéry)
Arloussamy (T.) Conseil agréé (Pondichery)
Aubert (E.) Juge de Paix (Pondichéry)
Baptiste (P.) Professeur (Pondichéry)
Baude de Bunnetat (Allain) C^re P^r. (Pondi-
chéry)
Bayoud (A.) C.—Greffier (Pondichéry)
Bayoud (C.) Avocat, (Pondichéry)
Bayoud (R.) Avocat, (Karikal)
Calvé Kichenassamy appréciateur au mont
de Piété (Pondichéry)
Canagassabé, Conseil agréé (Pondichéry)
Candassamyassary   do   do.
Casimir A. Greffier notaire, (Karikal)
Chanemouga vélayoudamodéliar,
Conseiller général (Pondichéry)
Chanemougapoullé tabellion (Pondichéry,
Check Ahmed, (Yanaon)
Check Haider, (Yanaon)
Check Mohamed (Yanaon)
le Chef des services administratifs
(Pondichéry)
Corbet Préfet apostolique (Pondichéry)
Covindassmynaïk Conseil agréé (Pondichery)
Covindassamynaïk C^re. de Police (Yanaon)
Dariakhan (Yanaon)
Devarambin Juge de Paix, (Yanaon)

De Soza (Christophe) Greffier—notaire(Chandernagor)

Djéganadin Etudiant en droit (Pondichéry.)

Divianadin Conseil agréé (Pondichéry.)

Dhouret Tabellion (Karikal.)

Douressamy Mouniapa Avocat (Pondichéry)

Douressamy naïk Greffier malabar (Pondichéry)

Douressamy Tamby Conseil agréé (Pondichéry).

Duchamp (E.) Conseiller (Pondichéry).

Duru (E.) C.—Greffier (Pondichéry).

Dutamby (A.) Greffier malabar (Karikal).

Fanovard (J.) Huissier (Pondichéry).

Filatriau (N.) Juge de Paix (Mahé).

Flouret (E.) Professeur (Pondichéry).

Fruteau (C.) Lieutenant de Juge (Pondichéry).

Gaudart (F.) Conseil agréé (Pondichéry).

Gobaloussamy Etudiant en droit(Pondichéry).

Gourel de st. Pern, Président du Tribunal de 1ère Instance (Pondichéry).

Gnanadicom, Ecrivain à la Direction de l'Intérieur (Pondichéry).

Gnanou Doressamy C.—Greffier (Pondichéry).

Guerre (L). Conseil agréé, (Pondichéry).

Guyot (R). Commis à la banque (Pondichéry).

Méloury, Greffier en chef (Pondichéry).

Hibon (C). Juge suppléant au Tribunal (Pondichéry].

Hostein (C.) Ecrivain à la Direction de l'Intérieur (Pondichéry).

Jore (N.) Procureur de la République, (Chandernagor).

Jully (A.) Etudiant en droit (Pondichéry).

Jumeau (A.) Professeur (Pondichéry.)

Kerjean (T.) Greffier de la Justice de Paix, (Karikal).

Kittéry (P.) Greffier notaire (Mahé.)

Laporte (P.) Professeur (Pondichéry.)

Law de Clapernon (J.) Professeur (Pondichéry.)

Lebeau (A.) Ecrivain à la Direction de l'Intérieur (Pondichéry.)

Leclerc (A.) Conseiller (Pondichéry.)

Lefaucheur (E.) Juge de Paix *p. i.* (Chandernagor.)

Lencou-Barème Conseiller-auditeur, (Pondichéry.)

Leroc Conseil agréé (Karikal.)

Lopez Huissier (Mahé.)

Leseigneur Commis au Domaine (Pondichéry.)

Magry (E.) Huissier (Karikal.)

Maléyamodéliar Huissier (Pondichéry.)

Mandicondi Ramin (Mahé.)

Mariette (A.) Interprète en chef (Pondichéry.)

Médor (A) C^{re} de police (Pondichéry.)

Mirabon Lieut. de juge (Karikal.)

Mohamed Abdoulcader (Yanaon.)

Mohamed Moustanga (Yanaon.)

De Montplanqua (A.) Juge de paix (Karikal.)

Mourguessapoullé Ecrivain au Parquet du Proc. de la Rép. (Pondichéry.)

Mourgassamyodéar 2ª secrétaire du Parquet général.

Mouttouvélou Etudiant en droit (Pondichéry.)

Mouttou Ragavin   do

Nagarattinamodéliar   do

De Nanteuil (R.) Conseil agréé (Pondichéry.)

De Nanteuil (G.) Avocat, (Karikal.)

Narayanassamychetty Conseil agréé (Pondichéry.)

Ollivier (M.) Procureur de la République (Karikal.)

Payanadin Bapou (Mahé.)

Péreira (G.) Greffier notaire (Yanaon.)

Ponnoussamynaïker Etudiant en droit (Pondichéry.)

Prudhomme (A.) Négociant (Pondichéry.)

Rajagobalou Etudiant en droit (Pondichéry.)

Rassindrin (L.) Conseil agréé (Pondichéry.)

Rassou Ponnaya Etudiant en droit (Pondichéry.)

Rattinapoullé 1er suppléant du juge de paix (Pondichéry).

Rattinassababady Conseil agréé(Pondichéry.)

Ribeiro (E.) 2° suppléant du juge de paix (Pondichéry.)

De Rozario (Bruno) Conseiller local (Pondichéry.)

De Rozario (Nemours) Professeur (Pondichéry.)

Sadassivanaik Conseil aréé (Pondichéry.)

Samyodéar Conseil agréé (Karikal.)

Samatom Kristaya (Yanaon.)

Samatom Soubaraïdou (Yanaon.)

Simonel Ecrivain à la Direction de l'Intérieur (Pondichéry.)

Sirot (A.) Juge suppléant (Pondichéry.)

Sirot (H.) Professeur (Pondichéry.)

Sorg (L.)Président du Tribunal *p.i.*(Chandernagor.)

Souboumodéliar Tabellion (Pondichéry.)

Soultan Mougamadou propriétaire (Karikal.)

Souprayen (Karikal.)

Tamby (A.)Professeur (Pondichéry.)

Thirout Mariassoucé Conseil agréé(Karikal.)

Vallabadassou C.—Greffier (Pondichéry.)

Varadarassalou Clerc (Pondichéry.)

Vayaboury Interprète (Pondichéry.)

Vennemani Magistrat (Saïgon.)

Vennemani greffier du tribunal (Pondichéry.)

Vinay (E.) Professeur d'anglais (Pondichéry.)

Vinayagapoullé Conseil agréé (Pondichéry.)

Vincata Soubaraïdou (Yanaon.)

Venougobalou, Conseil agréé (Pondichéry.)

Xavéry Professeur (Pondichéry.)

PRÉFACE.

Sur les 22 millions de Musulmans qui habitent l'Inde, et notamment le Nord de la Péninsule, une vingtaine de mille environ sont répandus dans nos cinq Etablissements. (1).

---

(1) L'agglomération musulmane forme donc un *Seizième et demi* de la population totale de l'Inde française, qu'un document officiel récent évalue à 271.568 habitants, ainsi répartis :

Pondichéry......................	139 210
Karikal.......................	93 066
Chandernagor...................	26 574
Mahé........................	8 166
Yanaon............	4 552
Total:	271 567

Les Musulmans sont répartis parmi nos cinq établissements comme suit:
On en compte:—

à Pondichéry......................	1 856
à Karikal........................	14 071
à Chandernagor...................	1 500
à Mahé..........................	2 709
à Yanaon........................	180
Total:	20 316

Cette population, tout en formant une agglomération parfaitement distincte des Indous conquis par elle, s'est, à la longue, assimilé la langue des vaincus.—Ceux d'origine indienne comme les *Scheiks* ont prétendu même adopter certaines de leurs institutions (1) et vivre sous le régime de la *caste* (2)

Par une réciprocité naturelle, les Indous se sont mêlés souvent aux manifestations du culte extérieur des Musulmans, comme on pourra le

---

(1) Parmi ces institutions, il faut citer la *Communauté indoue* dont les Musulmans ont persisté, malgré la jurisprudence constante, invariable de la Cour d'appel de Pondichéry, — (Voir au *Rec. de jur. de* M. A. Eyssette T. II. les arrêtés de 1843, 1852. 1856, 1859, 1863, 1867, 1874)—ont persisté, à invoquer les principes, dans leurs contestations. —« *L'Hérédité*, dit « M. A. Eyssette, sous l'arrêt du 29 Décembre 1874— « n'est pas étrangère au phénomène.—La plupart des « Musulmans (de l'Inde) ont du sang indou dans les « veines. » « Il ajoute: Le docteur Godineau—(un chef de « service de Karikal auteur d'une notice sur cet Etablisse- « ment)—va jusqu'à considérer les Musulmans de ce « pays comme *une classe d'Indous*. — *En se mêlant* « *aux Indous qui avaient embrassé le Mahométisme*, dit « en effet M. Godineau) *ils sont devenus une classe* « d'Indous, plutôt qu'ils ne sont demeurés Mogols, « Afgans ou Persans. »

(2) Que dis-je? l'admnistration supérieure suivit dans cette voie les Musulmans de l'Inde.—Elles les considéra,—ainsi que je l'ai dit dans *l'introduction* de ces Leçons p. 20,—comme une caste, (*la cinquième*) parmi les Indous, leur donna pour chef et *Juge de caste* le Kazi.—Les arrêtés de 1840 et de 1861 témoignent de ce compromis birarre mais certain./.

voir par les documents authentiques suivants,
que nous publions à titre de curiosité historique.

« *A M. de Verninac*, *C. Amiral Gouverneur*
« *des Etablessements Français dans l'Inde.* —»

« Cader... etc... a l'honneur de vous ex-
« poser:—»

« Que c'est la fête de YAMSEYS (1) qui est
« l'unique et la plus hrillante des fêtes musul-
« manes.—Ainsi, elle est fêtée, avec beaucoup de
« joie et de pompe, dans lesquelles *viennent*
« *participer les malabars qui font des vœux*
« *et se déguisent comme eux pour remplir leur*
« *promesse*, CHOSE QUI SE PRATIQUE D'UN TEMPS
« IMMÉMORIAL; ces présents qu'ils portent à cette
« fête servent à célébrer *quelqu'autre de leur*
« *culte*. (2) Qu'en effet, les *Malabars qui*

---

(1) On verra, p. 7 de ces LEÇONS, que la grande famille
mahométane est divisée en deux sectes ennemies.
La Sounite et la Schiite.—La première reconnaît Abou-
becker, Omar et Othman pour les successeurs légitimes du Prophète.—La seconde regarde ces trois Ka-
lifes comme des usurpateurs, et prétend qu'Ali gendre et ministre de Mahomet avait seul droit à son
héritage politique et religieux.—Dans le courant des
longues guerres que se firent les adhérents des deux
sectes, les deux fils d'Ali, Houssein et Hossein furent
surpris et tués par les soldats d'Omar, après une défense héroïque. C'est l'anniversaire de cet évènement
que célèbrent tous les ans, par une fête solennelle,
les indiens Mahométans.— Cette fête est appelée
Yamsey, par corruption des cris de *Ya Houssein! O
Hossein*, que les manifestants répètent en chœur.

(2) Voilà de la tolérance! Elle méritait peut être de
nous servir d'exemple.— Il est curieux de rapprocher
cette situation de la décision prise par l'administration supérieure de l'Inde au sujet du parcours de la

« *veulent accomplir leur vœux avec déguisement*
« obtiennent des permis du Naïnard ou grand
« Prévot indien, en fournissant caution entre
« ses mains pour en éviter des disputes. — De-

---

procession musulmane. Cette procession descendait la
rue de *Villenour* jusqu'à celle *des Français* et tra-
versait la *place du Gouvernement*, longeait la *rue St.
Louis* et rentrait dans la ville noire par *la rue de Gouvernement*. Mais on bâtit la nouvelle Eglise de Pondichéry : N. D. DES ANGES dans la *rue des Français* et
le Préfet apostolique d'alors demanda que l'itinéraire
de la procession des Yamseys fut changé, afin de faire
cesser la sorte d'inconvenance qui résultait de ce que
cette procession passait devant la façade de l'Eglise
catholique.

Il fut fait droit à la réclamation de M. le Préfet
apostolique CALMÈS, en ces termes :

Paris, le 26 Décembre 1855.

. . . .

« Il y a lieu évidemment d'avoir égard à cette ré-
« clamation....Si, ce qui est déjà beaucoup, nous
« tolérons jusque dans la ville blanche, des manifes-
« tations bruyantes et même nocturnes, qui tiennent
« au culte d'une partie des indigènes—mais dont la
« police n'a pas autrement à être inquiétée, nous de-
« vons au moins exiger qu'il ne soit rien fait qui
« puisse être interprété *comme un manque volontaire
« de respect pour notre propre culte et notre religion*. —
« Sous ce rapport, il est de notre devoir de veiller à
« ce que les convenances extérieures soient exacte-
« ment observées. — L'exécution de l'acte dont vous
« avez reproduit les termes rentre tout à fait dans cet
« ordre d'obligation. — Je vous invite donc à faire
« connaître mes intentions en ce sens à la population
« musulmane. »

Signé: HAMELIN.

Les Musulmans se soumirent et leur procession
passa par la *rue du Pavillon*, à partir de l'année 1856.

« puis, cela se pratique sans qu'il n'y ait eu
« jusqu'à présent aucun sujet de plainte grave;..
« *Cette pratique est notoire*, mais aujourd'hui,
« ils viennent d'apprendre par les Thanadars
« qu'aucun malabar ne peut se déguiser.......
« ....Cette condition met de L'ÉPOUVANTE dans
« leur fête si joyeuse...»

Il fut répondu à cette requête par le Maire Directeur de la police de l'époque, (2 Septembre 1855) comme suit:—

« Le maire directeur de la police ne peut ac-
« corder la permission de déguisement qu'aux
« Musulmans, puisque la fête du Yamsey est une
« fête musulmane (celle de la mort de l'Imam
« Houssein) et non une fête malabare...»

L'administration ne suivit pas le Maire de Pondichéry dans ses déductions rigoureurses. Elle tolera le compromis religieux passé entre les Indous et les Maures, se bornant à défendre les aumônes imposées et le port d'armes offensives.

Les Mahométans de l'Inde ont,—pour ces causes,—une physionomie à part, des coutumes spéciales, et les institutions juridiques qui les régissent ont un caractère propre que j'ai cherché à dégager et à fixer, dans cette étude. J'ai puisé aux sources les plus sûres, j'ai consulté partout, je me suis entouré de toutes les autorités en matière de coutume et de jurisprudence musulmanes et c'est le résultat de ces recherches, de ces investigations, de ces travaux que je livre au public sous le titre de LEÇONS DE DROIT MUSULMAN.

* *
*

Je n'ignore pas combien mon œuvre est imparfaite, et malgré les lacunes, les obscurités, les *à—*

peu—près qui s'y rencontrent, je la soumets telle quelle au jugement des hommes compétents; mon but principal ayant été d'établir une sorte de terrain de discussion sur un certain nombre de questions ou nouvelles ou insuffisamment appréciées.— De cette discussion sortira une doctrine certaine et une jurisprudence fixe.—Mon vœu sera réalisé; mes efforts plus que récompensés.

Mais, comme complément à ce livre, et, sous forme de PRÉFACE, j'ai cru devoir condenser dans ces pages les renseignement, divers que j'ai pu réunir sur les Musulmans de l'Inde française, leurs coutumes, les rites qu'ils suivent, leurs cérémonies religieuses, les mosquées où ils célèbrent leur culte, leurs divisions, subdivisious et classes, leur caractère, les professions habituelles aux quelles ils se livrent, *etc, etc*. toutes choses que j'ai dû négliger dans le cours de mes LEÇONS, pour ne pas surcharger mon enseignement.— A cette place, ils préparent, en quelque sorte, le lecteur aux études qui vont suivre et sont de nature, peut être, à les leur rendre moins arides.

*
* *.

L'agglomération musulmane de l'Inde composée de races diverses, a—suivant M. A. ESQUER, (1) une quadruple origine:

Les *Sayds ou Séïds* qui prétendent descendre de Mahomet par *Houçain* son petit-fils;

Les *Scheiks* ou convertis au mahométisme—anciennement appelés *Maures*;

---

(1)*Essais sur les Castes* p. p. 224 et *suiv.*

Le *Pathans* ou *Afghans* et les *Mogols*, mu-sulmans venus des pays étrngers pour se fixer daus l'Inde à l'appel des Nababs mogols de la Péninsule.

PONDICHÉRY.

Dans la répartition des musulmans parmi nos cinq Etablissemeuts, Pondichéry—le principal—ne vient, on le sait, que pour un *vingtième* envi-ron.

Division des musulmans à Pondi-chéry. — On voit peu d'individus dans le Chef-lieu de nos possessions, dit M. E. Sicé, (1) apparte-« nant à la division des *Saïds*, des *Pathans* et des « *Mogols*,—excepté toutefois quelques riches « négocianls et quelques armateurs de bâtiments « qui sont Mogols d'origine ;— excepté aussi le « *Cazi* et le *Moullah*, auxquels on conteste le « titre de *Saïd* qu'ils prennent à l'occasion des « fonctions qui leurs sont confiées....»

Les *Scheiks* sont nombreux au contraire à Pondichéry.—Ils se subdiviseut en trois grandes classes qui portent le nom des corps de métiers auxquels appartenaient les ancêtres des musul-mans actuels ; ce sont:—

Les *Sonagars*—ou marchands;
Les *Touloucars* ou tailleurs ;
Les *Pandjicotti* ou matelassiers.

Sectes religieuses.— Les 1.856 Musul-mans de Pondichéry ne forment par moins de quatre sectes religieuses, savoir:

1° Les orthodoxes divisés en orthodoxes de *Cottoubapally*.

---

(1)*Traité des lois musulmanes*. Préface p. II.

2° Et en orthodoxes de *Mirapally*.

3° Les Wahabites.

4° Les Dissidents—Pandjicotti.

Ils suivent les rites d'*Hanifa* et de *Schaffei*. (*V. Introduction, p. 6.*)

Il n'y eut, dans le principe, que deux sectes connues sous les noms des mosquées qu'elles fréquentaient:

1° La secte *Cottoubapally*.

2° La secte *Mirapally*.

Elles suivaient, d'ailleurs, dans leurs cérémonies, les mêmes rites.—

Le *Kazy* officiait aux cérémonies joyeuses. comme les mariages;—Le *Moullah* aux cérémonies funèbres.—Le *Kazy* et le *Moullah* avaient des mosquées *séparées, par le seul motif qu'ils avaient des offices distincts.*

Toutefois, dans le principe, la prière *Cottouba* (prière du vendredi) ne pouvait être récitée que dans la mosquée administrée par le Kazi. Il n'en est plus ainsi depuis la convention du 23 Novembre 1865.

Voici le texte de cette convention :

L'An 1865, le 23 novembre.

« Entre le soussigné Hezaret Bahadourdinesaïb, Kazi «de la ville de Pondichéry, du consentement des notables « de la caste musulmane de Pondichéry—d'une part ; »

« Et Hassenbeck et Abdoulmazidkan, notables des « dissidents de ladite caste musulmane—d'autre part,— « et avec l'assentiment de la Communauté dissidente « dont ils sont les représentants, il a été convenu ce « qui suit:— »

Art. 1er.

« Les Membres de la Communauté musulmane « dissidente sont libres de rester séparés, et de faire « leurs prières dans une nouvelle construction qu'ils « peuvent élever à leur frais et avec l'autorisatio nde

« l'autorité compétente dans le terrain dependant de la
« *Mosquée de Koutabapally*. »

« Ces prières seront faites sous la direction d'un
« Chef qui sera nommé aux musulmans dissidents par
« le Kazyar. »

Art. 2.

« Les Musulmans dissidents s'engagent à finir la
« construction stipulée dans l'art. 1ᵉʳ. dans le délai de
« six mois. »

Art. 3.

« Jusqu'à ce que la construction soit finie, les prières
« ci après:—

« 1º Les cinq prières quotidiennes prescrites par
« le Koran;

« 2º Les prières du mois de juin de RAMAZAN dites
« *Tarrangou*;

« 3º La prière du vendredi;

« 4º Les prières des deux grands jours de fête
« musulmane, c'est à dire *d'Eïd Ramazan* et *d'Eïd*
« *Kourban*;

« Les dites prières pourront être dites par les musul-
« mans dissidents, comme ils les disent aujourd'hui
« dans les mosquées de *Kouttoubapally* et *Mirapally*.
« Ils pourront faire également, mais toujours provi-
« soirement, la prière du vendredi dans la mosquée de
« *Mirapally*, sous la direction d'un musulman choisi
« par le Kazyar, et la commenceront après deux heures
« même dans la nouvelle construction. »

Art. 4.

« Les dissidents musulmans seront tenus d'accorder
« de leur plein gré au Kazyar tous les revenus dits
« *Attépanom* et autres droits attribués à ses fonctions
« depuis un temps immémorial dans ce pays;—ceci ne
« pourra faire aucune difficulté concernant les droits
« attribués aux fonctions de Kazyar. Il en sera de même
« pour les revenus attribués aux fonctions de Moullah
« et l'autorité de ces deux chefs sera reconnue dans tou-
« tes les cérémonies, à l'exception des dites prières de
« Kouttouba et autres. »

Art. 5.

« Si la difficulté survenue entre nous sur l'observa-
« tion des règles de notre religion, disparaît par la
« Grâce de bon Dieu *Allahsoubanahouvaté à la*, de
« quelque manière que ce soit, nous nous réunirons
« tous en une seule communauté et nous ferons ensem-
« ble les Kottouba du vendredi dans la mosquée de
« Kottoubapally et les autres prières seront faites sui-
« vant l'usage.

« Fait triple à Pondichéry, les jour, mois et an que
« dessus.

« APPROUVÉ PAR NOUS, Gouverneur des Établisse-
« ments français dans l'Inde, aux conditions suivantes:
« 1° La construction projetée sera faite aux frais,
« risques et périls des musulmans dissidents et l'Ad-
« ministration n'aura point à intervenir dans les litiges
« qu'ils pourraient avoir avec des tiers, à propos de
« la dite construction et de l'emplacement où elle
« s'élèvera.

« 2° Les musulmans dissidents renoncent à tout ja-
« mais à une subvention du trésor, telle que celle ac-
« tuellement payée aux mosquées de *Kouttobapally* et
« de *Mirapally*, seules reconnues par l'Administration.

« 3° Toute opposition de la part des musulmans
« dissidents aux cérémonies du culte dans les dites
« mosquées ou à l'extérieur, telles qu'elles se prati-
« quent actuellement, sous le prétexte qu'elles froissent
« leurs idées, leur sont interdites et pourront, suivant
« les cas, entraîner la fermeture de leur propre sanc-
« tuaire.

Pondichéry, le 2 décembre 1865.

Signé: BONTEMPS.

*
* *

Les Musulmans qui vont prier à *Kottoubapally*
et à *Mirapally* sont considérés comme les orthodoxes de la religion mahométane.

Le 16 avril 1834, le Gouverneur avait pris un
arrêté accordant aux mosquées *Cottoubapally* et
Mirapally une subvention annuelle de 500 francs:
le Juge de paix - lieutenant de police était chargé
de surveiller l'emploi de cette subvention.

Voici le texte de ce document:

« Au nom du Roi des français.

« Nous Gouverneur des Etablissements français dans
« l'Inde.

« Vu la demande par laquelle les notables musul-
« mans de cette ville demandent une subvention pé-
« cuniaire destinée à pourvoir au service de leur caste,
« Considérant que cette communauté n'a participé,
« jusqu'à ce jour, à aucune des faveurs accordées par
« le gouvernement aux autres cultes hindous de cette
« ville et que cependant ses revenus sont nuls :
« Considérant que la communauté musulmane a droit
« à toute la bienveillance du gouvernement par le
« caractère paisible des individus qui la composent,
« par leur soumission et leur respect aux lois et à
« l'ordre public;
« Sur le rapport et la proposition du sous commis-
« saire de la marine Ordonnateur;
« De l'avis du Conseil privé;
« Provisoirement et sauf l'approbation de M. le
« Ministre de la marine et des colonies ;
« Avons arrêté et arrêtons ce qui suit; '

« Art. 1er.

« Il est accordé *une subvention annuelle de cinq cents
« francs* pour la célébration du culte mahométan,
« dans les deux mosquées établies à Pondichéry et
« connues l'une sous la dénomination de *Cottouba-
« nally* et l'autre sous celle de *Mirapally*.

« Cette subvention sera payée trimestriellement, à
« partir du 1er janvier de cette année, entre les mains
« de M. le Juge de paix-lieutenant de police.

Art. 2.

« Ce magistrat sera chargé de déterminer l'emploi et
« de remettre le montant de cette subvention, savoir : à
« un comité de quatre notables présidés par le Cazy,
« pour moitié afférente à la mosquée *Cottoubabally* et à
« un pareil comité présidé par le Moullah, pour l'autre
« moitié afférente à la mosquée *Mirapally*.

« Ces comités seront chargés, sous la surveillance
« du magistrat de police, tant de l'emploi de la subven-
« tion que de celui des sommes provenant des dons vo-
« lontaires. Les membres qui doivent les composer
« seront nommés par le lieutenant de police.

Art. 3.

« Le commissaire de la marine-Ordonnateur est
« chargé de l'exécution du présent arrêté qui sera en-
« registré partout où besoin sera.

« Donné en notre hôtel à Pondichéry, le 16 avril
« 1834.

Signé : DE MELAY,

Par le Gouverneur.

Le Commissaire de la Marine, ordonnateur,

Signé : POGNON.

———————

*
* *

En 1857, un schisme se produisit entre les orthodoxes et il en naquit une troisième secte dite les *dissidents* ou *Wahabites*. Ceux-ci se basaient sur des interprétations du Koran.—Ils furent poursuivis à la date du 31 Octobre 1862.

Il nous a paru intéressant de relater le procès-verbal de cette poursuite.

« Audience publique du tribunal de simple police « de Pondichéry, du vendredi 31 octobre 1862.

« Le Ministère public, d'une part.

« Et 1°, Meidinekan, ignorant le nom de son père, « 2°, Navaskan, fils de Meidinekan, 3°, Ibrahimkan, « ignorant le nom de son père, 4°, Kadarkan, fils de « Sultankan, 5°, Cassim charif fils de Hassan charif, « 6°, Adamkan dit Mastan sahib, fils d'Ibrahimkan, « 7°, Abdoulmazid, fils d'Abdoullakan, 8°, Abdoul « Karim, fils de Bavasahib, 9°, Goulamhaidar, fils de « Checmoidine, 10° Mamoudousman, fils d'Abdoul-« rahman, 11° Abdoulcadar, fils de Mamoudousman, « 12° Ibrahamsahib, fils de Fakirdinesahil, 13° et Moi-« dine bek, fils de Rasoul bek, tous de caste musulmane, « domiciliés à Pondichéry. inculpés comparant en per-« sonne, assistés du sieur Charles Duru, leur fondé de « pouvoirs, d'autre part.

« Le tribunal jugeant en dernier ressort.

« Ouï les témoins en leurs dépositions, Le Ministère « public en ses réquisitions, et les inculpés en leurs « moyens de défense et observations;

« Vu le procès-verbal dressé par le tanadar Appa-« vou, le 10 du présent mois d'octobre et dont lecture « a été donnée à l'audience ;

« l'arrêté n° 495 du 17 avril 1833, l'art. 2 § 3 de « l'ordonnance royale du 20 janvier 1847.

« Attendu que du procès-verbal sus visé et des dé-« bats, il résulte la preuve que les inculpés. au nombre « de treize, plus trois cipahis qui doivent être poursui-« vies devant une autre juridiction, se sont rendus cou-« pables de s'être réunis illicitement en matière de » cérémonies réligieuses, le dix du présent mois d'oc-

« tobre, à deux heures et demie de l'après midi, dans
« une paillote établie sur le terrain de Radjahsahib,
« malgré qu'il aient été prévenus de ne pas s'y réunir;
    « Attendu qu'on voit, d'après la note donnée a M.
« le Procureur Impérial, le 20 du mois courant par le
« Cazy, que cette réunion n'a eu lieu par les inculpés,
« comme celles qui l'ont précédée, que dans le but de
« faire mépriser ou affaiblir son autorité de Cazy et
« de s'en affranchir, d'introduire dans le culte Maho-
« métan de nouveaux dogmes opposés à ceux qui sont
« reconnus et observés depuis un grand nombre
« d'années par les musulmans à Pondichéry et d'éta-
« blir ainsi parmi eux un schisme qui doit nécessaire-
« ment faire naître des perturbations ou contestations
« regrettables.
    « Attendu que, pour mettre fin à cette tendance à
« l'hérésie et maintenir le bon ordre dans la caste des
« musulmans, il est temps de sévir contre les inculpés
« qui sont restés sourds jusqu'à présent aux bons con-
« seils qui leur ont été donnés. »
    « Faisant, en conséquence, application des art. 1er
« et 4 § 2 de l'ordonnance locale du 28 décembre 1826
« lesquels sont ainsi conçus :
    « Art. 1er. Nulle association religieuse, littéraire,
« scientifique ou de toute autre nature, dont le but
« serait de se rassembler tous les jours ou à certains
« jours,—nulle réunion ayant pour objet de s'occuper
« d'affaires politiques et administratves ou de caste, ne
« pourront se former ni avoir lieu qu'avec l'agrément
« du gouvernement et sous les conditions qu'il lui
« plaira d'imposer, si elles sont composées de plus
« de dix personnes.
    « Art. 4. § 2. Les simples membres de réunions ou
« asssociations qui auraient pris une part active et les
« signataires de requètes ou d'adresses collectives se-
« ront punis d'une amende de cinq à cinquante fr.
    « Condamne Moidinekan, Navaskan, Ibrahimkan,
« Kaderkan, Cassimchérif, Adamkan dit Mastansaib,
« Abdoulmazid, Abdoulcarim, Goulambaydar, Mamoud-
« ousman, Abdoulcadar, Ibrahimsaïb et Moïdinbek,

« chacun à cinq francs d'amende et aux dépens
« faits par le ministère public, liquidés à un fanon pour
« chacun, non compris le coût de la grosse et la signi-
« fication du présent jugement.

« Prévient les condamnés qu'un délai de cinq jours
« leur est accordé pour se libérer et qu'à l'expiration
« de ce delai, ils y seront contraints par corps.

« Ainsi jugé et prononcé publiquement, les jour,
« mois et an que dessus.

Le 23 Novembre 1865, intervint entre les orthodoxes et les *Wahabites* la convention transac-
tionnelle plus haut rapportée que l'Administration supérieure sanctionna de son approbation.

Par décision du Gouverneur, en date du
2 Décembre suivant, les *Wahabites* furent au-
torisés à ouvrir une mosquée sous le nom de
Maszidé Mohamadia.

En 1874, une subdivision des dissidents:—les
Pandjicotti ou matelassiers obtinrent l'autorisation d'ouvrir une quatrième mosquée sous le
nom de *Maszidé Moussahidia*, en vertu de deux
décisions du Gouverneur des 3 et 4 Août 1874. (1)
Enfin une cinquième mosquée qui s'appelle *Maszidé Ahmadia* a été autorisée et construite
eu 1886, dans la rue des matelassiers sur la demande de quelques *pandjicottis*.

Les quatre mosquées de *Kotoubapally*, *Mirapally*, *Maszidé Mouhamadia* et *Maszidé Moussa-
idia* furent l'objet d'une décision du Gouverneur
Trillard, en date du 3 Juin 1876, qui tranche les
difficultés soulevées par les sectes musulmanes.-

_____

(1) Cette 4ᵉ mosquée n'a pas été construite jusqu'aujourd'hui./.

En voici le texte:——

« Examen fait de toutes les requêtes qui m'ont été
« adressées par les musulmans, des propositions de M.
« l'Ordonnateur, et après avoir pris l'avis de M. le
« Procureur général, je m'arrête aux résolutions
« suivantes :

« La secte des *Wahabites* n'a ici d'autres conditions
« d'existence que celles réglées par la convention du
« 23 novembre 1865, intervenue entre elle et les autres
« membres de la communauté musulmane de Pondi-
« chéry et approuvée par la décision de mon prédéces-
« seur du 2 décembre suivant.—Jusque là, l'autorité
« avait constamment repoussé les prétentions des dis-
« sidents suggérées, dès l'année 1857, par des novateurs
« étrangers, et se basant, comme elles le font encore
« aujourd'hui, sur des interprétations du Koran, pour
« critiquer l'organisation et les rites de la caste musul-
« mane et obtenir une séparation radicale et une au-
« tonomie propre.—C'est sur les refus persistants de
« mes prédécesseurs et après des poursuites dirigées
« par la police contre les dissidents (voir jugement de
« simple police du 31 octobre 1862) qu'ils comprirent
« la nécessité d'un accord avec les orthodoxes et c'est
« alors qu'intervint la convention de 1865.

« Il résulte de cet acte que l'autorisation d'ouvrir
« une mosquée n'a été accordée aux dissidents que
« pour l'accomplissement de *leurs prières intérieures* et
« que pour tout ce qui concerne le *culte extérieur*, ils
« restent soumis à l'autorité du Kazy et du Moullah(art.
« 4.de la convention et § 3 de la décision sus-visée du
« 2 décembre 1865,)autorité qui doit s'exercer dans les
« termes des décisions jointes à l'arrêté du 5 mars 1840
« Toute opposition de la part des musulmans dissidents
« aux cérémonies du culte dans les dites mosquées
« (orthodoxes) ou *à l'extérieur, telles qu'elles s'y pra-*
« *tiquent actuellement, sous le pretexte qu'elles frois-*
« *sent leurs idées,* leur sont *interdites* et pourront,
« *suivant les cas, entraîner la fermeture de leur propre*
« *sanctuaire.* (§ 3 précité).

« Cette sage mesure destinée à prévenir tout trou-
« ble, toute collision entre les musulmans et assurer
« ainsi le maintien de l'ordre public, doit être stricte-
« ment exécutée et la police devra y tenir la main. »

« En conséquence, si des dissidents s'opposent à
« l'exercice des droits et attributions du Kazy et du
« Moullah, où s'immiscent dans cet exercice, ils doivent
« être traduits devant le tribunal compétent, (c'est à
« dire le juge de paix, juge de caste) pour y être jugés
« conformément à la législation en vigueur, sauf au
« Gouverneur à faire ensuite application de la disposi-
« tion finale du texte ci dessus reproduit. »

« Le seul cas ou les dissidents pourront suppléer le
« Moullah, pour les cérémonies funéraires, c'est celui de
« l'absence ou de l'empêchement et du non remplace-
« ment du Moullah dûment constaté, après autorisation
« de la police. »

Les mêmes règles devront être appliquées à la 4°
« mosquée autorisée en 1874 par mon prédécesseur,
« en faveur des matelassiers et ils devront en être of-
« ficiellement informés.

« En ce qui concerne la participation des dissidents
« à l'élection du Kazy, du Moullah et des autres agents
« des deux pagodes orthodoxes, il y a une distinction
« à faire.—J'admets cette participation pour le Kazy, le
« Moullah, et même le Moullah adjoint, s'il est appelé à
« remplacer le titulaire en cas d'empêchement.—Ces
« ministres ayant action sur les dissidents qui se sont
« soumis à leur autorité par l'acte de 1865, on ne peut
« contester à ceux-ci, le droit de prendre part à l'as-
« semblée de la caste chargée de leur élection. Quant
« aux agents qui n'ont que des fonctions intérieures dans
« les mosquées, il n'y a aucune raison pour autori-
« ser les dissidents à participer à leur désignation, at-
« tendu que la délibération du 24 avril 1834, attribue
« la nomination du professeur aux Membres du Comité
« et *à fortiori* celle des autres agents inférieurs et
« que cette délibération doit être considérée comme
« emportant force exécutoire, puis qu'elle est la consé-

« quence de l'arrêté du 16 avril précédent, et qu'elle
« a été sanctionnée par l'usage depuis lors. »
« L'emploi de Kazy étant vacant par la démission du
« titulaire, une assemblée de caste devra être autorisée
« pour l'élection de son successeur et celle des Moul-
« lahs, s'il y a lieu. Le jour sera fixé par le Directeur de
« la police et l'assemblée se tiendra, dans le local qu'il
« désignera et sous sa surveillance. La délibération sera
« présentée à l'homologation du juge de caste.
« Telle est ma décision.—Elle sera communiquée par
« le Directeur de la police aux musulmans orthodoxes
« et dissidents et il leur fera connaître que je suis fati —
« gué de toutes ces réclamations, que je fais appel à la
« concorde, à la bonne harmonie entre tous, et que
« j'entends que cette décision qui donne satisfaction
« aux uns et aux autres, dans la limite de leurs droits
« respectifs, mette fin à tous ces débats. Autrement
« et selon que mon mécontentement sera provoqué par
« l'une ou par l'autre des sectes, je retirerai les auto —
« risations accordées aux dissidents en 1865 et en 1874,
« ou je supprimerai la subvention attribuée aux mos-
« quées orthodoxes.
« Enfin, les agents musulmans appartenant aux di-
« vers services seront prévenus par leurs chefs que je
« prononcerai leur licenciement, s'ils prennent un rôle
« actif dans les dissidences dont il s'agit; qu'ils remplis-
« sent leurs devoirs religieux d'après leurs croyances,
« rien de mieux, mais qu'il sachent bien que leur qua-
« lité d'employé du Gouvernement ne leur permet de
« prendre part à aucune agitation.
« Pondichéry, le 3 juin 1876.
« *Le Commissaire général de la marine, Gouverneur*
« *des Etablissements français dans l'Inde.*

« signé: TRILLARD.

« *L'Ordonnateur.*

« Signé: T. NESTY,

* * *

Karikal.

Les musulmans de Karikal (l'agglomération la plus importante et de beaucoup qui se rencontre dans nos Etablissements) appartiennent aux deux sectes *Hanafites* et *Schaffiites*.—On sait que ces deux sectes sont *Sounites* ou *orthodoxes*. Sur les 14,000 musulmans de l'Etablissement de Karikal, 400 seulement suivent le rite *Hanafite*; le reste suit le rite *Schaffiite*.— Les rites *Malékite* et *Hambalite* y sont inconnus.—(V. *infra*, p.6 des Leçons.)

Les musulmans de cet Etablissement ne forment pas une seule et même famille.—On les classe en *musulmans* et en *choulias*.—Ces derniers sont supposés descendre des conquérants Persans, Afgans ou Mogols qui se sont melés aux indous. Ils sont—dit-on—plus dévoués, plus fidèles, quoique moins civilisés que les musulmans. Ceux-ci seraient plus habiles, mais moins sûrs et moins confiants.

Parmi les *musulmans* se recrutent les tailleurs et les marchands; tandis que les *choulias* robustes, agiles et assez bons matelots sont presque tous *lascars, calfats* etc.... Ils se livrent à un actif cabotage entre Singapore, Moulmein et autres ports de la côte de l'*Est* et de la côte de *Coromandel*. Quelques uns sont de riches armateurs et possèdent des navires construits par des charpentiers indiens; un petit nombre sont marchands colporteurs et boutiquiers. (1)

---

(1) Peut-être sera-t-on curieux de savoir l'explication des termes : *Fakir, Hébé, Marécar, Sahib, Malimar, etc.* qui sont d'un usage courant parmi les musulmans de Karikal:—

Chefs de caste.— Il existe , à Karikal, parmi les musulmans, une institution particulière dite *Cheffeauté de caste*. Elle a été empruntée aux indous et , jusqu'à ce jour, suscite plus de difficultés qu'elle n'a eu le bonheur d'en résoudre.—Les *chefs de caste*—, (alors que la langue arabe ne possède pas de terme propre pour les désigner,)— se croient investis de pouvoirs illimités et régentent jusqu'au Kazi—leur chef spirituel.

Fakir. *Mendiant musulman*. Ce sont des espèces de religieux quêteurs qui vivent aux dépens de la pitié publique. Les femmes surtout leur refusent rarement l'aumône ; ils se percent les joues avec une aiguille, se piquent la langue, marchent à l'aide de sandales de bois garnies de clous et d'un seul pied; il en est même qui se pratiquent au dessus des hanches des ouvertures dans les quelles ils passent un couteau et mettent ainsi à contribution, à coup sûr, la générosité de la foule.

Lebé. *Prêtre officiant musulman*; titre honorifique donné aux musulmans respectables.

Marécar. Terme de politesse et en même temps terme honorifique donné aux riches choulias. Anciennement, le nom de *Marécar* était donné aux Schafiites.

Sahib. Désigne les *Patanys* et les grands de Nagour. Aussi un terme honorifique pous les choulias.

Malimar. Second capitaine des navires choulias.

Moullah ou Mougaïadine. Espèce de prêtre chargé de recevoir le serment des musulmans; substitut du Kazy. Ses fonctions consistent à ensevelir et enterrer les morts, à lire les prières d'usage, à accomplir d'autres devoirs religieux.

Mufty. Magistrat mahométan d'un ordre supérieur. Pas de mufty à Karikal.

Magoudah. Patron ou capitaine des navires choulias.

Il faut remonter à l'année 1831 pour trouver
l'origine de cette institution. L'Administration
supérieure de Karikal fatiguée des dissensions per-
pétuelles qui éclataient entre les sectateurs de Siva
et de Vichnou, à l'occasion des privilèges, des
emblêmes, et autres prérogatives de leurs cultes respectifs, résolut de confier le jugement de
ces conflits et la répression des troubles qui en
étaient la conséquence aux chefs des diverses divisions dissidentes.—

Les choulias de Karikal (descendants de *Sivaïstes* et de *Vichnouvistes*) qui, quoique musulmans, étaient restés attachés aux anciennes
coutumes, briguèrent la faveur d'avoir aussi
parmi eux des chefs qui jugeraient les difficultés
qui surviendraient dans *leur caste*—ce qui leur fut
octroyé.

Depuis cette époque, ces chefs de caste, *au
nombre de cinq*, se sont succédé par voie d'hérédité. Les plus graves critiques ont été élevées
contre l'ignorance et même contre l'inconduite
des chefs de caste actuels.—La difficulté de
contrôler ces assertions m'oblige à une réserve
absolue.

Ravouter. Musulmans qui s'occupent principalement de la culture du bétel. Ils demeurent à Ambaga-
ratour, commune de Nédouncadou.
Sarang. Maître d'équipage sur les navires choulias.
Soubédar. Terme musulman, capitaine des cipahis.
Soukany. Pilote choulia.
Kazy. Exerce les fonctions de prêtre, magistrat,
notaire, officier de l'Etat civil. Il rend ses sentences
dans son domicile, en présence de quatre témoins.
Choulia. Musulmans du Sud dégénérés et généralement adonnés aux occupations maritimes.— M. A.

Les fonctions des chefs de caste consistent généralement:

1° A créer des ressources et des revenus pour l'administration des temples musulmans et des mosquées.

2° A recouvrer les cotisations des croyants.

3° A faire célébrer les fêtes aux époques déterminées.

4° A veiller à la marche régulière des cérémonies du culte.

Des renseignements que j'ai recueillis, il résulte qu'il ne subsiste plus à Karikal que 2 chefs de caste musulmans, qui—naturellement—ne s'accordent pas sur l'étendue de leurs attributions.

L'un deux, paraît-il, prétendrait exercer sur tout ce qui touche au culte musulman une suprématie absolue.—Le Kazy lui même ne pourrait remplir—qu'avec son autorisation—les actes religieux et civils de sa compétence.—Enfin, chose plus grave, ce chef de caste empièterait sur les fonctions du Kazy ferait lui même des actes rentrant dans les attributions spéciales de magistrat et en percevrait le coût.—.

Il eût été intéressant de vérifier ces faits.

Ce qui semble hors de doute, tout au moins, c'est l'inutilité, ou—pour mieux dire—le danger de cette institution.

EYSSETTE affirme que cette CASTE (?) comprend, en grande partie, du moins, les descendants de *Sivaïstes* et de *Vichnouvistes* convertis de gré ou de force à l'Islamisme sous la domination mogole. Il ajoute : « L'étymologie du nom *choulia* n'est indiquée nulle part ; « elle est pourtant fort simple; ce mot dérive du substantif hindoustani *choli* ou *chouli* qui signifie *gilet*, « *waist coat*, vêtement particulier à la caste. »

Les vrais chefs de l'agglomération musulmane sont le Kazy et le Moullah (ainsi que le disait fort justement un ancien Directeur de la police de Pondichéry). « Ils sont chargés de résoudre « les questions qui se rattachent au culte mu- « sulman.—Dans ce culte se résument les mœurs « et les coutumes de la caste, car le Koran a « prévu tout ce qui concerne non seulement les « actions religieuses mais encore les actions « civiles de chacun de ses membres. Pourquoi « n'en serait-il pas de même à Karikal qu'à Pon- « dichéry? Il est possible que les desservants « des mosquées ne soient pas désignés sous le « même nom dans les deux localités; mais quelle « que soit la qualification sous laquelle ils sont « connus, les droits des chefs de ce culte sont « les mêmes partout, ils sont assistés à Pondi- « chéry par quatre notables présentés par eux « et acceptés par le Directeur de la police qui « veille à ce que le choix soit l'expression de la « volonté du plus grand nombre, et ils forment « ensemble un comité qui a charge de gérer les « biens *Wayefs* et toutes les questions qui sont « du ressort de la caste. Ses décisions doivent « être homologuées par le juge compétent « quand il ne s'agit pas d'affaires contentieuses. » « Puisque le Kazy et le Moullah ou tous autres « desservants, suivant les localités, sont les chefs « nés du culte musulman, pourquoi en faire

Caïcouly. (*Don à la main*). Dot de la femme musulmane donnée au mari par les parents de la future épouse. *Le caïcouly* est un don de 10 souverains (chaque souverain valant 2 roupies 6 fanons 9 caches 1/2) jusqu'à 100 souverains. On ne peut pas dépasser ce chiffre. Moyennant ce don, le mari est obligé d'habiter

« nommer d'autres à Karikal? Ce serait un em-
« barras plutôt qu'un moyen de simplifier la
« besogne; il vaudrait peut être mieux règler
« toutes choses là bas comme à Pondichéry »...

Mosquées — On compte à Karikal trois
mosquées dans le quartier musulman *Ouest*
et trois autres mosquées dans le quartier musulman *Est*.

La grande mosquée dite *SauMoucapally* du
quartier ouest dont l'origine remonte aux époques où cette ville était en la possession des Anglais et des Hollandais a été, depuis soixante
ans, l'objet de modifications, d'embellissements
tels qu'elle est devenue un édifice remarquable.

La mosquée du même nom du *quartier Est* a
été construite, il y a 80 ans, par Mamatamby-
marécar et à ses propres frais. Elle a été recons-
truite à neuf en 1883 avec argamasse et voute,
aux frais des musulmans du quartier. Elle est
aujourd'hui terminée et livrée au culte.

Les deux autres mosquées du *quartier ouest*,
ont été construites: l'une (appelée *Kidourou-
pally*) aux frais d'un particulier de ce quartier,
du nom de Kadermougaïdinesaëblevé, il y a plus
de 40 ans, et l'autre (appelée *Mirapally*,) par un
autre particulier du même quartier, du nom de
Mougaidinecandoumarécar, il y a plus de 20 ans.

Quant aux deux autres mosquées du *quartier
Est*, l'une (appelée *Capadapally*), qui est une

---

la *maison dotale*, c'est-à-dire chez la fille. —Dans le
cas où le mari quitterait cette maison, sa femme n'est
pas obligée de le suivre. Le mari qui reçoit un caïcouly
de 100 souverains est tenu, de son côté, de donner à la
future un bijou de 31 souverains.
Sidanam. Bijoux, meubles, linges et hardes donnés par les père et mère à la fille (*Stridanam.*)

vieille bâtisse réparée, tous les ans, aux frais des sectateurs du quartier, peut remonter à environ 100 ans, et l'autre a été construite en 1884, aux frais et par les soins de la dame Madarmougaïdinenatchialle, fille de l'honorable Ségoumiralevémarécar, pour implorer la protection divine, à l'effet d'obtenir une descendance qu'elle n'avait pas eue jusqn'alors;—elle a été ensuite livrée à la communauté du quartier, pour la pratique du culte.

Il n'y a pas à Karikal de schisme entre les sectateurs de Mahomet. La seule division est celle qui résulte (à proprement parler) de la situation des *quartiers Ouest* et *Est.* Chacun d'eux a ses pratiques et ses traditions particulières. Les affaires de chacun d'eux sont gérées par ses chefs de caste respectifs. — Mais les Kazys et les Moullahs leur sont communs.

Fête des Yamseys.—Cette fête, en honneur, jadis, à Karikal,—comme dans toute l'Inde— ayant été reconnue être l'occasion de désordres de *toute nature* cessa d'être célébrée pendant une trentaine d'années.—Depuis 3 ou 4 ans cependant, les chefs de caste ont recommencé à la célébrer.

*
* *

CHANDERNAGOR.

Cet Etablissement compte 1,500 Musulmans.— Ils sont tous orthodoxes ou Sounites. (En *bengali,* on dit *Chouni*).

Dogmes et pratiques religieuses. Les musulmans de Chandernagor vivent en bonne harmonie— sur ce point; pas de divergence entre eux, en ces matières délicates.

Division. Ils se divisent en trois *castes* ou classes.

1° Les *Séids*—en petit nombre; (trois ou quatre familles)

2° Les *Scheiks*—. C'est la classe les plus nombreuse de beaucoup; ils ajoutent, au Bengale, au nom de Scheik celui de *Mollique*.—Cette classe est considérée comme inférieure aux deux autres.

3° Les *Pathans*. (caste guerrière).—Ils se distinguent par le titre de *Khan* ajouté à leur nom. Il n'y a dans l'Établissement de Chandernagor que 5 familles de *Pathans*.

La prééminence des castes a donné lieu à quelques discussions. Les Séids et les Pathans— d'après l'opinion la plus commune—passent pour être supérieurs aux Scheiks.

Les musulmans de Chandernagor sont pauvres, en général;—ils sont tailleurs ou domestiques, quelques uns sont marchands.—Ils habitent indistinctement tous les quartiers de la ville.

Mosquées.— Chandernagor compte neuf mosquées.—Aucune d'elles n'est remarquable par son architecture. — La mosquée *Patouarpala* est la plus ancienne. Elle existe de temps immémorial. (1) La plus récente, celle de *Coutirgát* a été bâtie, il y a 3 ans. — Elles sont entretenues par les fidèles de chaque quartier qui élisent leur *Moullah*.

_____

(1) Parmi les anciennes mosquées il y en a d'abandonnées;—la plupart, à cause de leur état de délabrement ; l'une pour une raison plus singulière :— On prétend qu'elle est hantée par l'ombre d'un ancien moullah et bien qu'elle soit rigoureusement fermée, on y voit, dit-on— parfois— une lumière, la nuit. Aussi personne ne se hasarde à en franchir le seuil. On assure que ce serait mortel. = On rencontre dans l'Inde anglaise des mosquées très belles, notamment à Hoogly

Prêtres. — Il n'y a plus de Kazy à Chandernagor, depuis plus de 25 ans. — Autrefois, dit-on —
dans des temps très reculés, un Nabab avait désigné un Kazy dont les fonctions étaient héréditaires. Ses descendants les exercèrent jusqu'au
jour où le dernier rejeton de la famille
décéda, sans laisser d'héritier mâle. — Une
de ses filles vit encore actuellement sur le territoire de Chandernagor. On n'a plus nommé de
Kazy dans notre Etablissement du Bengale, parcequ'on n'y a trouvé personne qui fût capable de
remplir ces fonctions.

Ecoles. — Il y a à *Hoogly* (territoire anglais)
un collège fondé par un riche musulman nommé
Mohammed Mouchain et subventionné par le
Gouvernement anglais; les musulmans y sont ins-
truits gratuitement — pour la plupart; — quelques
uns payent une légère rétribution. Le niveau des
études y est, paraît-il, très élevé; notamment en ce
qui concerne le Persan, l'Arabe et tout ce qui se
rattache au Droit et à la religion des musulmans.
Parmi les membres enseignants de ce collége, il
faut citer les *Moholouvis*, sortes de docteurs en
théologie ou en jurisprudence, auxquels s'adres-
sent généralement les musulmans français de
Chandernagor, pour faire vider leurs procès. On
peut donc dire que toute la population musulmane de Chandernagor échappe à notre juridiction

---

et à Calcutta — mais elles appartiennent aux musul-
sulmans hétérodoxes — ou Schiites — (*en bengali* CHIA).
La plus grande mosquée de la région pour le rite
Sounite est celle de *Pandouva*, — les musulmans de
Chandernagor y vont souvent — notamment le pre-
mier jour de l'année indienne. — Parfois, au Bengale,
chez nos voisins, des discussions s'élèvent entre les
Sounites et les Schiites au sujet de questions religieuses.
Elles se terminent, le plus ordinairement, par des rixes —

Fêtes. — Les fêtes que les musulmans obser-vent à Chandernagor sont :

1° Le *Moharam* — (*Yamseys* à Pondichéry). V. PRÉFACE, p. III, *à la note.*

2° *Le Schabébérat,*

3° *Le Ramazzan,*

4° *Le Bakridd* (fête du bouc) (1)

Les musulmans de Chandernagor, enfin, parmi les prescriptions du Koran qu'ils suivent reli-gieusement, oublient souvent de compter celle qui prohibe l'usage des liqueurs fermentées.

MAHÉ.

Les musulmans de *Mahé*, sur la côte Ma-labare, au nombre de 2,709 portent le nom de *ma-plets* ou de *moplahs*. Ils prétendent descendre des arabes et suivent le rite mahométan. Cependant— et quoique musulmans très fanatiques— ils ont adopté le mode de succession établi par la loi du *Maroumacatayom*. A l'instar des Indous, ils vi-vent tous en *Communauté* et la loi qui régit ces

---

(1) Tout chef de famille doit, ce jour là, tuer un *bouc*, mais, dans la pratique, on remplace le plus sou-vent le *bouc* par une chèvre, un veau, un *bœuf.* Le sa-crifice de ce dernier animal est, chaque année, la cause de violentes querelles entre les musulmans et les In-dous dont le respect pour le bœuf est légendaire.— Il m'est rapporté que, l'année dernière, les indous et les musulmans ont engagé, à ce sujet, une véritable ba-taille à Delhi ou à Bénarès. Les troupes anglaises ont dû intervenir. Plus de cents indous et musulmans sont restés sur le terrain;—ce conflit a eu comme une sorte de retentissement même à Chandernagor et les mu-sulmans parlaient déjà de donner des coups de cou-teau aux indous qui se permettraient de s'opposer au sacrifice du bœuf.—

derniers leur est applicable. La *Communauté*
est l'état normal des familles des maplets. Eu
dehors de cette double adoption des institutions
indoues, ils se conforment, en tout et pour tout,
aux prescriptions du Koran.

Les noms des maplets diffèrent de ceux des
musulmans de l'autre Côte (*Coromandel*). Ainsi,
ils s'appellent: *Nalpagate Soupy*, *Tollom-Amod-
Coutty*, *Parrambote Moïdine*, *Manéilé-Coutialy*
etc......Les riches maplets qui ont fait un pè-
lérinage à la Mecque et ont visité le tombeau de
leur Prophète ajoutent à leur nom le mot *Adjy*,
qn'ils considèrent comme un titre de noblesse.

Il n'existe à Mahé que deux familles musulmanes d'origine Pathane ou Afgane. Elles sont
Schütes ou hétérodoxes, ou *séparées*.

Les maplets ne célèbrent pas la fête du *Moharam*.

Voici, d'après des extraits d'ouvrages anglais,
les principales dispositions de la loi du *Maroumacatayom*:

Dans la province du Malabar, le concubinage est le
règle. Touté la loi de l'hérédité repose sur l'existence
du lien de sang entre la mère et les fils. Cette loi est
appelée loi du MAROUMACATAYOM.

ORIGINE DE CETTE LOI:—Parasourama, premier roi
du Malabar, fit venir les brâmes dans son royaume
et leur donna des propriétés. Pour éviter le partage de
leurs biens, il décréta que le frère aîné seul en serait
le propriétaire. Il autorisa ce dernier seul à contracter
mariage. Les fils du frère aîné étaient considérés
comme les enfants de toute la famille.

Les frères cadets pouvaient vivre avec des femmes
de castes inférieures. Les enfants qui naissaient de ces
unions illégitimes n'étant pas des brâmes, ne pouvaient
hériter de leur père. Ils n'avaient droit qu'à la succession de leur mère. C'est pour ce motif que l'ordre de
succession, dans le Malabar, suit la ligne féminine et
non la ligne agnatique.

Les castes intérieures ont adopté le même mode de succession.

Toutes les castes suivent la loi du *Maroumacatayom*, à l'exception des *brâmes*, des *Akapodouals*, des artisans, tels que: *Charpentiers, forgerons, fondeurs* et *orfèvres* et quelques basses castes désignées sous les noms de *Chéroumars, Malayers* et *Paniars;*

Ces castes-sont soumises à la loi du MACATAYOM, succession directe.

COMMUNAUTÉ OU TARWAD:— Tous ceux qui suivent la loi du *Maroumacatayom* vivent en communauté. Cette communauté s'appelle *Tarwad.*

Le membre le plus éloigné est reconnu comme faisant partie de la famille (*tarwad*) s'il est sous la dépendance du Chef de la famille et s'il prend part à ses actes religieux.

L'aîné de n'importe quelle branche est le chef de la famille et s'appelle *Karnaven* (chef de la communauté.)

Les autres membres s'appellent *Anandraven*, (communs en biens).

Tous les Anandravens ont le droit de réclamer des aliments du tarvwad.

Le titre de Karnaven appartient au parent le plus âgé du Karnaven décédé et non au plus proche parent par le sang.

Le chef de la famille (Karnaven) a l'entier contrôle des affaires et des biens de famille dont il a l'administration dans l'intérêt de tous.

L'union de la famille ne peut être rompue par un membre (Anandraven) qui réclamerait sa part et qui exigerait la séparation de la communauté, ou qui ferait des dettes pour les faire supporter par la communauté.

Le partage d'un tarwad, sur lequel tous les anandarvens ont un droit égal, ne peut être effectué que de leur consentement mutuel.

Le créancier d'un commun (Anandraven) ne peut provoquer le partage des biens de la communauté pour se faire payer de ce qui lui est dû sur la part devant revenir à son débiteur.

Le tarwad ne répond pas des dettes particulières

d'un anandraven, mais de celles contractées par le Karnaven dans l'intérêt de la communauté.

POUVOIR DU KARNAVEN. Le Karnaven peut aliéner à son gré tous les biens mobiliers provenant des ancêtres ou acquis par lui. Quant aux immeubles, soit qu'ils aient été acquis par lui, ou par ses ancêtres, il doit se munir du consentement écrit de ses anandravens.

Le défaut de consentement d'un anandraven, qui ne serait pas en bonne intelligence avec le Karnaven ne vicierait point néanmoins l'acte du Karnaven qui aliénerait une propriété immobilière, le consentement des Anandravens n'étant exigé que pour les tarwads dont les membres sont d'accord.

Un Karnaven peut hypothéquer les biens du tarwad pour les besoins de la famille, sans le consentement des anandravens. Ce n'est qu'en cas d'aliénation parfaite que le concours de ces derniers est nécessaire.

La signature des anandravens n'est point nécessaire pour la validité des obligations souscrites par le Karnaven.

DETTES. Les dettes contractées par un Karnaven ou par le membre administrant le tarwad en vertu de ses pouvoirs, pour les besoins de la communauté, doivent être payées par cette dernière. Les biens de famille ne répondent pas de celles contractées par le chef pour ses besoins personnels.

Les dettes d'un anandraven ne sont pas à la charge de la communauté; elles ne sont payables que sur les biens particuliers de ce dernier, s'il en possède.

Une dette contractée par un Karnaven, est présumée l'avoir été pour les besoins de la famille, à moins de preuve contraire.

Celle contractée par un anandraven, est présumée l'avoir été dans son intérêt personnel.

DESTITUTION DU KARNAVEN. Un Karnaven peut être destitué pour incapacité. Les causes d'incapacité sont:

La perte de la caste,

L'âge,

La surdité,

La cécité.

Le mutisme,

La folie.

La conduite déréglée.

et la dissipation des biens de famille. Lorsqu'un Karnaven est révoqué de ses fonctions, soit par la famille, soit en exécution d'une décision judiciaire, il doit être remplacé par le mâle le plus âgé après lui.

BIENS PERSONNELLEMENT ACQUIS.— Les biens mobiliers personnellement acquis par un anadraven, savoir: ceux qui proviennent d'un travail individuel et sans l'aide des fonds de la famille appartiennent exclusivement à celui qui les a acqnis. Il peut en disposer à sa volonté; les femmes peuvent en posséder aussi bien que les hommes. En cas de décès, ces biens, s'il s'agit des hommes, passent aux fils de leurs sœurs ou aux plus proches parents et, s'il s'agit des femmes, à leurs enfants, garçons ou filles.

SUCCESSION. L'ordre de succession suit la ligne féminine et non la ligne agnatique.

Les héritiers d'un homme sont: les sœurs, les fils des sœurs, les filles des sœurs, les filles des filles des sœurs, la mère, les sœurs de la mère, les enfants de ces sœurs la grand'mère maternelle, ses sœurs, ses enfants *etc.*

Les héritiers d'une femme sont ses enfants garçons ou filles.

ADOPTION. L'adoption n'est permise à un homme qu'à défaut d'enfants de sa sœur.

L'adopté doit être du sexe féminin, mais le frère d'une fille ou femme peut être adopté en même temps que cette dernière pour l'aider dans l'administration des biens et l'accomplissement des cérémonies religieuses.

Les adoptions sont bien rares.

CONCORDANCE DES MOIS MALABARS AVEC CEUX
DE CALENDRIER GRÉGORIEN.

Noms des mois malabars.	*Noms des mois du calendrier grégorien.*
19 Danom.	1er Janvier.
20 Magarom.	1er Février

19 Coumbom.	1er Mars.
20 Minom.	1er Avril.
20 Meddom.	1er Mai.
20 Eddavom.	1er Juin.
18 Mitounom.	1er Juillet.
18 Karkadom.	1er Août.
17 Chingom.	1er Septembre.
16 Canny.	1er Octobre.
17 Toulaom.	1er Novembre.
17 Verchigom.	1er Décembre.

YANAON.

L'Etablissement de Yanaon compte 100 musulmans qui se divisent en deux classes, savoir:

Les *Pathans* ou *Afgans*.

Les *Scheiks*.

Une seule famille appartient à la 1re classe. Elle suit le rite *schaffiite*.—Tous les autres musulmans sont de la seconde classe et suivent le rite *hanafite*.

Les devoirs religieux auxquels sont soumis ces deux classes sont à peu près les mêmes. Seulement les Hanafites n'ont pas la permission de toucher à tels et tels comestibles qui ne sont pas défendus aux Schaffiites.—Bien que la musique soit-dit-on—défendue par le Koran, les musulmans de Mahé vivant au milieu des Indous, ont pris l'habitude de s'en servir pour les cérémonies de mariage.

Il y a un Kazy, à Yanaon.

FIN

DE LA PRÉFACE·

LEÇONS

DE

DROIT MUSULMAN

—————

INTRODUCTION

1re LEÇON

I.

Messieurs,

L'arrêté du 6 Janvier 1819, portant promulgation dans l'Inde française des Codes de la Métropole, dispose en son art. 3 :—
« Les indiens soit chrétiens, soit MAURES
« ou gentils seront jugés— *comme par le*
« *passé* (1)— suivant les lois, usages et cou-
« tumes de leur caste.»—

---

(1) On lit, en l'article 16 du Titre II du Règlement du 30 Décembre 1769, que : « La nation s'étant en-
« gagée dans les commencements de son établissement
« à Pondichéry à juger les Malabars et *autres indiens*
« qui auraient recours à la justice française, *suivant les*
« *mœurs et coutumes et lois malabares,* le lieutenant
« civil se conformera, à cet égard, à ce qui s'est pra-
« tiqué jusqu'à ce jour au siège civil de la *chaudrie.*»
Peut être n'est-il pas inutile d'expliquer ce qu'on entendait par *siège civil de la chaudrie.*— Un édit de

1

Cet arrêté crée, dans ce pays, pour les Magistrats et pour tous ceux qui se livrent ou se préparent à l'étude du Droit, le devoir rigoureux de se pénétrer des législations civiles régissant les diverses agglomérations qui peuplent nos Etablissements.

Louis XIV de Février 1701 créa un *Conseil souverain* à Pondichéry. Il était chargé de rendre la justice, tant au civil qu'au criminel. La juridiction civile était composée de deux Tribunaux séparés: le Conseil souverain et le Tribunal de la *chaudrie*. Ce Tribunal (qui avait son siège primitif dans une *chaudrie*, ou caravansérail destiné à recevoir les voyageurs de *toutes castes*, d'ou son nom) était chargé de rendre la justice aux Indiens, *d'après leurs propres lois et coutumes*. Il était présidé par un membre du Conseil souverain. Quelles étaient les règles de compétence de ce Tribunal?—Question insoluble, en raison des lacunes que présentent les archives coloniales. Il faut pousser jusqu'au 28 Janvier 1778 pour trouver un règlement fixant les règles à suivre par le Tribunal de la chaudrie. Ce règlement a duré autant que le Tribunal lui même. Le Tribunal de la chaudrie fut supprimé en 1805 pendant la domination anglaise, et remplacé par une *Chambre arbitrale,* en même temps que le Conseil souverain devenait la *Cour de Judicature* composée de trois juges, en matière civile, et de deux assesseurs ayant voix consultative.— L'appel des décisions de la Cour était porté au Gouverneur de Madras, en Conseil. Cette organisation dura jusqu'en 1815 date de la reprise par la France de ses Possessions dans l'Inde. Le Conseil supérieur et le Tribunal de la chaudrie réapparurent. Mais, en 1816, le Comte Du Puy, élabora plusieurs projets de règlements et d'institutions concernant la justice. Il dénonça à la métropole le *Tribunal de la chaudrie,* comme ayant été l'objet de vives critiques et de nombreuses réclamations, quant aux limites fixées pour sa compé-

Dans les Leçons de droit indou, j'ai, en 1884, exposé les principes de la loi des Indiens, en les éclairant de la jurisprudence de la Cour et des Tribunaux de l'Inde française—. Je me propose, dans le cours de ces leçons, de vous enseigner le droit Musulman, non pas le droit musulman *complet;* cette tâche serait au dessus de mes forces. Mon dessein est plus modeste. De la loi musulmane je ne veux considérer ici qu'une face, la face *civile.*

Bien qu'un auteur fort autorisé (1) ait écrit:— «Celui qui ne connaît que la jurisprudence civile des Arabes ne les connaît pas, *«pas même à demi,»* c'est pourtant à l'étude de cette seule jurisprudence que je consacrerai ces leçons, me bornant à vous inviter à étudier dans les ouvrages spéciaux la jurisprudence religieuse des sectateurs de Mahomet.

II.

De même que le monument sans contredit le plus important de la législation indoue est

---

tence et proposa de règlementer cette compétence d'une manière rationnelle. L'ordonnance du 23 Septembre 1827 apporta diverses modifications dans l'organisation des Tribunaux de l'Inde française. Le Conseil Supérieur devint la *Cour Royale*; le Tribunal de la chaudrie fut remplacé par le Tribunal de première instance. Un Tribunal de paix fut établi à Pondichéry; sa juridiction comprenait et comprend la ville et les districts composant le territoire de l'Etablissement. Enfin, l'ordonnance du 7 Février 1842 a réorganisé le service de la Cour et des Tribunaux de l'Inde française. Cette ordonnance nous régit encore.

(1 Perron.— Précis de jurisprudence musulmane./.

le *Manava Darma Sastrá* ou le livre de la loi de Manou, le KORAN est la base de la loi religieuse, civile et criminelle des musulmans.— Ce Code passe chez eux pour être d'origine divine et avoir été dicté par l'Archange Gabriel à Mahomet. (1) Les versets en furent écrits sur des feuilles de palmier ou de parchemin; Abou-Becker les réunit et les promulgua l'an 30 de *l'hégire,* c. a. d., en l'année 652ᵉ de notre ère, sous le titre de Koran. (2)

---

(1) MAHOMET naquit à la Mecque, vers 570 de J.-C. Il appartenait à la puissante tribu de Koreichites. Il se maria à l'âge de 25 ans, avec une riche veuve du nom de Kadidja et mena jusqu'à 40 ans une vie d'étude et de retraite. Il commença sa mission en 510. Après avoir converti à ses doctrines sa famille et quelques amis puissants parmi lesquels Ali, Aboubeckr et Othman, qui furent tous les trois Khalifes, il prêcha publiquement, se disant prophète et envoyé de Dieu. Mais, ayant éprouvé à la Mecque une vive opposition, il dut s'enfuir en 622 à Yatreb, qui depuis porta le nom de Médine (*Médinet-al-Nabi* ville du prophète, à cause de l'enthousiasme avec lequel il y fut accueilli.— C'est de cet évènement que date l'ère des Mahométans appelée *Hégire* ou fuite. Il s'empara de la Mecque en 680, en renversa les idoles et mourut deux ans plus tard—(632)—

(2) KORAN: livre, écriture.— Les principaux dogmes qu'il contient sont: l'unité de Dieu— l'immortalité de l'âme.— Un paradis avec des jouissances toutes sensuelles, le jugement dernier et la prédestination ou fatalisme.— Les préceptes sont: la circoncision— la prière— l'aumône— les ablutions— le jeûne, surtout pendant le Ramadan— les sacrifices dans quelques circonstances solennelles et l'abstinence du vin et de toute liqueur fermentée. Le prophète avait promis une

Après le Koran—et comme seconde autorité—il faut, parmi les sources de la loi musulmane écrite, citer la *Sounah*. C'est un recueil de lois traditionnelles. (1) Il comprend les paroles et les actes remarquables de Mahomet, ainsi que les règlements et décisions des premiers Khalifes: (Aboubeckr. Omar, Othman et Ali.) C'est le complément du Koran. Il est sacré comme lui. Mais ce recueil renferme, à côté de sages institutions, des rêveries invraisemblables même *absurdes* qui, pour devenir intelligibles, durent être interprêtées.— Cette interprétation fut en-

---

récompense dans la vie future à ceux de ses disciples qui apprendraient par cœur les versets du Koran. Le moyen était efficace pour graver le Koran dans la mémoire du peuple, mais il ne put assurer l'œuvre du prophète contre les diverses interprètations. Il existait déja au temps d'Othman sept leçons différentes du Koran. Pour conjurer le danger qui menaçait l'œuvre du Prophète, ses anciens disciples et compagnons entreprirent alors d'établir une version revue et corrigée du *Livre*. L'édition fut écrite dans le dialecte Koreichite et envoyée, par les soins d'Othman, dans tous les pays qui avaient embrassé l'Islamisme; tous les exemplaires antérieurs furent recherchés et anéantis. L'édition qui s'est conservée jusqu'à nos jours est celle préparée par les soins et sous le Khalifat d'Othman. (644-656.)

(1) Ces lois traditionnelles portent le nom de *Hélith*. Il n'existe pas, à vrai dire, chez les musulmans, de livre appelé *Sounah*. La Sounah désigne l'ensemble des règles qui ont été transmises aux adeptes de l'islamisme dans les Hédith ou traditions et constatées ou recueillies çà et là par divers recueils. Les Schiites admettent ces *hédith* aussi bien que les *Sounites*. (V. p. la différence qui existe, au point de vue de la doctrine, entre ces deux sectes, *de Tornauw*.)

treprise par les fameux quatre Imams. (1)

1° Hanîfa; (2)

2° Malek; (3)

3° Schâféi; (4)

4° Hambal;(5) et porte, dans le droit musulman, le nom de *Idjmá*. Il est de troisième autorité.—Chacun de ces imams est le fondateur d'une secte: L'autorité d'*Hanifa*, chef de la secte *Hanafite*, ainsi que celle de ses deux disciples: *Abou-yousouf* et *Imam-Mohammed* est prépondérante dans *le Bengale et l'Hindoustan.* Les opinions de ces deux disciples jouissent d'une telle considération, que, lorsque tous deux sont en désaccord avec leur maître, le juge a la liberté d'adopter l'une ou l'autre des deux opinions.— Si le désaccord se produit entre les opinions des deux disciples, l'opinion qui concorde avec celle du maître l'emporte. Dans les matières judiciaires, l'opinion d'Abou Yousouf est préférée à celle de l'Imam Mohamed.

Abou-Hanifa n'a pas laissé d'ouvrage de jurisprudence; mais ses doctrines ont été recueillies et commentées par ses disciples, notamment par l'Imam Mohamed, dans le *Zahirou-rouwayat*, dont le texte et les commentaires ne sont connus que par une copie très im-

(1) Pharaon et Dulau.

(2) *Hanifa* est né à Kufa, l'an 80 de l'hégire et mort en prison à Bagdad en l'année 150;

(3) *Malek* est né à Médine en 90 ou 95 et mort en 177,

(4) *Schafei* est né en Palestine à Gaza ou Ascalon en 150 et mort en Egypte en 204;

(5) *Hambal* est né en Perse en 164 et mort à Bagdad en 241.—

parfaite.— Le plus ancien ouvrage de jurisprudence musulmane qui se soit conservé
est le *Mokhtousour-oul-Koudoury* composé
au 11 siècle de notre ère.

La quatrième autorité, enfin, est le *Kiyas*,
ou décisions et arrêtés qui, dans des hypothèses semblables, étaient émanées des Khalifes du premier siècle de l'hégire et des fon-
dateurs des diverses sectes de la religion.

Le schisme qui se produisit à la mort de
Mahomet entre ses successeurs à divisé les
Musulmans en deux grandes sectes. Les
Sounites ou *orthodoxes* et les *Schiites* ou *hétérodoxes*. Tous les auteurs n'expliquent pas
absolument de la même manière la différence de la secte Sounite et de la secte
Schiite. Pour quelques uns, cette différence
gît non seulement en ce que les Schïtes
n'admettent pas les trois premiers Khalifes
Aboubeckr, Omar, Othman, comme légitimes
successeurs du Prophète mais encore en ce
que ces mêmes Schiites rejettent le livre
Sounah, tandisque les Sounites l'admettent
comme règle absolue. Voici en quoi
gît, d'après de M. de Tornauw, principalement la différence entre les deux sextes:—
Les Sounites—dit cet auteur—fondent leur
doctrine surtout et sans exception sur *l'ensemble des Hédith* comme confirmations et
explications des lois du Koran et sur les décisions concordantes des premiers Khalifes
ou les décisions de la totalité des Khalifes.—
Les Schiites, au contraire, voient dans les
Hédith ou faits et gestes de Mahomet, des
compléments du Koran et rejettent ceux qui
sont en contradiction, suivant leur manière

de voir, avec les règles du Koran, en quelque point et ils n'admettent pas du tout *l'Idjma* ou les décisions de l'assemblée générale.

Les Musulmans des Possessions de l'Inde française sont *Sounites*. (1)

Parmi les traités de droit musulman, les deux plus importants sont, sans contredit:

1° le Hédaya.

2° les Foutouas.

Le Hédaya ou *"le Guide"* est le plus célèbre des traités de loi musulmane. C'est un commentaire ou une sorte d'introduction à l'étude du droit musulman par Scheik-Bouroun-ou-din Aly mort en 1813. Il contient un choix d'espèces avec preuves et arguments à l'appui.— Il a été composé maints commentaires du *Hédaya;* mais on n'en compte que quatre dans le Bengale. Pour l'instruction des cours de l'Inde le Hédaya a été traduit en persan et en anglais. La traduction anglaise est due à Sir C. Hamilton.

Les foutouas (ou *Pandectes musulmanes*) sont assez nombreux. Le foutoua: J— Kazi Khan

---

(1) Voici un aperçu détaillé des rites que suivent les musulmans des diverses sectes, dans nos différents Etablissements:—

A Pondichéry, ils suivent les rites d'Hanifa et de Schaféi.

A Chandernagor, les musulmans sont Sounites et suivent le rite *d'Hanifa*.

A Karikal, on compte 800 hanafites et 13200 Schafiites:— tous Sounites.

A Mahé, les vrais musulmans on en compte deux familles) sont *Schiites*.

A Yanaon enfin, il y a une famille *Schafiite;* tous les autres musulmans sont *Hanafites.*/.

écrit à la fin du 12ᵉ siècle et le foutoua d'A-
lunger composé en 1689, par les ordres
d'Aurengzèb sont les plus estimés.—L'autorité du dernier est universellement reconnue
dans l'Inde.

On peut dire que les Foutouas complètent
le Hédaya.

Le Hédaya ne contient pas la *loi* des SUC-
CESSIONS.—Cette loi se trouve dans un traité
à part dit le *Sirajiyah* par l'imam SIRAJOUDIN
MAMOUD BEN-I-ABDOU RASCHID. On a écrit
quatre commentaires sur ce traité:—le meilleur est celui de SCHARIFF ALI BEN I MO-
HAMED (1496.) qui jouit d'une autorité universellement reconnue. (1)

Il faut citer encore: parmi les autorités
et livres traitant du droit musulman :

Les *Principes et Précédents* du droit musulman, œuvre originale anglaise par Sir
W. H. MACNAGHTEN.

Le traité de Baillie sur la loi des *Successions*.

La *Vente* en droit musulman par le même.

Le traité d'Elberling sur les *Successions
Donatioas*...etc...(2)

---

(1) Ce traité a été traduit par M. John de Babick,
greffier en chef de la Cour d'appel de Pondichéry
avec le commentaire de Sir Willi. Jones.

(2) Ont écrit encore sur le droit musulman:
Eug. Sicé:—Journ. asiatique n° 66 1841 p. 156-157.
Salé. Observ. hist. et crit. sur le Mahométisme.
Reinaud.— Mon¹ˢ. arabes persans et turcs, i et ii.
Volney.— Ruines.
Dr Kolb.— Le Koran.
Joseph de Hammer (1835.)

Il ne faut pas oublier de noter, parmi les sources du droit musulman, la *Coutume* qui a chez les Mahométans force de loi:— C'est la législation tacite et libre.

XIII.

Les sources de la législation musulmane ainsi établies, je crois utile de faire connaître, dans un rapide exposé, l'organisation judiciaire chez les musulmans.—Pour le faire, il est indispensable de jeter un coup d'œil sur l'origine de l'*Islamisme*.—

Les Khalifes—successeurs de Mahomet—furent investis de tous les pouvoirs. Ils étaient gouverneurs, pontifes et juges. Mais l'extention de la puissance arabe obligea à détacher de la souveraineté le sacerdoce et la justice.— Les questions religieuses furent dévolues aux Imams; le maintien de l'unité légale et l'interprétation de la loi appartinrent aux Muphtis. Les Kadis furent chargés de la justice ordinaire.

La justice musulmane, contrairement à un préjugé presque universel en occident,

Dr Weil;—Critiq. histor. du Koran.

Washington Irving.— Des lois mahométanes.

Pharaon et Dulau:— Etudes sur les législations anciennes et modernes, (*Droit musulman*: 1839.)

Ernest Renan:—Mahomet et les origines de l'Islamisme (Rev. des deux mondes: 1841-15 Décembre.)

Nicolas de Tornauw:— Le droit Musulman, d'après les sources. Ouvrage traduit en français par M. Eschback.

A. Eyssette:— Jurisprudence et Doctrine de la Cour d'appel de Pondichéry, en matière de droit Musulman. (T. II.) 1879.

est équitable et paternelle.— Mahomet l'a placée sous l'invocation de la divinité. Elle est exercée sous la sauvegarde du corps puissant des *Ulémas* qui n'a pas craint souvent d'empêcher l'exécution des statuts des souverains orientaux, non revêtus de son fetfa, en les déclarant illégaux. Elle est égale pour tous et ne fait aucune différence entre les puissants et les faibles. La femme elle même, qu'elle soit sous l'autorité paternelle ou maritale, ou qu'elle en soit affranchie, se présente devant le juge, et expose librement ses prétentions.—Le visage découvert, elle développe ses moyens avec la plus complète indépendance (1)

Rien de plus simple, d'ailleurs, que les formes à suivre pour obtenir justice chez les musulmans. (2) De plus, tout est gratuit:— de-

---

(1) Il faut noter une différence toutefois dans la façon dont les femmes se présentent devant la justice. Elles ne sont pas admises, comme les hommes, dans le sanctuaire même. — Elles sont tenues au dehors, dans deux cours latérales à la salle d'audience et ne communiquent avec le juge et leurs adversaires (si ce sont des hommes) que par des croisées grillées qui sont de chaque côté...... Elles sont écoutées avec bienveillance—(Pharaon et Dulau.)

2, Notre LAFONTAINE a rendu hommage à ces formes simples et économiques dans la 21ᵉ fable du L. I. de ses FABLES:— *Les frélons et les mouches à miel.*

« Plut à Dieu qu'on réglat aussi tous les procès!
«Que des *Turcs* en cela l'on suivît la méthode!»
«Le simple sens commun nous tiendrait lieu de Code:
«Il ne faudrait point tant de frais;
«Au lieu qu'on nous mange, on nous gruge;
«On nous mine par des longueurs:
«On fait tant, à la fin, que l'huître est pour le juge,
«Les écailles pour les plaideurs,

mande, instruction, jugement, recours contre
les jugements, exécution des dits jugements—sauf en cas d'expropriation.

Des divers degrés de juridiction.—
Au premier degré, se trouve le Kadi (chez
les Chiites *Kazi* mots arabes qui signifient
juge.)— Les Kadis (1) ont une double mission: mission judiciaire, mission religieuse.—En matière civile, ils connaissent de
toutes les questions de droit,— sauf appel
au muphti,— quand les parties le jugent
convenable; ils connaissent en outre de
toute espèce de délits.— Le Kadi est donc
juge de paix—et de police—Tribunal de
première instance et de police correctionelle—
et Tribunal Criminel. Dix assesseurs n'ayant
que voix consultative l'assistent. Il prononce des admonestations, des amendes et
condamne à la *bastonnade*.

---

(1) Le Kadi est institué par l'Imam ou par le chef
du pouvoir temporel dans le pays où se fait l'institution.
Sans cette investiture, nul ne peut acquérir la dignité
de Kadi.— Le Kadi est nommé au moyen d'un écrit
qui doit être porté à la connaissance de tous, en pleine
mosquée, devant le peuple assemblé. — La comptéence
du Kadi ne s'étend que sur le territoire qui lui a été
assigné; il peut y avoir deux Kadis dans la même ville;
ils doivent habiter des parties différentes de cette ville
et ne doivent pas se faire concurrence.
Le candidat aux fonctions de Kadi doit reunir les
sept qualités suivantes:— Etre majeur— sain d'esprit—
être croyant—jouir d'une réputation notoire d'hon-
nêteté et d'impartialité;—Etre de naissance légitime;—
Avoir une quantité suffisante de connaissances; —Etre
mâle;— (suivant les *Azémites*, cependant, une femme
peut être juge en matière civile.)— Le Kadi ne peut
faire lui même le commerce et ne doit rien acheter en
personne.— (*Nicolas de Tornauw.*)

En outre le Kadi est le rédacteur de tous les actes qui interviennent entre les parties et, à cet égard, il remplit l'office des notaires français.

Les Kadis exercent également une juridiction pénale, en matière de délits religieux.--

Dans les tribus qui n'ont pas de Kadis la justice est administrée par les Scheiks.

Il ne faut pas oublier, parmi les organes de la justice constituant le 1er degré de juridiction, le *Bach-Adhel*— ou greffier, qui prend note, dans les contestations d'une certaine importance, du jour où les parties devront venir à l'audience et qui prend acte des jugements rendus par le Kadi.

Le Kadi tient audience tous les jours, même le vendredi—(jour de repos).— Avant d'ouvrir les débats, il adresse à Dieu une invocation. Puis il s'asseoit sur une estrade élevée de 2 pieds et sur les 2 parties latérales se rangent et s'accroupissent, sur des nattes, les assesseurs.

Instruction.— La procédure est des plus simples: les parties s'ajournent réciproquement devant le Kadi.— Une simple invitation remplace notre citation et notre assignation. Si le demandeur a des raisons de douter de la bonne foi de son adversaire, il l'ajourne en présence de deux témoins. Lorsque les parties ne sont pas d'accord sur les délais de l'ajournement, elles vont devant le Kadi qui les règle.—

Les parties comparaissent, en personne devant leur juge et exposent sans le secours d'intermédiaire, leur demande et les moyens en réponse. Puis le Kadi entend

les témoins.- s'il n'y a pas aveu de la part de
l'une d'elles.--Une remarque à faire, c'est que
les parties en contestation doivent avoir établi
préalablement les faits sur lesquels elles appuient leurs prétentions, de manière que
le Kadi n'ait plus à l'audience qu'à apprécier
la moralité des faits et la valeur des témoignages. Cela fait, il applique la loi, ou les
principes de l'équité,si la loi est muette.--- Si
les faits sont obscurs, s'il n'y a aucun commencement de preuve, le Kadi défère le
sorment sur les faits personnels. (1) Le musulman jure sur le Koran, le juif sur le Tal-
mud, le Chrétien sur l'Evangile.

Compétence.— Le défendeur doit être assigné devant le Kadi de son domicile,en matière personnelle ou mixte;—devant le Cadi
de la situation de l'immeuble litigieux, en
matière réelle; Quand les parties sont d'accord, elles peuvent se rendre devant le Kadi
de leur choix.—

En matière civile, un musulman ne peut
pas traduire un infidèle devant le Kadi,
à moins que l'infidèle n'y consente mais il
peut l'assigner devant le Conseil ou le Tribunal de l'étranger.

Jugement.— Il est rare que le Kadi ne
rende pas son jugement, séance tenante.

---

(1) Comme on le voit, les musulmans admettent trois
modes de preuves: *L'aveu*— qui passe pour le mode
le meilleur et le plus décisif; la *preuve testimoniale*
et le *serment*.— Les actes écrits ne font pas preuve
suffisante pour qu'ils puissent servir de base à la décision d'un procès; il faut des dépositions de témoins
pour établir la validité et la légalité de ces moyens de
preuves./.

M. M. Pharaon et Dulau citent la formule suivante de jugement:

« Louange à Dieu!

« Par devant le très illustre, très savant «etc....Kadi, siégeant à son tribunal, séant «à Alger, se sont présentés les nommés Mo-) «hammed ben Aly et Hamad ben-Khaldounn.

«Le premier nous ayant déclaré qu'il lui «était dû par le second la somme de 1500 coud-«joux, ce qui a été justifié par la déposition «des témoins qui sont P... etc... ainsi que «de l'aveu même de Hamad ben Khaldounn; «mais appréciant la position de celui-ci, nous «condamnons le dit Hamad ben Khaldounn à «payer au saïd Mohamed ben Aly la somme de «100 boudjoux par mois, à partir du mois pro-«chain, jusqu'à complète libération. »

« Fait à Alger, dans la première dizaine du mois de Redjab, 1245 de l'Hégire.»

Suit la signature du Kadi................
...................,.................................

L'audience terminée (ajoutent M. M. Pharaon et Dulau,) le Kadi répète la prière d'ouverture; la foule s'écoule silencieusement et les magistrats regagnent gravement leur domicile, jusqu'au lendemain.

Deuxième degré de juridiction. — Le Kadi ne statue jamais *en dernier ressort*; les appels sont rares cependant chez les musulmans, eu égard à leur respect pour les décisions de la justice.— Quand ils se produisent, ils sont portés devant le *Muphti*, pontife de la loi, chef de l'ordre judiciaire et ecclésiastique. Il a mission—je l'ai déja dit—de maintenir l'uniformité légale conformément aux dispositions du *Koran* et de la *Sounah*. A côté du Muphti et pour l'assister, figure le corps des

Ulémas que les arabes appellent *Midjlis*, lequel se compose du Muphti président, du Kadi et des Ulémas. Le Muphti ainsi assisté rend ses *fetfas*, qui ont force d'arrêts.

Il siège une fois par semaine dans la grande mosquée;c'est là que s'instruisent les causes, en appel.

Même absence de formalités qu'en première instance; l'appelant ajourne son adversaire devant les Midjlis. L'instruction a lieu, séance tenante et de la même manière que devant le Kadi.

Les arrêts de *confirmation* ou *d'infirmation* sont toujours rendus par écrit et conservés précieusement dans les archives de la mosquée.— Ils forment des recueils de jurisprudence très vantés et que consultent sans cesse les savants.

La jurisprudence d'appel offre un tout autre caractère que celle de 1ʳᵉ instance.—le Kadi, dans ses décisions se conforme à la coutume, à l'équité, aux circonstances. Il statue surtout en *en fait* et ses jugements ne sont pas rendus par écrit, d'ordinaire du moins. Les feftas des Muphtis au contraire se fondent toujours sur des principes de droit et sont inflexibles comme la loi elle même. De là leur autorité dans tous les pays musulmans.

Exécution.—L'exécution des décisions de la justice musulmane n'offre ni lenteurs, ni complications,ni frais considérables .—Point n'est besoin de la formule exécutoire pour qu'un jugement puisse être exécuté, ni de *commandement*.... D'ordinaire, une sommation suffit. Si le débiteur ne peut se libérer—quoique de bonne foi, le Kadi lui assigne un nouveau délai; mais s'il est reconnu de mauvaise foi, il encourt la bastonnade.

Les décisions des Kadis sont exécutoires dans tous les pays de l'islamisme qui suivent la même doctrine.—Lorsqu'on veut faire exécuter une décision rendue par un Kadi d'une secte contre un musulman d'une secte différente et par un Kadi de cette dernière secte, celui-ci révise le jugement qui lui est soumis.

Les actes émanés des Kadis ou d'autres magistrats préposés pour les recevoir n'ont, pas plus que les jugements, besoin de *formule exécutoire* pour avoir la force d'exécution forcée, quand ils constatent des créances certaines liquides et exigibles. Ils sont plus favorables même que les jugements car ils sont exécutoires dans tous les pays de l'islamisme sans distinction ni formalité.

IV.

ᵉ LEÇON Il ne m'a point paru inutile de tracer ce tableau de la justice musulmane, d'après *Pharaon* et *Dulau*, bien que les règles plus haut exposés et spéciales à l'Algérie ne trouvent pas leur application dans les Etablissements français de l'Inde?—

Comment s'exerce donc la justice musulmane dans l'Inde française? C'est ce qu'il me reste à faire savoir, pour clore cette introduction pour être un peu longue, dont je n'ai pas cru devoir cependant dispenser mes auditeurs, pour la clarté des leçons qui vont suivre.

Dans l'Inde française, ce sont les Tribunaux ordinaires qui jugent les différends qui s'élèvent entre les indigènes, qu'ils soient indous ou mahométans.—

3

Le Tribunal de la caste et de la parenté, pour les indous, le Cazi, pour les musulmans, n'interviennent qu'en certaines matières spéciales touchant la caste et la religion. J'ai fait connaître dans mes *Leçons de droit indou* quelle était pour les indiens cette juridiction spéciale dite *Tribunal de la caste* et qu'elles affaires y ressortissaient.

Je crois bon de rappeler ici les règles applicables à cette matière, car le principe de cette juridiction qui semblait, par son caractère et même par son nom, réservée aux indous, a passé—par une sorte d'infiltration—, dans les arrêtés de 1840 et de 1861 qui déterminent les attributions du Kazi. (1)

Après la reprise de possession de nos Etablissements, en 1816, l'administration, pour éviter des abus et une immmixtion même involontaire de la justice ordinaire parmi les usages des Indous, qui constituent pour eux des droits acquis et sacrés, reconnût à chaque caste le droit d'avoir son Tribunal particulier, Tribunal de famille et d'intérieur et auquel devaient ressortir les *affaires dites de caste*. Les décisions de ces Tribunaux, dits assemblées *de la Caste* ou *de la Parenté* devaient être homologuées par le juge de paix et approuvées par le Gouverneur en conseil. (2)

---

(1) Le Kazi a, à l'égard des musulmans. les attributions qui sont accordées au comité de jurisprudence indoue à l'égard des Indous;— il décide des questions civiles et religieuses *de caste*. Nous reviendrons, dans un instant, sur ces attributions du Kazi—(A. 11 Nov. 1861.)—

(2) Arrêté du 26 Mai 1827.— Art. 6 et 33.

Mais on ne fut pas d'accord, de suite, sur le sens précis à donner à cette expression *affaires de Caste*; la plus grande confusion régna même dans cette matière, jusqu'à ce que le Comité de jurisprudence indienne consulté sur cette question, eût donné cette interprétation ferme et catégorique: (1)

« Sont *affaires de Caste* les contestations
« (*autres que celles d'intérêt et contentieuses*) qui
« ont rapport au Code des lois religieuses
« ou aux usages de la Caste, c'est-à-dire aux
« cérémonies religieuses publiques ou pri-
« vées, aux mariages, aux enterrements, aux
« droits et prérogatives des pagodes, aux
« mœurs et usages, aux obligations qui lient
« entre eux les individus de même caste, aux
« aux droits et préséances des castes entre
« elles, à leur administration, à leur hiérar-
« chie, à leur juridiction. »

« Sont, au contraire, de la compétence des
« Tribunaux ordinaires, les contestations
« ayant rapport au Code des lois judiciaires... »

Il était permis de penser, qu'après cet avis consultatif, la clarté était faite sur ce qu'il fallait entendre désormais par *affaires de Caste*....

Eh bien non!

On interpréta différemment les termes de l'avis du comité et il fallut qu'un arrêté du 26 Mars 1845 vînt proclamer ce principe élémentaire et primordial—absolument et volontairement méconnu, d'ailleurs,—que toutes les questions *concernant l'état des personnes* sont de la compétence des Tribunaux civils.

(1) Avis consultatif du 16 Octobre 1841.

Voilà pour les Indous.

Voyons ce qui s'est passé pour les musulmans.

On les considéra chose étrange—mais certaine—comme une caste (—la cinquième—) parmi les indous et on leur donna pour chef et juge de caste le Kazi. Les arrêtés de 1840 et de 1861 témoignent clairement de ce bizarre compromis. On lit, dans l'arrêté du 5 Mars 1840, Art. 2: « Lorsque la Cour et les Tribunaux renverront les parties *devant la caste*, l'assemblée des notables et des parents sera présidée par le Kazi qui reste libre d'y appeler le Moullah etc». . . . .

On lit également, dans l'arrêté subséquent du 11 Novembre 1861:

Art. 1ᵉʳ. § 6: «Il (le Kazi) décide les *questions civiles et religieuses de caste*. (1)

Mais le Kazi a d'autres attributions qu'il importe d'énumérer ici: —

Elles sont réglées—on le pressent—par ces arrêtés du 11 Novembre 1861 et du 5 Mars 1840 déjà cités.

Le Kazi est un magistrat mahométan qui juge en matière civile et religieuse; — (2) et devant lequel se passent les contrats et tous actes destinés à devenir authentiques. — Il a, en cette qulité, dans ses attributions, exclusivement à tous autres, la rédaction des

---

(1) Chez les Sounites c'est Kadi. et non Kazi que se nomme le magistrat civil et religieux; on devrait donc, dans nos Etablissements, dire *Kadi* et non *Kazi*.

(2) Arr. du 11 Novembre 1861. — Cette rédaction est amphibologique, il eut mieux valu dire: Le Kadi est un magistrat mahométan qui juge en matière (à la fois) civile et religieuse. —

actes constitutifs de douaire, quand ils ne
sont pas passés par actes sous seing-privé.—
Il procède à la cérémonie du mariage, quand
les parties requièrent son assistance.—
Il donne son avis sur les contestations entre
les musulmans, quand elles sont renvoyées
par devant lui, par les Tribunaux;— Il a,
à l'égard des musulmans, les attributions qui
sont accordées au Comité de jurisprudence
indoue, a l'égard des Indous. (1)—Il décide
les questions civiles et religieuses de caste.
(2)— Il procède, quand il en est requis, aux

---

(1) V. Laude. Rec. de législation. P. 625.

(2) Il y a donc des *questions de caste* parmi les
musulmans? Eh mon Dieu, oui! Il y en a et c'est le
Kazi qui est chargé de les décider. Mais, par un abus
déplorable, on a englobé parmi *les questions de
caste*, celles relatives au mariage, au divorce, à la
répudiation et le Kadi les a décidées conformément à
la procédure tracée par l'arrêté local du 26 Mai 1827
complété par les dispositions de l'arrêté du 2 Novembre 1841. Nous ne cesserons pas de nous élever contre
une jurisprudence qui fait litière de tous les principes,
de toutes les règles du droit et nous distinguerons toujours, parmi les questions relatives au mariage, au divorce et à la répudiation, celles qui sont *civiles* et celles
qui sont de *caste*. Voici un exemple de ces dernières:
Je le trouve dans une décision du Kazi du 30 Janvier
1827, homologuée par le commissaire juge de police
de Pondichéry Fressanges et approuvée par l'administrateur général p. i. Eug. Desbassyns de Richemont.
Il s'agissait d'une opposition de la part d'un musulman
du nom de Madersaheb au mariage de la fille Bibi, sa
nièce, avec un sieur Abdoulkader, parce que ce dernier
était de *caste basse*. Il est dit dans la décision: «Vérifi-
«cation faite de la plainte de Madarsaheb, il est reconnu
«que les castes de l'épouseur et de l'épouse sont de

partages entre majeurs et mineurs, quand ils
sont renvoyés devant lui par les Tribunaux;
il préside enfin, *à l'exclusion de tous autres*,
l'assemblée des notables et des parents, en
cas de renvoi devant elle de la part des Tribunaux.

«même rang.» Voici d'ailleurs la conclusion de cette sentence. —

«Nous étant assemblés à diverses reprises et en ayant
vérifié, attendu qu'il n'y a pas de preuves du but de
Madarsaïb demandeur et attendu que la dite Bibi est
nubile, en déboutant le dit Madarsaïb de la poursuite
en justice, nous avons décidé, suivant notre loi, que la
dite Bibi soit mariée avec Abdoulcader époux qu'elle
vient de nommer, et que Madarsaïb ayant payé les frais
de procès,— (*Il y a une interligne et trois mots
rayés nuls*)— la présente fut dressée par A. Gnanapra-
gazen, écrivain de l'assemblée.»

«Signé: Cattip Imam-Saïb de l'agrément de Kazi; Ab-
doulcazi: Moulla, Cadersaïb, Maucan, Immamsaïb,
Madarsaïb, Assen-Saïb, Cadersaïb et Seckinin.»

«Pour traduction véritable, à Pondichéry, le 1er Février 1827; Belevindren interprète.»

Mais je me refuse à voir une *affaire de caste* dans
une demande de divorce, et je proteste, non contre la
décision suivante puisqu'elle émane du Kazi qui était
compétent pour y statuer, mais contre le caractère
qu'on a imprimé à la demande et la procédure qu'on
a suivie.

Je copie textuellement les documents:—

L'an 1869, le 27 Mars,— Par devant nous, Kaziar à
Pondichéry et en notre domicile est intervenue la présente convention.— Savoir: En exécution de l'ordonnance rendue par M. Ferrier, juge de paix à Pondichéry, en tête d'une requête présentée le 9 Mars 1869,
par Kadermoïnesaheb, fils de feu Mougamadou Is-
soupou, caporal demeurant au dit lieu, par Sakinabibi
femme du dit Cadermoïdinesaheb et fille de feu Cheik-

Ce n'est pas sans contestation que le Kazi
a exercé la plupart des fonctions plus haut
indiquées.— Il a trouvé un adversaire tenace
dans la personne du *Moullah*, qui, dans diverses circonstances, a prétendu sinon le
supplanter, du moins agir côncurremment
avec lui.

---

hassimsaheb, nous avons procédé à une information
sur les faits relatés dans la dite requête. Le dit Kadermoïdinesaheb nous a représenté un contrat de mariage passé à Karikal, entre lui et la dite Sakinabibi, le
2₀ Mai 1885, dans lequel le *Mahar* ou dot est fixé à
75 roupies et a déclaré ce qui suit:— Après quelques
années de notre mariage, l'harmonie ayant cessé entre
ma femme et moi, elle a quitté, sans ma permission et
contre mes ordres, il y a plus de trois ans, la maison
conjugale, et m'a abandonné, par esprit d'insubordi-
nation.— J'ai donc voulu la répudier, d'après la loi de
notre caste dite *Talougou*. Et pour arriver à ces fins,
il a été convenu, d'un commun accord, entre moi et
ma dite femme Sakinabibi que je lui payerais trente
roupies, somme à laquelle a été réduite la dot de
75 roupies par moi constituée dans son contrat de
mariage; que toute relation cessera désormais entre
moi et ma dite femme Sakinabibi; que je la rends
libre et qu'elle ne peut avoir aucun recours contre moi.
Je vous requiers donc d'interroger ma femme de prendre ses réponses et de prononcer notre séparation,
d'après la dite loi *Talougou*.

Nous Kazi, avons fait connaître à Sakinabibi les déclarations faites par son mari et lui avons demandé sa
réponse.— La dite Sakinabibi assistée de son frère
Cadoumian a déclaré que ce qui a été dit par son mari
était exact; qu'elle y consentait et qu'elle a touché, ci-
devant, une somme de 10 roupies dudit Kadermoïdinesaheb, à valoir sur la somme de trente roupies de dot.—
Ici, Kadermoïdinesaheb a remis devant nous Kasy de
Pondichéry et en présence des témoins, à sa femme

A la date du 5 Mars 1849, l'autorité locale dut
intervenir pour fixer, d'une manière précise,
les attributions du Kazi et du Moullah de
Pondichéry.— De là est né l'arrêté qui porte
cette date et dont voici la teneur:—

Sakinabibi, la somme de 20 roupies qui lui était due
et elle l'a reçue.— Attendu que ledit Kadermoïdinesaheb a payé à sa femme la dot à elle constituée et réduite de gré à gré à 30 roupies, qu'il l'a répudiée ensuite
en prononçant trois fois le mot *Talougou:* c'est-à-dire,
une fois, deux fois, trois fois, JE TE RÉPUDIE et qu'il
n'existe pas désormais entre eux la relation de mari et
de femme. La dite Sakinabibi peut, si elle le veut, se
remarier avec un autre, sans obstacle.— En foi de
quoi, est intervenue la présente transaction. Lecture
faite, les parties l'ont reconnue exacte, ont donné leur
consentement et ont signé avec les témoins, à l'exception des dits Sakinabiby et son frère Cadoumiàn qui
ont déclaré ne le savoir. De quoi témoins sont:—
Bandésaïb fils de feu Ousinsaïb, demeurant à Pondichéry; Pakiry Moïdinesaïb Mamancandouravoutier;
Chamal Mougamadousaïb, fils d'Aly Mougamadousaïb
et Tamby Abdoulkadersaïb fils de feu Pakiry Moïdine.—
Ce fut rédigé et signé en leur présence, par Ou-Ta-
Covindassamy fils de Tandavarayaoubattiar.— Signé
Kadermoïdine. Signé pour témoins: Pattin Bandésaïb
et Pakirimoïdine.

Le Tribunal de la justice de Paix de Pondichéry, jugeant *en matière de caste* et *en premier ressort*, homo-
logua cette sentence, en ces termes, à la date du 13 Novembre 1869:

«Vu la *décision* rendue par les chef parents et notables de la caste, le 27 Mars 1869,...... Attendu que
la décision rendue par les chef, parents et notables de
la caste ne contient rien de contraire aux lois, mœurs
et usages des Indiens;— Donne défaut contre Sakinabibi et, pour le profit, HOMOLOGUE la décision
rendue par la caste, le 27 Mars 1869, pour sortir son

Au nom du roi.

Nous, Pair de France, Maréchal des Camps
et armées du Roi, grand Officier de la légion d'honneur, Gouverneur des Etablissements français dans l'Inde;— Vu la requête
à nous adressée, le 20 Septembre dernier,
par le Cazi ou Cadhi de Pondichéry Babou-
dinesaëb tendante à maintenir la ligne de
démarcation entre ses fonctions et celles de
Moullah telles que les lois mahométanes et
les décisions des autorités supérieures, notamment celles du Cazi du 3 Septembre 1796
publiées à Pondichéry le 21 Février 1797,
26 Novembre 1806 et 27 Juin 1816, l'ont tracée
et déterminée;— Vu les dites décisions, les
avis des notables mahométans dont la majorité est favorable à la réclamation du Cazi;
ensemble la traduction des lois mahométanes, et notamment celle de l'un des livres
de la loi intitulé *Ravoudatilibou*, traitant des
devoirs et des fonctions du Cazi d'un pays,
d'après la religion mahométane, la dite traduction certifiée par le Cazi:— Vu aussi les

---

plein et entier effet; néanmoins, la dite *décision* ne pourra
être exécutée qu'après l'expiration du délai d'appel fixé
par l'art. 33 de l'arrêté du 26 Mai 1827 et condamne
Sakinabiby aux dépens.— Ainsi jugé et prononcé publiquement les jour mois et an que dessus. Signé: E.
Tardivel; J. P. Ferrier.

Nota. Ce que le Tribunal de la justice de paix nomme *décision*, le Kazi l'appelle *convention*, puis *transaction*. Une *transaction* en matière de *divorce*! C'est le
chaos purement et simplement!! Et voilà le mahmoul
devant lequel il faudrait se courber!!! Je m'y refuse absolument, quant à moi!—Je reviendrai sur ce sujet,
quand je traiterai du divorce./.

4

pièces produites par le moullah;— Et vu enfin
l'art. 2 de l'ordonnance locale du 26 Janvier
1819, qui veut que les Indiens, soit chrétiens,
soit maures ou gentils soient jugés, comme
par le passé, suivant les lois us et coutumes
de leur caste;— Considèrant que le cazi est
un magistrat mahométan qui juge en matière
civile et religieuse, devant lequel se passent
aussi les contrats et tous écrits destinés à devenir authentiques;— Que les fonctions du
moullah, communes à l'égard de certaines
fonctions religieuses, sont distinctes, quant au
droit de juridiction et à la prééminence, étant
sous les ordres du cazi;— Que les fonctions
du moullah sont principalement d'ensevelir
et enterrer les morts, de lire les prières
d'usage et autres choses de cette nature;
qu'il ne peut rien faire sans en donner avis
au Cazi qui seul peut l'appeler, soit pour le
remplacer, soit pour décider avec lui dans les
assemblées des parents et notables de la caste
dans lesquels il y a renvoi de la part de l'autorité supérieure.

Sur le rapport et la proposition du Procureur Général du Roi.

Avons arrêté et arrêtons ce qui suit:—

Art. 1er. Les décisions des 23 Juillet 1777
et 3 Septembre 1796 (1) publiées anciennement et, en dernier lieu, en 1876, à Pondi-

---

(1) Décision du Kadi de Madras en date du 3 Septembre 1796, relatant l'arrêt rendu par la Cour de cette
ville, le 23 Juillet 1777:— Je, serviteur de la sublime
loi, Kazi Mohédine Mohammed Aboubaker, fais connaître que Cheik-Miran, Kazi de Pondichéry, m'a
adressé, par l'intermédiaire de son père Mohammed

chéry, seront de nouveau publiées par les soins du juge de paix, lieutenant de la police de la ville, dans les deux langues, à l'effet, par les Maures ou Mahométans de s'y conformer, comme par le passé.

Art. 2. Lorsque la Cour et les Tribunaux renverront les parties devant la caste, l'assemblée des notables et des parents sera présidée par le Kazi qui reste libre d'y appeler le Moullah, soit pour le remplacer, soit pour donner son avis conjointement.

Kazim, une lettre dans laquelle il dit « Que le Conseil « supérieur de Pondichéry désire savoir si les fonctions « du Kazi sont égales ou supérieures à celles du « Moullah et si le Kazi seul doit examiner et juger « les discussions qui surviennent entre les musulmans, « ou si le Moullah doit lui être adjoint pour l'examen « et le jugement de ces discussions. » — Check-Miran m'a envoyé aussi plusieurs pièces relatives aux fonctions qu'il doit exercer comme Moullah. D'un autre côté, Check Mohammed, Moullah de Pondichéry m'a transmis, par son frère Saïd Mohammed, une lettre et les pièces à l'appui de ses prétentions en sa qualité de Moullah. J'ai examiné, avec soin, les raisons et les titres de l'un et de l'autre; comme c'est à l'occasion d'une discussion semblable survenue jadis entre le Moullah Mohammed Ibrahim et moi que la Cour de Madras, voulant fixer, d'une manière précise, les fonctions du Kazi et celles du Moullah, a rendu, le 23 Juillet 1877, un arrêt convenable, lequel a été inséré dans le livre des minutes, je crois utile de joindre ici extrait de cet arrêt et je fais observer, en outre, que le Kazi Check-Miran et le Moullah Check Mohammed de Pondichéry ont tous les deux entre les mains, des prononcés conformes des savants de Portonovo et de Chellambarom et des gens de loi résidant à Arcate. Je pense qu'il doit leur être enjoint de s'y conformer, afin que chacun s'en tienne aux fonctions déterminées par l'usage.

Le Moullah peut, néanmoins, être appelé
à présider, au cas d'empêchement du Kazi
légalement constaté.

Art. 3. Le Procureur Général du Roi est
chargé de l'exécution du présent arrêté qui
sera enregistré à la Cour royale et partout où
besoin sera. »

Le Kazi n'a pas eu a se défendre seulement des empiètement du *Moullah*. Le Katif
de Karikal, en 1852, prétendit être investi du
droit de recevoir, comme le Kazi, les contrats
de mariage dans la caste *Choulia*; mais l'autorité locale (1) ramena, dans les justes limites, les prétentions de ce magistrat, et après
avoir rappelé que le Kazi est chef de la
mosquée et que le Katif n'en est qu'un *serviteur
placé après lui dans l'ordre hiérarchique*, décida
que:— Le Katif de Karikal ne peut exercer

---

*Extrait de l'arrêt rendu par la Cour de Madras, le
23 Juillet* 1777.

« Les Membres de la Cour ont, après examen, reconnu que les fonctions du Moullah sont distinctes de
celles du Kazi; que le Kazi, soit par lui même, soit par
des députés, peut exercer les fonctions de Moullah
dans le service de la Mosquée et que le Moullah est
sous les ordres du Kazi; que les fonctions du Kazi, supérieures à celles du Moullah, sont de *juger les discussions des Musulmans*, d'apposer son cachet sur les
papiers des gens d'affaires et autres et de faire tout ce
que son devoir lui ordonne, en sa qualité de Kazi et
que celles du Moullah consistent à ensevelir et enterrer
les morts, à lire les prières d'usage et autres choses de
cette nature et à ne rien faire sans en donner avis au
Kazi. »

Tel est le prononcé de la loi.

(1) Arrêté. du 28 Décembre 1852.—

de droit aucune des fonctions attribuées au Kazi; et qui consistent à décider les questions *civiles et religieuses de caste*, à recevoir les actes de mariage passés par les musulmans, à présider dans la mosquée aux cérémonies du culte, à réciter les prières et à chanter les hymnes;— qu'il peut confier ses attributions au Katif par délégation spéciale.

—En résumé, le Kazi, comme juge mahométan, a tantôt un rôle indépendant: c'est en matière (à la fois) civile et religieuse; (1) il statue, il *juge*, à l'exclusion des Tribunaux ordinaires; tantôt son rôle est plus modeste: il a voix simplement consultative et doit attendre que les Tribunaux ordinaires lui demandent son avis. Il *décide* les questions *civiles et religieuses* de *caste*.

---

(1) Quelles sont les contestations offrant ce double caractère civil et religieux. à la fois?

Celles qui ont trait au *mariage, au divorce* et *à la répudiation*, répond M. A. Eyssette. « Le mariage, dit le judicieux arrêtiste, constitue un acte *civil et religieux*, le Kazi seul a qualité pour en rompre le lien. » Nous professons sur le mariage, en droit musulman, un opinion toute différente, et nous nous proposons de démontrer que c'est un simple contrat civil et que s'il appartient au Kazi de statuer sur les contestations qui s'y s'attachent, ce n'est point par le motif que la matière est à la fois civil et religieux, mais par ce que la coutume a attribué spécialement et exclusivement compétence au Kazi pour toutes les questions se rattachant au mariage, notamment le divorce et la répudiation; mais, nous reviendrons plus en détail sur ce sujet.

Nous examinerons également, en traitant du divorce, quelle est la juridiction d'appel par rapport aux décisions des Kazis dans nos Etablissements.

Enfin, comme officier public, il fait office
de tabellion. Devant lui se passent tous les
contrats et tous les actes destinés à devenir
authentiques. Il rédige spécialement les
actes constitutifs de douaire, quand ils ne sont
point passés par acte sous seing-privé. —

Terminons ce qui a trait au Kazi, en faisant connaître comment et dans quelles conditions, il est nommé dans les Etablissements
français de l'Inde:—

On sait que c'est *par voie d'élection*.

Etant chef de caste, le Kazi est élu comme
tous les chefs de caste et dans les mêmes
conditions.—Voici un document qui indique
suffisamment les formalités de cette élection;—
il est récent:—

«L'an mil huit cent quatre-vingt, le dimanche
neuf Mai, à midi.»

«En vertu de l'autorisation de l'Administration de Pondichéry, et de M. le Maire, aux
fins d'élire un Kazi, au sein *de la caste* des
musulmans;»

«Et, après publication faite dans la ville que
l'élection pour la nomination de ce fonctionnaire se ferait à la dite heure, dans le
bangalow dit *Moussabouribangalow*, situé à
Pondichéry, au moyen du scrutin secret,
entre les gens appartenant à la dite caste.»

«Les membres de la dite caste présents, ce
jour, dans le dit local, ont choisi, pour former un bureau électoral, les personnes ci-
après:»

«1° Imame-Mougammadoucassimsaïb, fils de
Mougammadousaidousaïb.»

«2° Abdoullamazidoucane, fils d'Abdoul-
laganesaïb.»

«3° Mougammadou-Abdoulcadersaïb, fils de Mougammadoucassimsaïb.»

«4° Bandésaïb, fils de Paltane-Oussanesaïb.»

«Et 5° Abdoullasaïb, fils de Nourousaïb.»

«Parmi ces cinq membres, le premier Imam-Mougamadou-Cassimsaïb, a été désigné comme Président, le second Abdoulmazidoucan, comme Secrétaire et les trois autres comme membres.»

«Une boîte vide a été fermée a clef et scellée, les bulletins y ont été déposés, au fur et à mesure qu'ils étaient reçus, et les noms des votants ont été successivement inscrit sur une liste.»

«A quatre heures du soir, le scrutin ayant été clos, il a été procédé au dépouillement des bulletins. Le nombre des bulletins trouvés d'ans l'urne a été de trois cent ving-neuf, chiffre égal au nombre des votants.»

«Ces trois cent vingt-neuf votes ont été répartis de la manière suivante:

1° Check-Miranesaïb, fils du Kazy Badaroudinesaïb...................... 327

2° Mougamadoucassimesaïb, fils du dit Kazi, Badaroudinesaïb........... 1

Et 3° Saïdou-Moïdinesaïb, fils de Saïdou-Kadersaïb........................ 1

Total... 329

«Le dit Check-Miranesaïb ayant obtenu la majorité absolue de votes a été élu et nommé Kazy pour la caste musulmane.»

«De tout quoi, a été dressé et clos, en présence de M. le Commissaire de Police adjoint Varadarassoulouchettiar, qui assistait aux dites opérations, pour maintien de l'ordre

public, le présent procès verbal qui a été signé par les cinq membres du dit bureau
électoral.»

«Signé: Imam-Mougamadoucassim Abdoul-
mazidoucane; Mou Mougamadou Abdelcader;
Pa. Bandésaïb et E. Abdoulasaïb.

Pour traduction:
Pondichéry, le 16 Mai 1880.
L'Interprète en Chef,

Signé Covindassamy.»

Cette élection a été homologuée par le juge
de Paix, dans les termes suivants:

«Audience publique du Tribunal de la Justice de paix de Pondichéry, du mardi 25 Mai
1880.»

«En vertu d'une autorisation délivrée en
tête d'une requête présentée à M. le Juge de
Paix, le 19 mai courant, s'est présenté
Imam Mougamadoucassimsaïb, fils de Mou-
gamadousaïdousaïb, musulman, démeurant
à Pondichéry, lequel a conclu à ce qu'il plût
au Tribunal homologuer la décision rendue
par ses co-réligionnaires, le 20 Mai 1880,
par laquelle le sieur Check Miransaïb, fils de
Cazi Badaroudinesaïb, a été élu et nommé
Cazi pour les musulmans.»

«Le Tribunal, jugeant en matière de caste;»
«Vu la décision de la caste, en date du 20 Mai
1880;»

«Attendu que la décision produite a fin
d'homologation a trait à des faits pouvant
provoquer une décision susceptible d'être
homologuée dans les termes de l'article 6 de
l'article du 26 Mai 1827;»

«Que cette décision intervenue en forme
régulière, ne contient d'ailleurs rien de

contraire aux lois, mœurs et usages des re-
ligionnaires du culte musulman;»

«Homologue la dite décision rendue le
20 Mai 1880, pour sortir son plein et entier
effet, selon sa forme et teneur;»

«Ainsi jugé et prononcé publiquement les
jour mois et an que dessus.»

«Signé: E. GUERRE et A. HECQUET.»

Voici, cependant, un avis du Kazi de Karikal, provoqué par nous, qui semble protester contre *l'élection*, comme mode normal
de la nomination des Kazis, au moins en ce
qui concerne l'établissement où il exerce ses
fonctions:

« Ainsi qu'il est dit dans l'usage *Padou-
goulmouhine*, 4ᵉ partie, chapitre relatif à la
nomination du Kazi, ouvrage conforme aux
règlements de ce pays, et recherché et es-
timé par tous parmi les livres de droit Mahométan et, d'après les prescriptions de plusieurs ouvrages arabes *et les us et coutumes
suivis à Karikal*.

Le Kazi est nommé par M. le Gouverneur
de la ville (appelé Imam) sur la proposition
du Kazi en fonction qui serait tombé en défaillance ou accablé de maladie, lequel choi-
sira, pour son remplaçant, un homme ayant
travaillé sous ses ordres, instruit, appartenant à une bonne famille et versé dans les
deux sciences qui sont le Koran et le *Da-
guidou*.

Si, au contraire, le Kazi en fonction est décédé subitement, le Gouverneur de la ville
nommera à son replacement celui qui lui
paraîtra réunir toutes les conditions voulues
parmi ceux qui travaillaient sous les ordres
du Kazi décédé.

Ces deux espèces de nomination ne peuvent être défendues par personne; il n'y a pas de texte qui prescrive la nomination par voie d'élection.

Dans une ville où l'on ne suit pas ces règles, si un homme choisi par une masse de personnes, sur le consentement d'une autre plus grande, originaire de ce pays et se soumettant aux règlements en vigueur, était instruit et apte à exercer les fonctions de Kazi, il sera nommé à ces fonctions. Un Kazi nommé de la sorte par une petite masse de personnes ne peut être exclu par la grande masse. Un Kazi est indispensable pour chaque distance de dix milles appelés *Massa-Padoul-Oudouma.*

Le Kazi doit réunir encore plusieurs autres conditions que celles énoncées plus haut; avant de lui reconnaître toutes les qualités voulues, le rapport du Kazi en exercice est nécessaire, il faut, en outre, que le père et l'aïeul du postulant aient été Kazis. La raison en est que, dans cette ville, il n'y a personne qui ait la moindre intention de se faire Kazi, en apprenant la langue arabe dont la connaissance est exigée pour ces fonctions. Les pères apprennent à leurs fils la profession qu'ils exercent et qui est adoptée par la famille. On peut à peine trouver dans cette ville une ou deux personnes capables de remplir ces fonctions assez lourdes; elles sont toutes deux enfants de frères ou de sœurs d'une même famille.—A cet effet, je vous cite un exemple, en cette ville. « Je suis Kazi, ainsi que mon père, mon aïeul et mon bisaïeul et, depuis sept a huit générations, c'est

à-dire depuis environ deux cents ans; on
peut s'en convaincre par les contrats de mariage des musulmans déposés au bureau de
l'Etat-Civil de cette ville.-On n'a donc pas à
rechercher s'il faut y procéder par voie d'é-
lection ou autrement. C'est le vœu de la loi
et mon avis.— Signé: Ca—Mougamadou—
Abdelkader.»

PREMIÈRE PARTIE.

DU MARIAGE OU NIKAH·

OBSERVATIONS PRÉLIMINAIRES.

SOMMAIRE.

3ᵉ LEÇON

1. Caractère du mariage, en droit musulman.
2. Son but.-Mahomet a réglementé la polygamie.
3. Nombre des femmes que peut épouser un musulman.
4. Peut-il avoir-en outre-des concubines ?
5. Caractère du concubinage chez les musulmans.
6. Le divorce n'est pas une prime donnée à l'infidélité des maris musulmans.
7. Il a été réglementé de façon à en prévenir les abus.
8. Les musulmans admettent trois espèces de mariages.

1. Le mariage ou *Nikâh* est, chez les Musulmans, un simple contrat civil; (1) il intervient entre deux personnes de sexe différent et a pour but la cohabitation conjugale. (2)

---

(1) La validité du mariage étant soumise au seul consentement des parties intéressées, toute idée religieuse s'en trouve bannie.—Un législateur qui veut admettre le divorce ne doit pas placer le mariage sous la protection de la divinité, ou, du moins, en faire un lien sacré et indissoluble. Les ministres du culte n'interviennent que pour constater l'union conjugale. (PHARAON ET DULAU.)

(2) La plupart des docteurs sont d'avis que l'état de mariage est le meilleur pour l'homme. « C'est, disent-

2. Le législateur oriental a surtout cherché,
par l'institution du mariage, à concilier
avec la moralité et l'ordre des besoins naturels qu'il fallait renfermer dans de justes
limites. *(1)* —Lorsque Mahomet songea à
donner des lois à son pays, les arabes, comme
la plupart des peuples de l'orient, admettaient la polygamie d'une manière illimi-
tée. (2) Mahomet, sentant qu'il était impossible de la faire disparaître, sut la restreindre
dans certaines bornes. Il respectait les coutumes orientales, se bornant, (comme disent *Pharaon* et *Dulau*) à donner un cours
régulier à la passion excessive des Arabes
pour les femmes. (3) Nous verrons, plus tard,

---

ils, un acte que l'on doit souhaiter à tout musulman
d'accomplir.» L'Imam Schafei pense au contraire que
la personne qui consacre sa vie exclusivement à la so-
litude et à la prière doit s'attendre à plus de faveur de
la part de Dieu, que celle qui se marie (N. DE TOR-
NAUW.) Pour la femme, point de contestation: «L'entrée en mariage lui procure le plus grand avantage.
Elle trouve dans son mari un appui et un soutien naturels et son bonheur dans le contentement de son
mari!—»—

(1) Pharaon et Dulau.

(2) Voici comment Montesquieu explique la polygamie en Orient:— «Dans les pays tempérés où les
agréments des femmes se conservent mieux, où elles
sont plus tard nubiles, et où elles ont des enfants dans
un âge plus avancé, la vieillesse de leur mari suit, en
quelque façon, la leur et comme elles y ont plus de
raison et de connaissances quand elles se marient, ne
fût-ce que parce qu'elles ont plus longtemps vécu, il a
dû naturellement s'introduire une espèce d'égalité
dans les deux sexes et par conséquent la loi d'une
seule femme.»

(3) Incredibile est quo ardore apud eos in venerem
uterque solvitur sexus. (AMMIEN MARCELLIN, *De Arabiâ.*

en effet, que, s'il autorisait un musulman à
épouser quatre femmes, il punissait rigoureusement les unions illicites. (1)

3. Il est donc inexact de repéter après
un grand nombre de graves autorités, (2) —
que, d'après Mahomet, un mahométan peut
épouser autant de femmes qu'il en peut
nourrir. — Le nombre *maximum* est quatre
et encore Mahomet se hate-t-il d'ajouter ce
sage conseil: « *Si vous craignez de ne pouvoir*
« *les entretenir toutes également, n'en prenez*
« *qu'une.*» (3) Koran. *Ch. IV.* 3.

4. Mais, en dehors des quatre épouses
légitimes permises, il est loisible à un musulman d'avoir des concubines, pourvu
qu'elles soient prises parmi les esclaves. Le
nombre en est illimité.

5. On a encore reproché à Mahomet
cette concession aux mœurs de son temps.
Mais, pour renverser le concubinage, il eût
fallu détruire l'esclavage, une des institu-

(1) Voir *Koran.*—Chap. IV—19.30.— Chap. XXIV.
2.3.4 et suiv.—

(2) Voltaire n'a-t-il pas lui même mis ces vers dans
la bouche d'Orosmane?
......,Notre loi, favorable aux plaisirs.
Ouvre un champ sans limite à nos vastes désirs.

(3) Mahomet fit cette loi pour les autres, non pour
lui. Il en eut jusqu'à quatorze, sans parler des esclaves.
Elles le fatiguaient, en lui demandant des vêtements
plus riches et un train de maison plus considérable.
Mahomet, les ayant toutes réunies, leur donna le choix
ou de rester avec lui comme par le passé ou de le
quitter en divorçant. Elles préfèrent demeurer avec
l'*Apôtre.*— Celui-ci les ayant remerciées s'interdit d'é-
pouser d'autres femmes. (Koran: Chap. XXXIII, 52.)—

tions les plus enracinées chez les populations
de l'Orient. On doit dire, à la décharge du
législateur oriental qu'il a—du moins—1° restreint le concubinage aux seules esclaves,
2° assimilé les enfants nés du concubinage
aux enfants issus d'un mariage légitime et
3° appelé les concubines à la liberté, après
la mort du maître. (1)

6. Faut il voir dans le divorce—comme
certains auteurs l'ont pensé—un nouveau moyen donné par le législateur oriental aux musulmans de satisfaire leurs passions sensuelles, en leur procurant la facilité de changer
d'épouses?— Nous verrons, en étudiant les
règles du divorce, ce qu'il peut y avoir de
fondé dans ce reproche. Mais il nous est permis, dès ici et à titre d'observation générale,
de faire remarquer que le divorce n'est pas
admis si facilement qu'on pourrait le supposer; que le législateur l'a embarassé de
formalités minutieuses et longues; qu'enfin
la nécessité de constituer un *maher* a chaque nouvelle femme qu'il épouse, donne à
réfléchir, plus qu'on ne le croit, au mari musulman qui désire convoler. Faut il ajouter,

_____

(1) Combien est grande et généreuse cette conception du concubinage arabe!— Qu'elle l'emporte sur
celle du concubinat romain qui voulait que les enfants
qui en étaient issus fussent sans nom ni familles, dans
la crainte mesquine que ce concubinat ne fût une cause
d'empêchement des justes noces.— Il faut louer très
haut le législateur oriental qui n'est pas tombé dans
cette contradiction cruelle du législateur romain qui
tout en reconnaissant cette espèce d'union en flétris-
sait le fruit lors que la légitimation n'intervenait pas.
(Voir PHARAON ET DULAU.)—

avec le Proverbe persan, que: « *Comme deux* *ânes donnent plus de peine à conduire qu'une caravane entière, un homme qui a plusieurs femmes sous sa dépendance éprouve plus d'embarras que celui qui préside au Gouvernement d'un empire.—* » (1)

7. En résumé,—le législateur des arabes, en autorisant le divorce, l'a règlementé de la manière la plus sage pour en prévenir les abus et, afin de préserver les unions légitimes, a frappé l'adultère des peines les plus graves, les plus terribles même.

Mais revenons au mariage.

8. Les musulmans en admettent plusieurs espèces:—

1° Le mariage permanent.

2° Le mariage temporaire,

3° Le mariage avec des esclaves.

Nous étudierons successivement les règles particulières à chacun d'eux.

---

(1) Pharaon et Dulau rapportent à l'appui de la vérité de ce proverbe un jugement célèbre rendu par les juges de l'Île St. Thomas (possession suédoise alors— française depuis)—qui condamna un polygame à vivre avec les *neuf femmes* qu'il avait épousées. —Les juges devaient choisir entre l'absolution du coupable ou sa pendaison.— Ils le condamnèrent a vivre avec ses neuf femmes, estimant, non sans raison, que cette cruelle nécessité pouvait être regardée comme le *maximum* des peines les plus fortes. (*Dr. civ. musulman*. P. 33.)

CHAPITRE PREMIER.

DU MARIAGE PERMANENT. (1)

DES QUALITÉS ET CONDITIONS REQUISES DANS LA PERSONNE DES FUTURS ÉPOUX POUR POUVOIR CONTRACTER MARIAGE.

SOMMAIRE.

9. Conditions requises en droit français pour pouvoir contracter mariage.

10. Elles se rencontrent, en droit musulman, sous certaines restrictions et modalités.

9. On sait que les conditions requises dans la personne des futurs époux pour pouvoir contracter mariage sont, d'après le Code civil français, au nombre de cinq. Il faut:—

1° Qu'ils aient l'âge requis par la loi;

2° Qu'ils consentent au mariage;

3° Qu'ils obtiennent le consentement des personnes dont ils dépendent ou le conseil de leurs ascendants;

4° Qu'ils ne soient point l'un ou l'autre engagés dans les liens d'un mariage encore existant.

5° Qu'ils ne soient point parents ou alliés au degré prohibé par la loi.

10. Disons, de suite, que ces cinq conditions se rencontrent en droit musulman avec quelques restrictions ou quelques modalités que nous signalerons, en étudiant

_____

(1) *Niká Doïm.*

successivement chacune d'elles. Ajoutons à ces conditions celle particulière au droit musulman *d'identité de religion* des futurs époux./.

SECTION I.

DE L'AGE REQUIS POUR POUVOIR CONTRCTER MARIAGE.

SOMMAIRE.

11. Les futurs époux doivent être majeurs.
12. Marques de la majorité pour le mariage en droit musulman.
13. A défaut de ces marques, à quel âge les époux doivent ils être réputés majeurs pour le mariage?
14. Opinions diverses sur ce point.
15. *Quid*, dans l'Inde française?
16. Le Kazi est seul compétent pour juger, en premier ressort, toutes les questions contentieuses relatives au mariage autres que celles d'intérêts.

11. Pour pouvoir contracter mariage, les futurs époux doivent être majeurs.

12. La majorité qui, en droit musulman, rend habile au mariage résulte du développement physique suffisant pour permettre à l'homme et à la femme de satisfaire au but naturel de ce contrat.

Ce développement est constaté chez la femme par un signe manifeste: la nubilité.(1)

_____

(1) Si la fiancée n'a pas encore atteint l'âge nubile, lors de la demande en mariage, le mariage est différé jusque là et l'on fait dans le contrat une stipulation relative à ce point.— (Tornauw.)

Il est plus délicat à constater chez les hommes.— La barbe au menton, les poils sous les aisselles ne comptent pas comme signes de la majorité. (1)

Aussi remarque M. A. Eyssette, est il arrivé de marier des impubères. Au cas où un mariage serait attaqué en justice comme prématuré, la femme pourrait, d'après l'éminent arrétiste, faire tomber la demande, en certifiant par serment la puberté de son mari. (2)

12. Mais, à. supposer que les signes apparents de la puberté et de la nubilité ne se soient pas montrés, à quel âge les époux devraient ils être considérés comme majeurs pour se marier?

La réponse n'est pas aussi simple qu'on pourrait le supposer.— Les garçons seront réputés majeurs à 15 ans,— les filles à 9. (3) déclare Nicolas de Tornauw—et, il ajoute: le livre *Elhafi* exige l'âge de 16 ans.

14. Pharaon et Dulau (*Droit civil musulman.— P.* 39) s'expriment ainsi: l'homme,

---

(1) Même auteur.—

(2)—L'appréciation de la nubilité chez la femme est abandonnée aux ascendants, ou au futur conjoint; —à défaut de ceux-ci au Kazi.

(3) On sait que Mahomet épousa *Aïscha* à 5 ans et consomma le mariage à huit.— « Dans les pays « chauds d'Arabie et des Indes,—dit PRIDEAUX: *Vie de* « *Mahomet*— les filles sont nubiles à 8 ans et accou- « chent l'année d'après. »

Laugier de Tassis dit encore.— «On voit des fem- « mes dans les royaumes d'Alger enfanter à 9, 10 et « 11 ans. »

avant 17 ans, ne peut contracter mariage à moins qu'il ne soit nubile à cet âge et que ses parents ne lui donnent leur consentement.— Il n'est pas d'âge déterminé pour la femme. Sa nubilité dépend de la conformation de son corps.

Eug. Sicé (*Traité des lois mahométanes p.* 25.) enseigne que la majorité chez les musulmans est fixée de la manière suivante: Un garçon est majeur à l'âge de 16 ans accomplis, une fille dès quelle devient nubile.

Quinze ans, seize ans, dix-sept ans, sont successivement indiqués comme l'âge ou le musulman a atteint sa majorité.—

Cette variété dans la fixation d'un point aussi important provient du silence à cet égard, du *Koran* et de la *Sounah*; il a bien fallu que la doctrine, la jurisprudence et la coutume vinssent combler cette lacune.—On voit comme elles l'ont fait.

15. Dans l'Inde française, la majorité pour le mariage (quand les signes extérieurs de la puberté et de la nubilité font défaut) comme pour les autres actes de la vie civile doit être fixée à 16 ans révolus. C'est l'âge déterminé dans le rite *Hanafite* qui régit, on le sait, nos Etablissements.

Nous reviendrons d'ailleurs sur ce sujet, lorsque nous étudierons plus loin la majorité de l'homme et de la femme par rapport à la capacité civile générale.

16. Remarquons, dès ici, que toutes les questions contentieuses touchant le mariage et n'entraînant pas une condamnation pécuniaire sont de la compétence du Kazi—non en vertu de l'art. 1er. de l'arrêté du 11 Novembre 1861— le mariage n'étant aucunement *une matière religieuse* (1) en droit musulman, mais par un effet de la *coutume* qui vaut loi.

SECTION II.

DU CONSENTEMENT.

SOMMAIRE.

17. Double consentement nécessaire en droit musulman pour le mariage.

18. Consentement des parties contractantes.

19. Il est nécessaire pour la validité du mariage; mais peut être donné par mandataire.

20. Un père peut il marier sa fille sans son consentement?

21. Opinion de Pharaon et Dulau.

22. Sentiment de N. de Tornauw.

23. Qu'èst-ce que les *Walis?*

24. Pour quelles sectes leur intervention est forcée, pour quelles, facultative?

25. Leurs fonctions, leur office.

26. Parmi quelles personnes sont-ils choisis?

27. Nature, forme, et caractère du pouvoir qu'ils reçoivent.

28. Forme du consentement.— Distinction entre l'*Ijab* et le *Kaboul*.

29. Opinions des auteurs au sujet de l'*Ijab* et du *Kaboul*.

30. Consentement des ascendants.

31. Les époux majeurs peuvent s'en passer.

32. Dans l'Inde française, en raison de l'âge précoce où les mariages se font, le consentement des ascendants est presque toujours nécessaire:

---

(1) Nous nous séparons, on le voit, sur ce point, d'une façon absolue de M. Éyssette pour qui le mariage est un acte *civil et religieux*. Nous appuierons notre opinion d'arguments aussi graves que possible— quand nous étudierons les formes du mariage.

17. De même qu'en droit français, il faut,
en droit musulman, un double consentement:—

1° Celui des parties contractantes.

2° Celui des ascendants.

**18. I. Consentement des parties con-
tractantes**.—Les auteurs distinguent deux
espèces de consentement: celui qui est donné
réciproquement au moment de la célébration du mariage et le consentement préalable
de la jeune fille à marier.—Ce dernier donné
généralement aux mandataires ou *Walis* du
futur époux et oralement.—Cependant on admet qu'une sourire de la jeune fille, son silence même équivalent à un consentement;
elle est censée consentir, du moment que la
proposition de mariage est par elle accueillie
sans pleurer, sans se couvrir la figure de
ses mains et sans s'enfuir. (1)

---

(1)— Le fiancé s'est préalablement assuré par ses
parents si celle qu'il prendra pour femme réunit toutes les conditions voulues: si elle est de bonne conduite
et de naissance sans reproche;— si elle est vierge— à
moins qu'il ne s'agisse d'une femme divorcée ou veuve;
si elle observe les pratiques de la religion musulmane;—
si elle est nubile;— mis il lui est permis, en outre—
au moins chez les *Imamites*,—de voir lui même sa fiancée, c.a.d. de regarder sa figure, ses mains, ses
cheveux et son corps, sans qu'il puisse toucher à ses
vêtements. Mais il faut qu'il soit bien décidé à se marier; autrement ce serait un acte criminel de sa part—
(N. de Tornauw.) Plus généralement l'homme prend
la femme sur parole, il ne la voit que dans la chambre
nuptiale; jusque là, elle s'est soustraite à ses regards,
en se tenant constamment voilée. (PHARAON et DULAU.)

19. Le consentement libre des parties contractantes est nécessaire à la validité du mariage; il ne peut émaner que de futurs époux majeurs et en pleine possession de leurs facultés mentales. Il peut être donné par mandataire, lequel doit prouver par deux témoins qu'il a reçu le mandat.

20. Un père pourrait-il imposer un époux à sa fille, celle-ci devrait-elle le subir?

21. Oui répondent Pharaon et Dulau.

Ils ajoutent: Si le père est mort et que la fille soit encore sous la puissance maternelle, elle ne peut refuser l'époux que sa mère lui présente. Cependant elle peut invoquer l'avis d'un Conseil de famile.

22. D'après N. de Tornauw, un père ne peut, par testament, donner en mariage que celles de ses filles qui sont faibles d'esprit et dès lors ne pourraient pas disposer d'elles mêmes.

23. *Dès Walis.* Il est impossible de traiter du consentement des parties contractantes sans parler des démarches de certaines personnes dont le rôle est si important dans les mariages musulmans que M. Eug. Sicé, dans son *Traité des lois Mahométanes*, a pu dire qu'une des conditions essentielles a la validité d'un mariage musulman est l'assistance d'un ou plusieurs *Walis*.

24. Hâtons-nous de dire que l'intervention des *Walis* n'est réputée nécessaire que chez les et *Malékites* les *Schafiites*.—Chez les *Ha-*

nafites, l'intervention des Walis est *faculta- tive*. — (1)

Seulement, comme cette intervention est, —de par la coutume,—presque générale, il est indispensable de préciser le rôle du Wali dans les mariages entre les musulmans.

25. Le mot *Wali ou Vali*— (comme l'écrit M. Eug. Sicé—) signifie mandataire.—Le Wali—en droit musulman—est l'homme qui est chargé de communiquer les intentions, demandes, refus, acceptations des deux futurs époux.— On en nomme plusieurs, de part et d'autre. Les Walis de la fille sont tenus de l'assister et de prendre parole pour elle, s'il y a lieu.— Ceux du futur sont plutôt considérés comme médiateurs entre les deux parties.— Ils prennent l'initiative. (2)

26. De part et d'autre, les Walis sont choisis de préférence parmi les plus proches parents, sans que le choix d'autres personnes puisse entraîner la nullité du mariage; En général, ce sont le père, l'aïeul, les ascendants, les frères et leurs descendants. Le mandat de *Wali* pourrait être donné spécialement à la mère. (3)

A défaut de ces parents, on choisit communément le Kazi.

Pour la femme esclave, son Wali, c'est le maître.

---

(1) C'est l'opinion d'Hanifa, quand la fille est libre, nubile et saine d'esprit; mais son disciple Mohamed estime que l'intervention d'un Wali est toujours indispensable.

(2) Eug. Sicé.

(3) N. de Tornaux.

Hanifa ne veut pas qu'un esclave puisse servir de Wali a un homme libre; un mineur à un majeur; un infidèle a un croyant; un aliéné à une personne saine d'esprit.—

27. Le pouvoir que reçoivent les Walis est tantôt verbal tantôt par écrit.—M. A. Eyssette cite les formules suivantes comme les plus usitées: « Je vous prie de me chercher « un mari, m'apportant telle dot que vous « jugerez convenable.»— « Mariez moi avec « Nour—Mahomed, peu m'importe la dot.»

Quid, si le mari indiqué dans le second pouvoir acceptait?— La femme serait elle liée? Il est difficile de ne pas répondre affirmativement.

Dans le premier cas—(pouvoir général indéterminé)—le choix du Wali devrait être ratifié par la femme. (1)

Et, du côté de l'homme, *quid*, si la femme choisie par son Wali ne lui agréait pas?— Tant pis pour lui, répond M. Eyssette. Seulement, le mariage célébré, il répudierait sa femme... et en chercherait une autre...

28. Forme du consentement:—

_____

(1) M. A. Eyssette a propos du *Wali*—T. II. p. 118, rapporte l'espèce curieuse qui suit:

« Il s'est présenté-dit-il-des dès l'origine et du vi-
« vant de Mahomet, une question assez curieuse et
« touchant de près à la haute comédie. Le Wali
« chargé de trouver un mari à une femme sans dési-
« gnation de l'individu se désigna lui même et le pro-
« phète consulté déclara que *c'était permis*. En con-
« séquence, ajoute l'arrétiste—nous conseillons à toute
« femme veuve, ou femme divorcée qui donne mandat
« à un *Wali* dont elle ne voudrait pas pour époux
« de déclarer dans la procuration que le mandataire
« devra choisir tout autre que lui.»

Il faut distinguer le consentement de la fille (*Ijâb*) qui accepte d'être la femme du jeune homme et se contente du *Maher* qu'il lui offre, du consentement du jeune homme (*Kaboul*) qui, pour prix de la cession de la personne de la fille, lui accorde le *Maher* qu'elle lui demande.

29. Tous les auteurs sont d'accord pour déclarer que le mariage n'est parfait qu'après l'échange de l'*Ijab* et du *Kaboul*; seulement, trandis que les uns déclarent que le consentement au mariage *peut être exprimé de quelque manière que ce soit*. (1) d'autres estiment que certaines expressions sont sacramentelles. C'est ainsi qu'on lit dans le traité des lois mahométanes de M. Eug. Sicé «que « les parties en donnant leur consentement « doivent employer le verbe *consentir* au temps « passé. La femme dira: « J'ai consenti à « devenir votre épouse» et l'homme:« J'ai « accepté son consentement.»

« Il se peut que l'un emploie le *futur* et « l'autre le *passé* et *vice versa*. Ex: Si l'homme « dit: « Voudra-t-elle devenir mon épouse?— « Il faut que la femme réponde: « J'ai con- « senti.»

«— Pour que le *Nikâh* remplisse les conditions réquises par la loi il faut que le mot *tadjviz* (approbation) ou tout autre équivalent—mais sacramentel— soit prononcé, tels que: *vohabtou*: Je t'ai fait le don de ma personne;—*vosadaktou*: je t'ai fait le sacrifice de ma personne;— *vomaliktou*: Je t'ai rendu maître de ma personne.—»

---

(1) N. DE TORNAUW.

Il faut noter que les formalistes en matière de consentement sont les *Schafiites*. Les *Hanafites* sont plus libéraux.

30 II.— Consentement des ascendants.— Le consentement des ascendants est requis *dans tous les cas* pour rendre le mariage valable, déclarent Pharaon et Dulau, mais formulée avec cette généralité la règle manque d'exactitude.

31. Les époux majeurs peuvent se marier, sans le consentement des ascendants.

N. de Tornauw le dit formellement, en ce qui concerne les filles au moins; il ajoute: mais les filles esclaves ne peuvent pas se marier sans la permission de leur maître. (1)

M. Eug. Sicé s'exprime à son tour sur ce point, comme suit: « Un musulman peut se « marier à l'âge de seize ans.— Avant « 16 ans accomplis, le consentement des « parents est requis, mais, passé cet âge, on « peut s'en dispenser.— Le même auteur ajoute:— Celui qui se marie en s'exemptant « d'avoir le consentement de ses parents n'est « pas tenu de faire les soumissions respec- « tueuses.—Il suffit qu'il soit assisté d'un de « ses oncles paternels ou maternels. »—Tel est l'usage. (2)

32. Ajoutons que le consentement des ascendants est presque toujours nécessaire pour la validité des mariages entre musulmans, dans l'Inde française, par ce motif que les parents mahométans, comme les Indous, marient leurs enfants en bas âge.

---

(1) Exposé du droit musulman de N. de Tornauw. P. 90

(2) Eug. Sicé (*Trait*. des lois mahom. P. 66.)

SECTION III.

DE L'EXISTENCE D'UN PREMIER MARIAGE.

SOMMAIRE.

33. Elle constitue un obstacle au mariage de la femme, non de l'homme, en droit musulman. — Celui-ci peut épouser en même temps ou successivement quatre femmes.

34. Le musulman peut contracter un nombre illimité de mariages temporaires ou avec des esclaves.

35. Restriction à cette dernière règle.

36. La femme ne peut se remarier que si elle est veuve ou divorcée.

37. Motifs de cette inégalité entre l'homme et la femme.

38. Il est permis de stipuler au profit de la femme que, de son vivant, son mari n'en épousera pas d'autres.

39. Chacune des femmes a droit à un logement séparé, à moins qu'il ne leur convienne de vivre ensemble.

33. L'existence d'un premier mariage ne constitue un obstacle à un second mariage que pour la femme musulmane, (1) non pour l'homme, qui, nous l'avons déjà dit, peut épouser à la fois ou successivement quatre femmes, en vertu de ces paroles du Prophète:— « Si vous craignez de n'être pas équitables envers les orphelins, n'épousez parmi les femmes qui vous plaisent que deux trois ou quatre. «(*Koran. Ch.* IV. 3.)

Cette disposition doit s'entendre des mariages *permanents*.

---

(1) La femme musulmane qui prendrait un second époux, le premier vivant encore, serait passible des peines de l'adultère.

34. Le nombre des femmes est illimité pour les mariages temporaires et les mariages avec les esclaves.

35. Cependant, quand un musulman a épousé deux femmes libres, par mariage permanent, il ne peut avoir que deux esclaves, qui, avec les deux premières, forment le nombre légal de quatre.

36. Pour la femme, elle ne peut arriver à un second mari que par la mort du premier ou le divorce.

37. Le prophète, on le voit—suivant, du reste, l'exemple de tous les législateurs anciens, n'a pas établi, sur ce point, l'égalité entre l'homme et la femme.— Mais:— l'unité indispensable dans la société conjugale, et la confusion de paternité justifient plus que suffisamment cette différence. (1)

---

(1) On sait qu'il existe au Travancore une caste célèbre dite des *Nairs*, dans laquelle les femmes jouissent du privilège d'avoir plusieurs maris. Chaque dame Naire peut avoir quatre maris.— Lorsqu'un d'eux vient la voir, il fait le tour de la maison qui est isolée et a autant de portes qu'elle a de maris.— Le visiteur s'approche en frappant de son sabre sur son bouclier; il ouvre ensuite la porte qui lui est réservée; il laisse au dehors un serviteur qui garde ses armes et dont la présence en ce lieu indique aux autres intéressés que la place est prise. On dit qu'un jour de la semaine, la dame fait ouvrir les quatre portes et reçoit ses quatre maris qui viennent dîner chez elle et lui faire la cour.— Chaque mari lui donne une dot en se mariant et les dames ont seules charge des enfants. Les *Nairs* n'ont pas d'autres héritiers que les enfants de leurs sœurs. Cette loi a été établie afin que les

38. Peut on stipuler au profit de la femme
que, du vivant de celle-ci, l'époux ne pourra
pas contracter une autre alliance?—La jurisprudence, a, se basant sur l'usage, consacré
l'affirmative. En cas d'infraction à cette clause
prohibitive, la femme obtiendrait le divorce
si elle le sollicitait. (1) Pourrait-on convenir
dans le contrat, pour le cas dont il s'agit,
une clause pénale? Non répond M. Eyssette
car, dit-il: « la clause deviendrait de style; le
« mari, plutôt que de se voir ruiné ou gra-
« vement atteint dans sa fortune, resterait
« monogame; en d'autres termes, la monoga-
« mie deviendrait la règle, la polygamie l'ex-
« ception.» J'avoue que pour ma part, je
n'y verrais pas le moindre inconvénient.
Et l'ordre public tel qu'il est établi chez les
musulmans ne receverait pas une *"lésion si
grave"* que l'affirme M. Eyssette, puisque le
Prophète lui même à dit: « *Si vous craignez
« d'être injustes, n'épousez qu'une seule fem-
« me.....»* (*Koran: Ch. IV.* 3.)

39. Tout en renvoyant l'examen des devoirs
du mari envers ses femmes à la section relative
aux droits et de voirs respectifs des époux, nous
devons dire, dès ici, que l'époux leur doit
à chacune un logement distinct, séparé, indépendant, à moins qu'elles ne s'accordent

---

Nairs, n'ayant aucune famille, fussent toujours prêts
à marcher à l'ennemi.— Lorsque les neveux sont en
âge de porter les armes, ils suivent leurs oncles; le
nom de père est inconnu à un enfant *Nair.* Il parle des
maris de sa mère et jamais de son père. (A. ESQUER.
Essai sur les castes p. 170.)

(1) N. DE TORNAUW.

entre elles et ne consentent à vivre en bonne
harmonie, dans la même maison./.—(1)

SECTION IV

DE LA PARENTÉ ET DE L'ALLIANCE.

SOMMAIRE.

40. Les principes en cette matière ont varié selon
les peuples et les âges.

41. Prohibitions du mariage entre parents et alliés
d'après la loi mahométane.

42. Dispositions du Koran, en ce qui concerne les
sœurs de lait.

40. Sans entrer dans l'examen détaillé des
raisons qui ont fait interdire le mariage à
certains degrés de parenté; sans chercher ce
qu'il peut y avoir de bien ou de mal fondé
dans la doctrine de *l'horror naturalis*, il n'est
peut être pas superflu de constater que les
principes qui régissent, en cette matière, la
plupart des peuples modernes furent mé-
connus des Phéniciens, des Egyptiens, des
Perses (2) des Athéniens, des Spartiates, ce qui

---

(1) On lit dans un arrêt de la Cour de Pondichéry
du 12 Novembre 1853. «Qu'un musulman peut bien
« épouser jusqu'à quatre femmes et les réunir dans une
« même maison, en leur donnant à chacune un appar-
« tement séparé;— mais que cette faculté est su-
« bordonnée à la volonté de ces dernières;—qu'il doit
« une maison séparée à celle qui ne veut pas vivre ainsi
« en communauté avec ses compagnes; que cette rè-
« gle du droit musulman est écrite dans *Khalil-ben-*
« *Ischak.*»

(2)— Si les Assyriens, si les Perses ont épousé leurs
mères—dit Montesquieu— les premiers l'ont fait

donnerait à penser qu'il faut voir, dans les prohibitions du mariage entre certains parents ou alliés, autant les effets de lois civiles politiques et religieuses que les conséquences de la loi naturelle./. (1)

41. Cela dit, passons à l'étude des dispositions de la loi musulmane, touchant les prohibitions des mariages pour cause de parenté ou d'alliance./.

La prohibition est absolue dans la ligne directe ascendante et descendante. (2)

En ligne collatérale, le mariage est interdit jusqu'au degré de cousin germain exclusivement. (3)

Enfin, on ne peut épouser une sœur de lait, une mère de lait, une belle-fille, ni deux sœurs, un oncle et une tante. (4)

---

par un respect religieux pour Sémiramis; et les saconds, parce que la religion de Zoroastre donnait la préférence à ces mariages. (Ils étaient regardés comme plus honorables.—(Voy. PHILON.)—Si les Égyptiens ont épousé leurs sœurs, ce fut encore un délire de la religion égyptienne qui consacra ces mariages en l'honneur d'Isis. (*Esprit des Lois.*)

(1) «En fait de prohibition de mariage entre parents «c'est une chose très délicate de bien poser le point «auquel les lois de la nature s'arrêtent et où les lois «civiles commencent».--MONTESQUIEU: *Esprit des Lois.* p. 410 et suiv.

(2).—Code civil: 161:—«En ligne directe, le mariage «est prohibé entre tous les ascendants et descendants «légitimes ou naturels et les alliés dans la même ligne.

(3)—162:— En ligne collatérale, le mariage est « prohibé entre le frère et la sœur légitimes ou naturels et les alliés au même degré.»

(4).— 163:— «Le mariage est encore prohibé entre « l'oncle et la nièce, la tante et le neveu.

8

42. Voici, du reste, comment s'exprime le Koran, à ce sujet:

« N'épousez par les femmes qui ont été les épouses de vos pères; c'est une turpitude, c'est une abomination et un mauvais usage: toutefois laissez subsister ce qui est déjà accompli. »

« Il vous est interdit d'épouser vos mères, vos filles, vos sœurs, vos tantes paternelles et maternelles, vos nièces, (filles de vos pères ou de vos sœurs) vos *nourrices*, vos *sœurs de lait*, les mères de vos femmes, les filles confiées à votre tutelle et issues de femmes avec lesquelle vous auriez cohabité. — Mais si vous n'avez pas cohabité avec elles, il n'y a aucun crime à les épouser. — N'épousez pas non plus les filles de vos fils que vous avez engendrés ni *deux sœurs*. — Si le fait est accompli, Dieu sera indulgent et miséricordieux. » (1)

On ne peut s'empêcher de remarquer la prohibition de mariage avec des *sœurs de lait et la nourrice*. Mahomet a tiré la conséquence rigoureuse du principe de l'assi-

---

164. — « Néanmoins, il est loisible au Roi de lever, « pour les causes graves, les prohibitions portées par « l'art. 162 aux mariages entre beaux-frères et belles- « sœurs et, par l'art. 163, aux mariages entre l'oncle et la nièce, la tante et le neveu. »

On voit par ces rapprochements que la loi musulmane est plus rigoureuse que la loi française dans ses prohibitions.

(1) C'est la disposition de l'art. 2 du Code civil: — « La loi ne dispose que pour l'avenir; elle n'a point d'effet rétroactif. » —

milation de la nourrice aux parents naturels. (1)

Cette doctrine est portée si loin,— disent
Pharaon et Dulau—que, «quand une femme
» a nourri deux enfants mâle et femelle le
« lien conjugal est interdit entre eux». (2)

---

(1) On lit 'dans N. de Tornauw:—Chez les Schafiites
et les Hanafites, le mariage est permis malgré l'alliance
par la nourrice, dans les six cas suivants:

1° Le mariage du père de l'enfant qui a été allaité
par une nourrice avec la mère de celle-ci,

2° Le mariage du père de l'enfant qui a été allaité
par une nourrice avec la fille de celle-ci;

3° Le mariage d'une nourrice avec le frère de son
nourrisson;

4° Le mariage avec la mère d'une sœur de lait issue
d'un autre mariage;

5° Le mariage avec la nourrice d'un oncle du côté
paternel,

6° Le mariage avec la nourrice d'un oncle et d'une
tante du côté maternel.

(2)— Pour que la parenté par la nourrice ait lieu,
il faut, cela va sans dire, que l'enfant ait été à même
de se nourrir au sein de la nourrice. Mais combien de
fois?—Il y a, sur ce point, divergence entre les sectes et
les docteurs d'une même secte. Pour que la parenté
par la nourrice ait lieu, il faut, d'après les uns, que
l'enfant ait tété quinze fois la nourrice dans le cours
de ses deux premières années;—d'après d'autres, cinq
fois.—Enfin, d'après d'autres, il suffit que l'enfant se
soit nourri au sein de la nourrice pendant un jour et
une nuit./. (N. DE TORNAUW.)

SECTION V.

DE L'IDENTITÉ DE RELIGION.

SOMMAIRE.

43. Exigence particulière au droit musulman.
44. Rigueur de cette prescription.
45. Est il nécessaire qu'il y ait entre les époux musulmans égalite de nation, de tribu, d'origine, de liberté, de piété, de fortune, de profession?

43. Voici une disposition particulière au droit musulman:— Elle est relative à la religion des futurs conjoints.—Ils doivent être musulmans.

44. Cette disposition est des plus rigoureuses, au moins dans la secte Hanafite. (1)
Une des causes de la perte des droits civils chez les musulmans est en effet le changement de culte.
Nous verrons, plus tard aussi, que l'une des causes de dissoluion du mariage permanent est la désertion de la religion musulmane, pour en embrasser une autre.

---

(1) D'après la règle des Schiites, le mariage temporaire est permis avec des juives et des chrétiennes.—Les Schafiites et les Hanafites admettent même avec ces femmes le mariage permanent, mais cela leur est déconseillé. (N. DE TORNAUW.)
Ces sectes s'appuient sur ces paroles du Prophète: « Il vous est permis d'épouser les filles honnêtes des « croyants et de ceux qui ont reçu les Ecritures avant « vous (*femmes chrétiennes et juives*) pourvu que vous « leur donniez leur récompense.»— Mais le mariage d'une musulmane avec un chrétien ou un juif serait radicalement nul. A. EYSSETTE p. 25 T. II.

Il nous suffit ici d'indiquer cette cause de dissolution du mariage permanent, les développements viendront à leur lieu et place.

45. Est-il nécessaire qu'il y ait entre les époux égalité de nation ou de tribu, d'origine et de liberté, de piété, de fortune, de profession? (1)

Hanifa et ses deux disciples sont loin d'être d'accord qur ces questions; ces derniers sont plus libéraux que le maître:

D'après Abou-Yousouf, deux individus nés l'un d'un père libre et musulman et l'autre d'un grand père et d'un père libres et musulmans (ce qui suppose que le grand père du premier n'était pas libre et musulman) sont égaux aux yeux de la loi;—non d'après Hanifia.

Selon Hanifa, le mariage d'une femme qui a des principes religieux avec un homme qui les viole tous peut être cassé par le Wali.— Mohammed n'admet pas l'intervention du Wali, en matière de religion.

Hanifa défend le mariage à celui qui est dans l'impossibilité de constituer un *maher* à sa future, et de la nourrir et de l'habiller. —Abou—Yousouf estime qu'il suffirait, pour que le mariage fût permis, que l'homme of-

---

(1) Les légistes mahométans emploient le mot *Kûfou* dont le sens est égalité de nation ou de tribu pour exprimer, par analogie, les qualités ou conditions requises pour s'épouser.—Le Kufou se fonde sur l'origine et la liberté; sur la religion et la piété; sur la fortune et l'avoir des parties contractantes; il est déterminé aussi par la profession. (Eug. Sicé—*Traité des lois mahométanes* p.p. 67 et 68.)

frît à la femme dans l'avenir, la perspective, par l'exercice de sa profession, d'une constitution de dot et d'un entretien convenables.

Enfin, un bottier, un marchand de parfums, un tisserand ne sont pas égaux, d'après Hanifa, il ne saurait y avoir de mariage entre gens exerçant respectivement ces professions

D'après Abou—Yousouf—(et je crois que c'est la doctrine saine et généralement suivie)— il suffit pour que le mariage soit permis, que les *conditions ne soient pas trop disproportionnées.*/.

CHAPITRE DEUXIÈME.

DES FORMALITÉS RELATIVES A LA CÉLÉBRATION DU MARIAGE.

SOMMAIRE.

46. Parmi ces formalités, il faut distinguer les substantielles; — les formalités en usage chez les musulmans de nos populations; les règles concernant le *maher*; — et enfin les principes régissant la *Maison dotale* à Karikal.

46. Nous passerons en revue, sous cette rubrique:—

1° Les formalités substantielles de la célébration du mariage.

2° Les cérémonies en usage chez les peuples musulmans particulièrement dans nos possessions de l'Inde française et plus particulièrement encore à Pondichéry et à Karikal.

3° Les règles concernant le *Maher*.

4° Enfin les principes qui régissent l'institution particulière à Karikal appelée: *Maison dotale*.

SECTION I.

FORMALITÉS SUBSTANTIELLES DE LA CÉLÉBRATION DU MARIAGE.

SOMMAIRE.

47. Formalités substantielles du mariage mahométan.
48. La présence du Kazi n'est pas requise pour la validité du mariage, en droit musulman.
49. Non plus que la constitution du *Maher*.
50. Résumé et conclusion.

47. Ces formalités ne sont ni bien nombreuses ni bien compliquées.

On convient généralement que les trois règles suivantes doivent être observées:—

1° Déclaration, en présence de deux témoins, du consentement mutuel des parties contractantes (*Ijab et Kaboul*). (1)

2° Récitation de certaines prières avant la signature du contrat. (2)

3° Enfin la conclusion du contrat de mariage, en présence d'une personne ecclésiastique (Kazi) et des témoins qui ont assisté à l'acte avec la déclaration du *Sigeh* (3) et la fixation du *Maher*.

_____

(1) Voir *supra*, p. 51 n° 28.

(2) Voici la plus importante:—« Je désire contracter mariage. Envoie moi, ô mon Dieu, dans ta miséricorde, toi, le plus miséricordieux parmi les miséricordieux, une femme chaste qui me conserve son âme et qui se réjouisse de mon bonheur et de mon contentement!

(3) C'est la déclaration orale de l'engagement qu'on prend.—Elle rend le contrat irrévocable. Voici, d'après N. de Tornauw, les deux *Sigeh* qu'on prononce lors d'un mariage:—

48. Mais la présence du Kazi n'est pas requise à la célébration du mariage pour en assurer la validité.

Il serait également valable contracté en présence de deux ou un plus grand nombre de témoins, sans l'assistance du Kazi. (1)

49. Enfin la constitution d'un *maher* à la femme est prescrite par la loi dans son mariage, sans toutefois qu'il soit invalidé par l'inobservation de cette condition.

50. Que reste-t-il alors comme formalités substantielles du mariage, en droit musulman?

1° Le consentement des futurs époux majeurs pour le mariage et—quand ils sont mineurs— celui des ascendants.

1° *Sigeh au nom des deux époux:*—«J'ai uni par mariage une homme et une femme, suivant procuration qui m'a été exhibée par les mandataires et conformément aux conventions de ce contrat.»

2° *Sigeh pour l'homme seul:*— «J'ai déclaré mon consentement au mariage sur le fondement de la procuration du mandant, conformément à ce qui a été convenu dans le présent contrat.»

Après la déclaration du *Sigeb*, le Kazi et les mandataires apposent leur cachet à l'acte.

Le premier prononce le *Soit en aide* (Barik-allah!—et donne lecture du premier chapitre du Koran.

Le contrat de mariage est ensuite remis aux mains de la femme et de son mandataire.

Le Kazi reçoit un salaire de l'homme, mais ne peut rien demander à la femme.

(1) Le Moullah, tout comme le Kazi, pourrait procéder à la célébration du mariage.—«La présence d'un ecclésiastique n'est pas substantielle de la célébration du mariage auquel les parents seuls ou ceux qui ont autorité sur les époux suffisent pour imprimer la validité.». (Arr. Cour. Pond. du 7 Juin 1861.)

2° La présence de deux témoins mâles sains d'esprit, adultes et lettrés, ou d'un témoin mâle et de deux témoins du sexe féminin. Et c'est tout. —

La célébration—comme disent Pharaon et Dulau—n'est plus qu'une fête de famille qui varie selon les localités et la fortune des Musulmans.

SECTION II.

CÉRÉMONIES DE MARIAGE EN USAGE DANS LES ETABLISSEMENTS FRANÇAIS DE L'INDE.

SOMMAIRE.

51. Nature et caractère de ces cérémonies.

51. Voici, d'après M. Eug. Sicé: *Taité des lois Mahométanes*, un tableau des cérémonies du mariage telles qu'on les pratique parmi les musulmans de Pondichéry. —

« Le *Schádi* diffère du *Nikáh*, en ce que l'un
« admet des cérémonies que l'autre ne per-
« met pas. Les personnes qui éprouvent des
« difficultés de la part de leurs parents ou
« du public ont recours au *Nikáh*; et ce ma-
« riage qui se trouve conforme à la loi, est
» rejeté par le peuple qui le trouve défec-
« tueux. Mais est-il toujours constant que
« le *Schádi* n'a aucun caractère légal, si le
« *Nikáh* n'en fait pas partie?» —

« Voici les cérémonies pratiquées dans le
« *Schádi*.» —

1° On commence par faire la demande.
« Les parents du jeune homme prennent
« un plateau dans lequel ils mettent un trous-
« seau tout neuf--(lequel se compose ordi-

9

« nairement d'une belle pagne, d'une jupe
« et d'un spencer)--et une bague destinée à la
« fille;—ils peuvent ajouter d'autres pré-
« sents, mais le trousseau et la bague sont
« indispensables;—puis, ils se rendent chez
« la fille dont les parents doivent avoir fait
« les mêmes préparatifs. »

« Les deux familles réunies s'arrangent
« pour le contrat, fixent l'époque des fian-
« çailles et se passent les plateaux. Celui de
« la fille revient au jeune homme et celui
« du jeune homme à la fille. Cette première
« cérémonie ce nomme *Schakar-Kori* (colla-
« tion.)»—

2°—«Le jour des fiançailles arrivé, les pa-
« rents se réunissent et prennent décidément
« jour pour l'hyménée des futurs époux. On
« distribue du bétel, de l'arek et des par-
« fums. Cette cérémonie se nomme *Haldi*:
« (safran.)»—

3°— « Le troisième ou quatrième jour
« suivant, le jeune homme, accompagné de
« ses parents, va rendre visite à sa fiancée
« et lui offrir, dans un plateau, les meilleurs
« fruits de la saison, des gâteaux et des *Nazr*
« (présents). Cette troisième cérémonie se
« nomme *Bari*: (plateau.)»—

4°—«Quelques jours après, la fille observe
« la même cérémonie à l'égard de l'homme.

5°—«La cinquième cérémonie qui porte le
« nom de *Teil*: (huile) consiste dans les opé-
« rations de toilette dès futurs époux.—
« C'est celle qui dure le plus longtemps.«

« Tout ce qui précède se passe dans l'in-
« térieur des appartements;— le public n'y
« assiste pas. La durée de cette cérémonie

« est d'environ une semaine. On y con-
« sacre chaque journée tout entière.»

6°—« Après le *Teil*, les parents du jeune
« homme donnent un festin: (*ziafat*), auquel
« sont invités tous les parents de la famille
« et beaucoup l'étrangers.»

7°—« Au banquet succède le *Schabgast*:
« (procession de nuit.)»

8°—«Quelques jours après le Schabgast,
« le Kazi, au milieu des deux familles ré-
« unies, célèbre le *Nikâh*, afin de conférer aux
« fiancés la qualité d'époux légitimes qu'ils
« n'auraient pas sans cela.»

—Voici en quoi consiste le *Nikâh* à Pondichéry:—Les familles des deux futurs époux
étant rassemblées chez la fille ou chez le
jeune homme, on désigne plusieurs Walis,
et deux *schaheo* (témoins) en présence du
Kazi. L'assemblée se divise en deux portions—séparées par un rideau:—D'un côté,
le futur et ses parents et son ou ses Walis—
de l'autre, la future et son cortège.—Le Wali
du futur alors assisté des deux témoins se
rend auprès de la future et lui demande, de
la part du jeune homme et de ses parents,
si elle consent à prendre pour époux un tel.
Elle est obligée, quand elle refuse, de le dire
à haute et intelligible voix. Ses sourires, ses
larmes, son silence équivaudraient à un
consentement.—Au cas où elle consent, ses
parents prennent la parole et font connaître
aux Walis le *Maher* qu'ils désirent pour leur
fille—. Les Walis assistés toujours des deux
témoins retournent auprès du jeune homme
pour lui faire part des prétentions des parents de la fille.— Alors le Kazi prend la
parole, étant debout, et la main du jeune

homme dans la sienne: «Nous vous accordons
en mariage,—dit il,—comme épouse légitime
une telle, fille légitime ou naturelle d'un tel
et d'une telle que vous et vos parents dotez
de la somme de......ce dont tel et tel sont
témoins; chose communiquée et arrangée
par le Wali un tel ici présent. Y consentez-
vous?— S'il consent, le Kazi lâche sa main
et lit à haute voix un morceau de poësie dit
Kotouba où sont écrits les devoirs des époux.
Puis il récite une prière appelée *fatiah*. Le
jeune homme se lève et fait une profonde
révérence aux personnes de la réunion. Il
reçoit ensuite des présents de ceux qui lui
portent de l'affection. Il reprend sa place et
donne, s'il le désire et si ses moyens le per-
mettent, un repas, ou fait circuler seulement
le bétel l'areck et les essences.—

9°—« Le *Nikâh* terminé, les époux en pré-
« sence de leurs familles, s'avancent l'un
« vers l'autre, se prennent la main et ne se
« séparent plus,—ce qui s'appelle *Joulvá* ren-
« contre des époux,—jusqu'au moment où,
« soit la mère, soit la sœur ou toute autre
« proche parente s'approche de la jeune ma-
« riée et lui attache au bras un bracelet
« composé de quelques brins de fil d'or et
« de couleur nommé *Kangân*. Après quoi,
« les époux se retirent dans leurs apparte-
« ments et le *Schâdi* se termine. »

«—Si les fiancés sont encore enfants, com-
« me cela arrive assez souvent, on attend
« leur âge de puberté pour célébrer les trois
« dernières cérémonies qui sont le *Nikâh*, le
« *Joulva* et le *Kangan*. »—

SECTION III.

DU MAHER.

SOMMAIRE.

52. La constitution du Maher est d'un usage constant chez les Musulmans.

53. Qu'est-ce que le Maher?

54. Il est assimilé à un prix de vente.

55. C'est à tort, que pour l'exprimer, les mots *dot* ou *douaire* sont employés.

56. Par qui est-il donné?

57. En quoi il peut consister.

58. Quand il est exigible.

59. Un terme peut-il être stipulé pour le payement du Maher?

60. Jurisprudence, à ce sujet, de la Cour de Pondichéry.

61. De quoi dépend l'importance du Maher.

62. Au cas de répudiation de la femme avant la consommation du mariage, le mari doit la moitié du Maher convenu.

63. *Quid*, si le Maher n'a pas été déterminé dans le contrat?

64. *Quid*, s'il n'y a pas eu du tout de stipulation de Maher.

65. Opinion de l'auteur.

66. Jurisprudence de la Cour de Pondichéry quant aux réclamations de Maher non déterminé dans le contrat ou non stipulé du tout, après divorce ou répudiation.

67. Eléments qui lui ont servi à déterminer, dans ce cas, le Maher.

68. Comment doivent s'y prendre les parents qui veulent garantir à leur fille future épouse, le paiement de son Maher?

69. La femme musulmane a-t-elle un droit de préférence et une hypothèque légale sur les biens de son mari, pour la conservation de son Maher?

70. Examen critique de cette question.

52. Si la constitution du Maher n'est
point exigée en droit musulman sous peine
de nullité du mariage, elle est, nous l'avons
dit, prescrite par la loi, et d'un usage, on
peut dire, constant.—Il importe donc de
bien fixer ici la portée, le caractère du Maher et l'époque de son exigibilité; de faire
connaître comment on le détermine, quand
il n'en a pas été question dans le contrat de
mariage—ou quand le chiffre n'en a pas été
précisé au dit contrat./.

53. Le *Maher* ou *Mehr* appelé aussi *don
matutinal,   présent   nuptial,   dot,   douaire*

n'est, en réalité, qu'un prix de vente. On ne doit donc pas s'étonner de trouver dans le Maher les principales conditions obligatoires et redhibitoires d'un marché. «La femme—lit-on au précis de jurisprudence de PERRON--vend une partie de sa personne. Dans un marché, on achète une marchandise; dans le mariage, on achète l'*arvum génitale* de la femme.» (1)

54. Nicolas de Tornauw est aussi explicite que Perron sur ce sujet:— Le don matutinal—dit-il— (2) correspond *exactement* à un prix d'achat, et comme celui ci, il est régi par les mêmes règles en ce qui concerne son caractère obligatoire et redhibitoire.—En général on admet dans le mariage comme dans la vente l'idée d'une d'aliénation. Dans la vente, c'est la chose vendue qui est l'objet de l'aliénation; dans le mariage, c'est le *genitale arvum mulieris* qui forme l'objet du contrat.

La Cour de Pondichéry n'a pas hésité à s'inspirer de cette doctrine et on lit dans son arrêt du 13 Août 1853.— « Attendu que le mariage est, en droit musulman, assimilé à un acte de vente dans lequel la femme fait cession de sa personne, moyennant la dot ou Maher. (3)

---

(1) T. II. P. 428. C'est ce qu'on peut appeler une *conception naturaliste* du mariage.

(2) Exposé du droit musulman. p. 99.

(3) M. Eyssette fait remarquer— (T. II. P. 57) que M.M. Sautayra et Cherbonneau contestent l'assimilation d'un *Maher* à un prix de vente, mais il constate que l'opion de ces jurisconsultes a contre elle

55. C'est donc à tort que certains jurisconsultes se servent du mot *douaire* ou du
mot *dot* pour exprimer le don nuptial. Il
faut dire plutôt *Maher*, qui ne prête pas à
l'équivoque, à la confusion avec la *dot* du
droit français ou romain laquelle est apportée
par la femme «ad sustinenda matrimonii onera». Le
Maher est une charge de plus qui incombe
au mari, c'est une dette qui grève ses biens.

56. Le don nuptial, le *Maher* est toujours
donné par le mari à la femme et devient la
propriété de celle-ci.—On peut donner à
titre de *Maher* tout ce qui peut devenir légalement l'objet d'un droit de propriété.

57. Le *Maher* peut donc consister en
une somme d'argent, en un ou plusieurs
immeubles;— il peut également être constitué partie en argent, partie en immeubles.

58. Le payement du *Maher* doit être fait
dès que, après la signature du contrat, les
deux époux se sont trouvés seuls, sous le
même toit, sans qu'il soit besoin que le mariage ait été suivi d'aucune suite. (1)

---

le sentiment général et en particulier celui des femmes.
Pour M. Eyssette, le maher est le prix d'une vente,
d'un louage d'un je ne sais quoi—mais dit-il peu importe au fond; c'est toujours *Do ut des.*/.

(1) Le lecteur sera peut être curieux d'être initié aux
pratiques dites *secrètes* qui s'observent parmi les musulmans après l'entrée de la femme au logis du mari.
Voici ce qu'on lit dans N. de Tornauw—à ce sujet:
«—Le mari est tenu, avant toute chose, de faire deux
« inclinaisons, de réciter une courte prière puis il re-
« tourne vers sa femme, en lui souhaitant d'être heu-
« reuse dans sa maison, la prend par la main et la

D'où cette conséquence que la femme, avant d'avoir reçu le *Maher*, a le droit de se refuser à toute caresse de la part de son mari. (1)

Il se trouve donc exigible à la volonté de la femme, dès que le mariage est conclu; et le paiement ne peut en être retardé par aucune exception. (2)

La Cour d'appel de Pondichéry a eu souvent l'occasion de proclamer ces principes du droit musulman,—notamment dans les arrêts des 13 Août 1853; (3) 9 Avril 1872;

« conduit vers le lit nuptial. La femme doit se relever
« et, se plaçant sur le tapis destiné à la prière, elle doit
« en faire une avec deux inclinaisons. Puis les deux
« époux procèdent à la purification après la quelle, le
« mari plaçant sa main sur le front de sa femme, pro-
« nonce la prière suivante:—O Dieu, d'après l'ordre
« de ton livre, j'ai contracté mariage avec cette femme
« et je l'ai prise chez moi.—Si cela te plait, donne lui
« un enfant, un musulman fidèle et non un compagnon
« du diable.— Avant de commencer l'acte conjugal,
« il faut s'écrier *Bismillah:* Au nom de Dieu!—»

(1) *Quid*, si aucun *Maher* n'avait été stipulé au contrat de mariage?— La femme n'aurait rien à réclamer. Il n'y aurait lieu à fixation du *Maher* que s'il y avait répudiation ou divorce, après consommation du mariage. (Voir *infra* n° 64.)

(2) Arr. Cour. Pondichéry. 11 Août 1877.

(3)—«Attendu que le mariage est, en droit musulman, assimilé à un acte de vente, dans lequel la femme fait cession de sa personne, moyennant la dot ou *Maher*;—que la dot est due par le mari même antérieurement à la consommation du mariage, puisque la femme peut lui refuser toute entrevue privée, jusqu'à ce qu'il l'ait soldée; qu'à plus forte raison, elle est due après, ainsi qu'il résulte du passage de *Khalil-Ben*

10

(1) 14 Août 1877; (2) et 11 Mai 1880. (3)—

59. La Cour d'appel de Pondichéry, dans
son arrêt du 11 Août 1877, admet, ainsi qu'on
a pu l'observer, qu'un terme puisse être
stipulé au contrat, reculant jusqu'à l'échéance de ce terme l'exigibilité du *maher*; mais
il ne faudrait pas que cette stipulation de

Ischah conçu en ces termes:— Le paiement intégral
de la dot conjugale devient obligatoire 1° par la consommation même accomplie dans des circonstances
coupables........»

(1)—«Attendu qu'il est de jurisprudence que le *Maher* d'une femme musulmane c'est-à-dire la somme pour
laquelle l'a acheté son mari, lors du mariage, est exigible à la volonté de la femme, soit avant, soit après
la consommation du mariage et notamment lorque
des circonstances majeures font qu'elle ne peut plus
rester au domicile conjugal.—»

(2)—«En ce qui concerne le *Maher*:—Attendu qu'il
devient exigible à la volonté de la femme dès que le
mariage est conclu et que le paiement ne peut en être
retardé par aucune exception, à moins qu'un terme
n'ait été stipulé dans le contrat de mariage ce qui n'a
pas eu lieu, dans l'espèce.—»

(3)—«Attendu qu'il est de doctrine générale et de
jurisprudence constante que la femme peut refuser
toute union charnelle avec son mari, jusqu'à ce que ce
dernier se soit libéré du *Maher* envers elle;—qu'elle peut
même refuser, tant que la condition du paiement de
ce *Maher* n'est pas remplie, de faire un voyage d'une
journée avec son mari (HÉDAYA: *V° Mariage p. 150*);—
qu'elle a le droit de refuser la cohabitation à son mari,
jusqu'à ce qu'il ait payé ce qu'il doit actuellement du
don nuptial (KHALIL--BEN--ISCHAK--*Trad:* PERRON *T.* 10
p. p. 432 *et suiv*;—qu'elle peut refuser les caresses de
son mari, jusqu'à libération effective du *Maher* (*N.*
DE TORNAUW. *p. p.* 98 *et* 99.)»

terme eût été faite avec la condition que faute
de paiement à l'échéance de ce terme, le
mariage serait non avenu. N. DE TORNAUW
déclare illégale une pareille convention.—Le
mariage resterait valable, nonobstant le non
accomplissement de la condition. (1)

60. Ainsi il est permis, la Cour d'appel
de Pondichéry l'a jugé, de stipuler, dans un
contrat de mariage, que le *maher* deviendra
immédiatement exigible, au cas où l'époux
prendrait une seconde femme, du vivant de
la première. — Le *maher* étant exigible, à la
volonté de la femme,— (on ne saurait trop
insister sur ce principe)—celle-ci a donc le
droit d'en ajourner l'exigibilité à l'arrivée
de tel ou tel événement, notamment au cas
d'un second mariage de son époux. — Cette
condition a le caractère de la fixation d'un
terme non d'une clause pénale.

Ces principes ont été consacrés par l'arrêt
de la Cour d'appel de Pondichéry, en date
du 31 Juillet 1847. En voici les passages les
plus intéressants:

«Attendu—en fait—que par acte s. s. privé, en date
« du 23 Septembre 1831 Mougamadou Cacim s'est
« engagé, *pour le cas où il contracterait un second*
« *mariage,* à payer à Atchou-bibi sa première femme
« le montant de son douaire, les frais faits pour son
« mariage et à pourvoir à sa subsistance;— que, par
« un second acte également s. s. privé, en date du
« 20 Décembre 1831, Mougamadou Cacim a fixé à
« 100 *pagodes* — *étoile* le douaire dont il s'agit et a
« reconnu en même temps que la valeur du *Cagouly* (2)

---

(1) N. DE TORNAUW. *Exp. de Dr. musulman p.* 100.
(2) *Cagouly* où plutôt *Caïcouly (don à la main)* va-
riant entre 10 souverains de 2 roupies et fractions

« reçu par lui des parents d'Atchoubibi était de 20 *pa-*
« *godes* et la valeur des bijoux de 25;— Attendu qu'il
« est impossible d'entendre la convention du 23 Sep-
« tembre dans le sens que l'appelant voudrait y donner
« aujourd'hui, par notes fournies après l'audition du
« Ministère public, savoir que la *clause pénale sti-*
« *pulée en la dite convention ne devrait être acquise*
« *qu'autant qu'il y aurait renoncé à épouser Atchou-*
« *bibi pour prendre une autre femme et non pour le*
« *fait d'un second mariage, après avoir épousé Atchou-*
« *bibi;*— que les termes de la convention aussi bien
« que le système soutenu par l'appelant, tant devant
« les premiers juges que devant la Cour, par con-
« clusions signifiées, repoussent cette interprétation;—
« qu'en effet, le dit appelant a toujours et principa-
« lement opposé à la demande de l'intimée, soit qu'il
« ne devait pas tout ce qu'on lui réclamait, soit que
« le moment n'était pas venu de s'acquitter, soit qu'il
« ne s'était pas engagé directement envers l'intimée;
« mais n'a jamais prétendu que le fait avancé de son
« second mariage ne fût pas la circonstance dont la
« prévision avait motivé les stipulations de l'acte du
« 23 Septembre;—Attendu, dès lors, que les derniè-
« res objections dont il vient d'être parlé sont les seules
« qui doivent être examinées;— Attendu que vaine-
« ment Mougamadou Cacim soutient que n'ayant
« consenti l'acte du 23 Septembre qu'envers le frère
« d'Atchoubibi, cette dernière est dans droit pour en
« réclamer l'exécution;— qu'il est évident qu'Atchou-
« bibi, étant mineure au moment de son mariage, n'a
« pu traiter par elle même et qu'il ressort de la nature
« et des termes de l'acte en question que toutes les
« stipulations qu'il renferme ont été faites pour elle
« et à son profit; d'où il suit qu'elle est fondée à s'en

chacun et 100 souverains. Moyennant ce don, le mari
est obligé d'habiter la *maison dotale*. Le mari qui
reçoit un caïcouly de 100 souverains est tenu, de son
côté, de donner à la future un bijou de 31 souverains.

« prévaloir;— En ce qui touche le douaire de 100 *pa-*
« *godes*, attendu que si, dans les cas ordinaires, le
« douaire n'est dû à la femme qu'après la mort du
« mari (1) il est évident que, dans l'espèce, les parties
« on voulu modifier ce qui se fait le plus souvent et
« prendre des sûretés contre l'appelant, pour le cas
« d'un second mariage, qui devait naturellement di-
« minuer les garanties d'Atchoubibi, au paiement de
« son douaire, garanties qui deviendraient illusoires,
« si, pour le réclamer, elle était contrainte d'attendre
« la dissolution de son mariage; d'où la conséquence
« que la condition qui a donné lieu à la stipulation
« dont il s'agit étant advenue par le fait du second
« mariage de l'appelant, le douaire est depuis lors
« exigible. »

Par cet arrêt, la Cour a tranché une question intéressante relativement *aux frais de
mariage.* Elle en a déterminé la portée dans
ces termes:—«Attendu que ces termes gé-
« néraux *frais de mariage* alors qu'il s'agit
« d'une clause pénale imposée au mari pour
« manquement à l'engagement pris par lui
« de les rembourser à sa première femme
« au cas de convol, doivent s'entendre non
« seulement de tous frais de célébration,
« mais de *tous frais faits pour dons de bi-*

---

(1) Qu'a voulu dire la Cour par cette phrase: «*Dans
les cas ordinaires, le douaire n'est dû à la femme qu'a-
près la mort du mari?*» Ce principe est-il exact?—
Evidemment non, puisque nous n'avons cessé de répéter avec toutes les autorités, avec la Cour elle même,
qu'il *était exigible à la volonté de la femme*—même
avant la consommation du mariage. La Cour a, sans
doute, voulu dire, *qu'en fait,* le *Maher n'était réclamé*
ordinairement qu'après la mort du mari, l'intérêt des
parties colitigantes se faisant jour surtout à ce moment.

« *joux, cadeaux ou autres, provenant de la*
» *famille de l'épouse*; qu'ainsi, dans l'espèce,
« ils comprennent les 20 pagodes de *Cagouly*
« aussi bien que les pagodes de bijoux don-
« nés par les parents de l'intimée……»—

61. L'importance du *Maher* dépend de
la convention des parties. Il est déterminé
ordinairement dans le contrat de mariage.
C'est une somme fixe que le mari s'engage
à payer à sa femme, à réquisition,— Mais le
Maher peut n'être pas fixe; c. à. d. qu'on
peut stipuler dans le contrat de mariage que,
si le mari emmène sa femme hors de son
domicile actuel, par exemple, il y aura aug-
mentation dans le montant de son *Maher*.

62. Quand, après la signature du contrat,
mais avant la cohabitation ou avant de s'ê-
tre trouvés seul avec sa femme, le mari la
répudie, il lui doit *la moitié du Maher* convenu.

63. Mais qu'arrivera t-il, dans ce cas, si
le contrat porte stipulation d'un *Maher*
non précisé quant au chiffre, ou encore s'il
n'a pas été question du tout de *Maher* entre
les parties?— Que devra le mari?—

La réponse est facile au cas de stipulation
d'un maher *indéterminé*. Il appartiendra aux
Tribunaux de le fixer, en prenant en considération la fortune de mari ou de la famille
de la femme, les circonstances où le *Maher*
est payé, la coutume des divers pays, les pré-
cédants dans la même famille etc. etc.
Et le mari en paiera la moitié à sa femme
par lui répudiée.

64. Mais, s'il n'a pas été question du tout
du Maher—soit que le contrat soi muet sur

ce point—soit qu'il n'y ait pas eu de contrat?

65. Je serais d'avis que la femme n'aurait rien à réclamer au mari, ni celui-ci rien à payer à sa femme. Tout autre serait la situation si le divorce avait eu lieu, après la cohabitation consommée, je me rallierais à l'opinion des docteurs qui estiment qu'alors la femme aurait droit à une indemnité égale au maher dit *coutumier*. (1)

66. La Cour d'appel de Pondichéry n'a pas eu, que je sache, à juger de demande en paiement d'un *Maher* dont il n'aurait pas été question entre les parties contractantes dans l'hypothèse d'une répudiation survenue avant la cohabitation. Mais elle a eu souvent l'occasion de se prononcer sur des réclamations après divorce ou répudiation de *Maher* non déterminé dans le contrat de mariage ou non stipulé du tout; elle parait avoir assimilé le dernier cas au premier et décidé que, dans les deux situations, le *Maher* étant dû devait être évalué par les Tribunaux.

67. Voici trois arrêts rendus par la Cour d'appel de Pondichéry en matière de fixation de *maher* qu'il est opportun de citer ici,

(1) N. DE TORNAUW p. 99. On trouve également dans PERRON—vol II. p, p. 460 et *suiv*. à l'appui de cette distinction les lignes suivantes:—«Dans le mariage contracté, sans qu'on ait stipulé de dot nuptiale la femme n'a le droit d'exiger le don coutumier qu'après le mariage est consommé. Ce droit est perdu si le mari ayant tout rapport avec sa femme la répudie ou meurt. Il n'y a rien non plus à réclamer au nom de la femme, si elle meurt avant toute relation avec le mari.»

et qui viendront à l'appui de ce qui vient d'être avancé:—

Arrêt du 11 Novembre 1848.—
« Attendu, en ce qui concerne le douaire (1) attribué
« à Sinnapoullé, que la femme musulmane légalement,
« mariée a toujours droit à un douaire, *soit qu'il en*
« *ait été stipulé*, *ou non*; mais que ce douaire, qu'il
« appartient au juge de déterminer, *lors qu'aucune sti-*
« *pulation n'a été faite*, doit être proportionné à la
« fortune du mari;.......»

Arrêt du 28 Août 1858.— «Attendu que
« tout mariage musulman, doit être constaté par écrit,
« dressé par le Kazi (2) et contenir la fixation du
« douaire obligatoire promis à l'épouse par le mari (3);—
« Attendu que le contrat de mariage de Mah-Mira
« avec Pottou Condou n'est pas représenté à justice,
« mais que le mariage étant reconnu et les parties ne
« s'entendent pas pour déterminer le quantum du dou-
« aire, (4) il y a lieu pour les Tribunaux de le fixer
« *ex œquo et bono*, en consultant les usages et les pré-
« cédents de la famille;—Attendu, d'une part, que
« le Kazi certifie que le *maher* n'est pas fixé dans la
« loi mahométane, mais qu'on le détermine, lors du
« mariage et dans le contrat, *suivant les us et coutu-*
« *mes du pays et à proportion des ressources de cha-*

---

(1) Cette expression est vicieuse—avons-nous déjà
dit-ou, pour le moins, impropre. On la trouvera malheureusement employée dans presque tous les arrêts
de la Cour.

(2) Cette règle—nous l'avons dit déjà— n'est pas
prescrite à peine de nullité du mariage.

(3) La constitution de *maher* non plus.

(4) Le juge suppose (à tort au à raison) qu'il y a eu
stipulation de *maher*—mais que les parties sont en désaccord sur le chiffre. Les auteurs musulmans estiment
qu'en ce cas, foi est accordée au mari qui peut prêter
serment. (N. DE TORNAUW.)

« çune *des parties*;—(1) que, d'autre part, il est prouvé
« que, suivant les us de la famille de Mah-Mira, le
« *maher* était ordinairement fixé à 200 *calantchys* ou
« 840 roupies;—qu'en effet, il résulte de deux contrats
« de mariage portant date des 13 Mars 1838 et 2 Fé-
« vrier 1847 versés au procès que c'est à ce taux que
« fut fixé le *Maher* de Mastanbibi, de Mogaïdine At-
« chialle et de Cader Mastanbibi filles de Pir Moga-
« madou frère de Mah-Mira, lorsque ce frère maria
« successivement ses trois filles à Fitché fils de Mou-
« gamadou Mir Ravoutar;—Attendu qu'il y avait lieu
« de consulter ce précédent pour déterminer le dou-
« aire de Pottou Condou; qu'il n'y a lieu néan-
« moins de le fixer à ce taux, les ressources
« de Mah-Mira,' lors de son mariage, autre élément
« d'appréciation utile, n'étant pas connues;que c'est le
« cas, dès lors, de faire usage du pouvoir discréti-
« onnaire;......»

Arrêt du 16 Juillet 1861.«— Attendu
« qu'il est de principe-en droit musulman- qu'une
« femme qui se marie obtienne de son mari un dou-
« aire;— Attendu que la quotité de ce douaire est
« habituellement stipulée dans un acte destiné à con-
« sacrer les conventions du mariage;—*qu'il arrive*
« *fréquemment, néanmoins, que des musulmans se*
« *marient sans aucune espèce de contrat* et que rien
« ne constate la valeur du douaire, laquelle doit, dès
« lors, être déterminée sur de simples appréciations;—
« Attendu que ces appréciations, si elles n'ont pour
« base que les usages en vigueur, usages qui varient

(1) M. A. Eyssette fait remarquer que le juge peut
étendre le champ de son appréciation et prendre également pour éléments: la *beauté* de la femme—(qu'il lui
sera peut être difficile de constater, *de visu*, au moins),
sa religion- (une chretienne ou une juive devront avoir
des prétentions plus modestes qu'une musulmane)— *sa*
position sociale—le pays qu'elle habite, la *dot* reçue
par sa sœur germaine ou consaguine.

11

« suivant les localités, courent le risque d'être er-
« ronnées;—qu'il semble plus naturel et plus logique
« en même temps *de prendre, avant tout, en considé-*
« *ration la fortune du mari et les forces de la succes-*
« *sion,* pour fixer ensuite, en consultant toutefois les
« usages, la quotité du donaire réclamé......»

68. Une question importante—on pourrait dire capitale—est celle de savoir comment doivent procéder les parents qui veulent garantir à leur fille, future épouse, le
paiement de son *Maher*.

Dans les temps antérieurs à la promulgation de nos Codes—(et même depuis), — (1)

---

(1) On lit dans un arrêt de la Cour d'appel de Pondichéry, en date du 2 Mai 1868, les considérants qui
suivent.—«Attendu que, par acte s.s. privé du 15 Juil-
« let 1860, déposé le même jour en l'étude du tabel-
« lion de Chandernagor, Mirza Kémaodine a constitué
« en douaire à Chalébibi une somme de 5000 rou-
« pies;—que, pour assurer le paiement de la moitié de
« ce douaire, soit : 2,500 roupies, il donnait tous les
« immeubles désignés en l'acte;— qu'en outre, pour
« garantie d'une somme de 1,500 roupies formant,
« selon les expressions de l'acte, la balance du dit
« donaire, Mounéchy-Mittir Khan affectait, pour le délai
« d'une année, divers immeubles à lui appartenant si-
« tués sur le territoire français;— Attendu que, par
« acte du 18 Avril 1861, déposé en l'étude du tabel-
« lion, le 8 Mai suivant, Bhogobone Chondor s'est
« engagé, pour le cas où les immeubles constitués en
« douaire, le 15 Juillet 1860, ne seraient pas acquis à
« Chaléa-bibi, à payer le montant du douaire;— At-
« tendu que le paiement par la remise des immeubles
« ou l'exécution contre la caution Mounéchy Mittir
« Khan, n'ayant pas été effectué en entier, Chaléa-bibi,
« a, par exploit du 21 Juin 1864 assigné Bhogobone
« Chondor en paiement de la somme de 4375 roupies,

ils avaient recours, le plus souvent, à l'intervention d'une caution prise parmi les parents ou amis du futur et qui se portaient fort pour lui.

69. Aujourd'hui, la femme *jouit d'un droit de préférence et d'une hypothèque légale sur* les immeubles de son mari pour la conservation de son *Maher*.

70. C'est là une innovation due aux Tribunaux de l'Inde française, on pourrait dire *un tour de force*, puis qu'en dépit des lois musulmanes qui ne reconnaissent pas l'hypothèque—qui n'ont pas même de terme juridique pour exprimer l'hypothèque—les tribunaux de l'Inde française n'ont pas reculé devant l'audace de créer en faveur de la femme musulmane, pour la conservation de son *Maher*, une *hypothèque légale*!!!

Hâtons nous de le dire, parmi les tribunaux français appelés à faire application aux populations musulmanes de leurs colonies les principes du droit musulman, ceux de l'Inde seule ont consacré au profit de la femme musulmane ce bénéfice exorbitant.

71. M. A. Eyssette, tout en reconnaissant que la législation locale est venue modifier, en faveur des femmes, dans les Etablissements français dans l'Inde, les principes rigoureux qui, depuis des siécles, sont en vi-

---

« balance à elle due;—Attendu que la seule question
« à examiner au procès est celle de savoir si Bhogo-
« bone Chondor s'est porté caution pour le paiement
« de la totalité du douaire ou seulement pour la remise
« des immeubles qui y étaient affectés.....»

gueur dans les vastes contrées où règne l'islamisme, l'*Algérie comprise*, essaie d'expliquer
historiquement la suite des concessions plus
ou moins légitimes qui ont abouti à cette
énormité juridique.

Nous ne partageons pas son optimisme.

72. Que, par un phénomène pareil à la *stra-
tification*, le droit français, en matière d'hypothèque judiciaire et conventionnelle, soit parvenu à s'incorporer au droit musulman, la chose était peut être forcée et il n'y a pas lieu—je
l'admettrais—de s'étonner ni de protester,
sans même examiner s'il y a de la part des
musulmans qui usent de l'hypothèque judiciaire et conventionnelle une renonciation
partielle à leur statut personnel.—Les musulmans ne contractent pas seulement entre
eux, ils sont débiteurs et créanciers d'indous, d'Européens aussi.—Leur refuser l'é-
galité avec les autres créanciers au point de
vue de la garantie de leurs créances, eût été
les mettre en quelque sorte hors la loi. On a
dû nécessairement, fatalement, les admettre
au bénéfice de l'hypothèque judiciaire et de
l'hypothèque conventionnelle.

Et cela—je le reconnais—bien qu'il soit
certain que l'hypothèque est chose absolument inconnue en droit musulman (1) mais

_____

(1) Macnaghten enseigne, dans le chapitre: *Of debts
and securities* p. 74, d'après le traité Hanafite *Veka
Yab* que l'idée essentielle de l'hypothèque est complètement inconnue dans le droit musulman, parce que la
tradition de l'objet du gage est considérée comme condition essentielle du contrat de gage.—Dulau et Pharaon, dans leur *Droit musulman*, sont du même avis.

enfin, elle n'est contraire ni l'ordre public,
ni aux bonnes mœurs; pourquoi, dès lors,
interdire aux musulmans traîtant entre cor-
réligionnaires ou avec des idolâtres et des
européens, le bénéfice découlant des articles
2123 et 2124 du Code civil?

73. Mais faut-il aller plus loin et dire, avec
M. Eyssette, que l'hypothèque judiciaire et
conventionnelle admises entre les musulmans on ne pouvait refuser à la femme mariée
un droit *d'hypothèque légale sur les biens de son
mari pour sûreté de sa dot?* —

La conséquence est contestable. —M. A.
Eyssette lui même ne l'admet qu'avec une
hésitation bien légitime, tout en constatant
qu'elle ne fait pas doute pour les Tribuaux
et la Cour de l'Inde française. — Il ne peut
s'empêcher d'observer (T. II. p. 238) que
la Cour de Pondichéry, dans son arrêt du
21 Nov. 1874, aurait dû expliquer, puisque
l'occasion s'en présentait, pourquoi elle avait
accordé à la femme musulmane une hypothèque et une *hypothèque légale*, qui lui est
refusée dans tous les pays où règne l'islamisme, y compris nos départements algériens. —N'est ce pas plutôt une critique indi-

---

PERRON, cependant, dans la traduction du livre Malékite
de *Schalil ben-Ischak* T. III. ch. XV. mentionne
l'hypothèque sur les immeubles et distingue expressément *l'hypothèque* du *nantissement*. —En tous cas, le
droit musulman n'a, dans sa langue juridique, aucune expression technique pour rendre l'idée de l'hypothèque;
le seul mot employé *rehen* ayant son étymologie dans
le mot qui signifie *la preuve*. —N. de TORNAUW. p. 178
à la note./.

recte du système de la Cour qu'un acquiescement à sa doctrine.

74. Il se montre faiblement touché—et
il a raison—de ce motif donné par la Cour
de Pondichéry, dans un autre arrêt, en date
du 2 Décembre 1871,« à savoir que *si le béné-*
« *fice de l'hypothèque légale n'était pas assuré à*
« *la femme musulmane*, le mari, qui, au mo-
« ment de la célébretion du mariage, aurait
« constitué, mais sans le payer immédiate-
« ment, un douaire à sa femme, pourrait se
« mettre volontairement dans l'impossibilité
« de satisfaire plus tard à ses engagements,
« en consentant des hypothèques fictives sur
« les biens immobiliers composant seuls son
« avoir. (1)

L'arrétiste ajoute fort judicieusement:
« Comment font les femmes musulmanes
dans nos possessions d'Afrique, pour ne
parler que des pays où s'étend la domination française?—Sont elles tout à fait désar-
mées contre les manœuvres frauduleuses du
genre de celles que rédoute la Cour?—Non,
elles prennent leurs sûretés, exigent des

(1) C'est ce qui a lieu sur le territoire indo-britan-
nique et en Algérie. L'hypothèque légale de la femme
y est absolument inconnue. « Le cautionnement (disent M.M. Sautayra et Cherb. T. II. P. 71) est très
fréquemment employé (en la dite matière)chez les musulmans, ainsi que le constatent les contrats de mariage
qui ont passé sous nos yeux. Ils contiennent presque
tous la formule:— *La dot a été fixée à la somme de*
. . . .*que le nommé*. . . . . . .*père, frère, parent du*
futur a cautionnée et du paiemet de laquelle il s'est
rendu garant. »(A. EYSSETTE. T. II. p. 180.)

cautionnements et, sans hypothèque légale, elles savent fort bien recouvrer leur *Maher* par les voies de droit......Comment-a-ton fait longtemps, dans l'Inde ? Comment à Chandernagor jusqu'en 1860 et rien ne prouve que l'on n'ait pas continué.....»

Nous avons vu plus haut, sous le n° 68 rapportée dans l'arrêt de la Cour, en date du 2 Mai 1868, une constitution de *Maher* avec l'intervention d'une caution.

75. Nous avons démontré, nous l'espérons, du moins, que la création de l'hypothèque légale au profit de la femme musulmane pour la garantie de son *Maher* ne se justifiait point par la nécessité, qu'elle était particulière à l'Inde. Nous allons rechercher maintenant à quelle époque elle remonte et si elle a été reconnue par tous les Tribunaux de la Colonie, comme l'a formellement constaté un arrêt de la Cour d'appel de Pondichéry.—Est-ce là, en un mot, une de ces adaptations qui s'imposent par l'unanimité ou tout au moins la généralité des décisions qui en ont proclamé l'urgence, et qui, à défaut du moins d'autre consécration, peuvent invoquer celle du temps?

C'est ce qu'il nous a paru opportun et même nécessaire de rechercher.

76. Le premier arrêt cité par M. Eyssette accordant le bénéfice de l'hypothèque légale à la femme musulmane pour le paiement du *Maher* est du 2 Décembre 1871. (1) Il dispose en ces termes:

_____

(1) *Jurisprudence en droit Musulman* T II. P. 207.

«—Attendu que le douaire ou *Maher* de la femme
« musulmane constitue pour elle une véritable *dot* (1)
« qui lui est faite par son mari et pour le montant de
« laquelle *elle a un droit de préférence à tous les au-*
« *tres créanciers de son dit mari, quels qu'ils soient:*
« *hypothécaires ou autres;*(2) que, pour la conservation
« de cette dot, elle à même une *hypothèque légale* sur
« les immeubles de son mari ainsi que *cela a déjà été*
« *jugé par les Tribunaux français de l'Inde;* que
« si, en effet, il en était autrement, le mari qui, au mo-
« ment de la célébration du mariage aurait constitué,
« mais sans le payer immédiatement, un douaire à sa
« femme, pourrait se mettre volontairement dans l'im-
« possibilité de satisfaire plus tard à ses engagements
« en consentant des hypothèques fictives sur les biens
« immobiliers composant seuls son avoir;— Qu'ad-
« mettre cela serait injuste et immoral, le douaire
« n'étant autre chose que le prix du lien qui va unir
« la femme au mari, prix qui peut toujours être exigé
« d'avance, la femme ayant le droit, jusqu'à ce qu'il
« soit soldé, de refuser toute entrevue privée à celui
« qu'elle épouse......»

---

(1)Cette proposition semble, pour tout le moins, osée.
Le *Maher* consiste généralement en une somme d'argent—parfois—en un immeuble (mais rarement) que
paye ou promet de payer le futur à sa femme—pour
prix de sa possession.—La *Dotis constitutio*, en droit
romain, était: « *contractus quo mulier alius ve pro*
câ ad sustinenda matrimonii onera aliquid viro dat
aut promittit.»— En droit français, on entend par
dot le bien que la femme apporte au mari pour l'aider
à supporter les charges du mariage. Voilà, ce semble,
deux choses bien différentes. Loin d'aider à soutenir les
charges du mariage, le *Maher* est une charge de plus.—
Comment la Cour a-t-elle cru pouvoir assimiler deux
conceptions aussi contraires? Le mot *véritable* est bientôt avancé. Mais n'est-il pas un contre sens ?./.

(2) CHAMPESTÈVE, *Prés.* MAZER—DEGUIGNÉ—BOUL-
LEY-DUPARC *cons.* LAUDE *Proc. Général.*

77. Il faut observer que cet arrêt infirmait le jugement du Tribunal de 1ʳᵉ instance du 4 Août 1870 qui avait refusé à Sultanebibi le droit de préférence qu'elle revendiquait. — Voici les termes de cette décision qui mérite d'être mise en regard de l'arrêt qui l'a réformée. (1)

— « Attendu que Sultanebibi conteste la cré-
« ance de Sinna Kessavalounaïk comme ne devant
« pas primer celle de la dite Sultanebibi quoi-
« que Sinna Kessavalounaïker soit le créancier pre-
« mier inscrit; — Attendu que Sultanebibi prétend
« que son contrat de mariage avec le débiteur lui con-
« fère *une hypothèque légale* sur les biens du dit dé-
« biteur, *sans avoir besoin de prendre une inscription*
« pour établir le rang d'hpothèque; — Attendu que
« la créance de Sinna Kessavalounaïk est établie par un
« acte d'hypothèque du 21 Ootobre 1848 passé par
« devant le tabellion de cette ville avec affectation
« spéciale de l'immeuble exproprié; — Attendu qu'on
« voit dans le dit acte d'hypothèque que le débiteur
« a produit un certificat négatif sur les biens du dé-
« biteur; — Attendu que *l'inscription est indispensable*
« *pour établir le rang* SANS DISTINCTION DE MAHER (dot
« chez les musulmans).......

Voilà qui était catégorique: — « Vous prétendez, disait le Tribunal à la femme musumane avoir sur les biens de votre débiteur, une *hypothèque légale* dispensée de toute inscription. C'est une erreur. — Votre créance résultant du *Maher*, comme toute créance, doit être nécessairement inscrite, pour que son rang soit établi. — La Cour dédaigne de discuter cette opinion; elle procède par une série d'affirmations, terminées et étayées

---

(1) A. Esquer. *Président.*

12

en quelque sorte, par cette déclaration:
« *ainsi que cela a déjà été jugé par les Tribu-*
naux de l'Inde»—en exceptant bien entendu
celui de. Pondichéry—au moins dans le jugement infirmé, sans même prendre la peine
de désigner, par leur date, les jugements et
arrêts faisant jurisprudence: (1)

**78. Deuxième arrêt qui accorde à la
femme musulmane le bénéfice de l'hypothèque légale:** (18 Novembre 1873.)

« —Attendu que le *Maher* donné à la femme mu--
« sulmane par son mari au moment et à cause du ma-
« riage constitue une *véritable dot* (2).— Attendu, dès
« lors, que la femme musulmane ne saurait, pour la
« conservation de sa dot, échapper au décret du
« 28 Août 1862 promulgué sans restriction aucune
« dans la Colonie; que le souverain peut, en effet,
« établir des lois d'ordre public *sans porter atteinte,*
« *aux lois et coutumes musulmanes* (3) que le décret du

---

(1) Jurisprudence qui—(comme le dit avec autant de
force que de raison M. A. Eyssette T. II. p. 295)—a
fait profiter ABUSIVEMENT la population musulmane de
dispositions qui ne la concernaient pas.— C'est absolument notre avis.

(2) Toujours la même confusion!!!

(3) Si le décret du 28 Août 1862 n'a porté aucune
atteinte aux lois et coutumes musulmanes—(ce qui est
absolument exact)—qu'a t-il à faire avec le droit musulman qui ne connait pas *l'hypothèque* ni judiciaire
ni conventionnelle ni légale? Précisons ce que la Cour
à voulu dire: La femme musulmane jouit d'une hypothèque légale pour le paiement de son *Maher*; elle
est dispensée de la faire incrire durant le mariage—(à
moins des circonstances spéciales prévues par le Code
de Procédure et le Code civil.)—Mais elle doit se conformer à l'art. 9 du décret du 28 Août 1862, c'est-à-
dire prendre inscription dans l'année qui suit la disso-

« 28 Août 1862 a ce caractère, alors que conservant
« au *Maher* son caractère dotal, il a eu pour but de
« faire disparaitre, autant que possible, les hypothè-
« ques occultes; que cet acte législatif était indispen-
« sable dans ce pays où les fraudes pour frustrer les
« créanciers sont si fréquentes et si nombreuses. (1)»

Je ne puis laisser passer, sans m'y arrêter
cette affirmation de la Cour d'appel de Pondichéry que le décret du 28 Août 1862 a *conservé au Maher son caractère dotal.*—Ne dirait
on pas que ce décret s'est préoccupé du
Maher des femmes musulmanes?—Qu'on le lise
d'un bout à l'autre, on n'y trouvera pas la
moindre allusion au *Maher*, comme le fait
remarquer judicieusement M. A. Eyssette.
Alors, qu'à voulu dire la Cour?

**Troisième arrêt qui accorde à la
femme musulmane le bénéfice de l'hypothèque légale. (21 *Nov.* 1874.)**............
....

« Attendu que, pour la conservation du *Maher*, la
« femme *a une hypothèque légale* sur les immeubles
« de son mari; *que la Cour l'a toujours décidé ainsi;*
« (2) qu'elle a déclaré aussi que cette hypothèque

---

lution de son mariage,—(par la mort, le divorce ou la
répudiation.)—Elle est traitée absolument comme une
femme française.

(1) La création de *l'hypothèque légale* de la femme
musulmane n'est, en réalité, pendant le mariage, que le
rétablissement d'une hypothèque occulte.— Cet arrêt
a été rendu par M. Mazer: Prés. p. i.; M. Chovel
Cons. p. i.; M. de Gacon Cons. aud. p. i.; M. Champestève Proc. gén. p. i.

(2) Le procédé est simple:— La Cour, en 1871, en
infirmant un jugement du Tribunal de 1ʳᵉ instance de
Pondichéry qui refusait à la femme musulmane une
hypothèque légale pour la conservation de son *maher*,

« était soumise aux dispositions du décret du 28 Août
« 1862 promulgué, sans aucune restriction, dans la co-
« lonie, le 9 Avril 1863;— que, d'après l'art. 9 de ce
« décret, si la veuve n'a pas pris inscription dans
« l'année qui suit la dissolution du mariage son
« hypothèque ne date, à l'égard des tiers, que du jour
« des inscriptions prises ultérieurement;—mais, at-
« tendu, dans l'espèce, que l'hypothèque légale de
« Couppammalle était inscrite depuis le 7 Avril 1869,
« du vivant même de son mari;—que cette inscription
« avait été prise à la suite d'un jugement par défaut
« il est vrai, mais auquel son dit mari avait acquiescé;
« acquiescement qui avait eu pour résultat d'empê-
« cher la péremption......».............................
....

Quatrième arrêt qui veut que la
femme musulmane jouisse de l'hypothèque légale pour la conservation de
son maher. (17 *Octobre* 1876.)...............
....

« Attendu que le *maher* de la femme musulmane
« constitue pour elle une *véritable dot* (!!!) qui lui est
« faite par son mari et pour le montant de laquelle
« elle a un *droit de préférence* à tous les créanciers
« hypothècaires ou autres. » (1)

---

déclare que les Tribunaux de l'Inde ont toujours accordé à la femme musulmane une hypothèque légale.
En 1873, elle s'appuie pour se maintenir dans son
hérésie sur l'arrêt de 1871; en 1874 sur celui de 1873...
Sans jamais songer à donner une raison à l'appui de
l'abus qu'elle consacrait par une jurisprudence de fraî-
che date.

(1) Le nom de M. A. EYSSETTE figure parmi les
membres de la Cour qui ont rendu cet arrêt. Il lui a
été sans doute impossible de remonter un courant si bien
établi!— Dans une note qu'il a mise au pied de cet
arrêt, il observe:— «Voilà bien le dernier arrêt qui ait
été rendu sur la question; il complète et confirme les

Cet arrêt confirme un jugement du Tribunal de Karikal qui s'appuyait uniquement sur la jurisprudence des Tribunaux de l'Inde......... J'en cite les parties indis-« pensables seulement:«—Attendu que, pour « la conservation du *maher*, la femme mu-« sulmane a sur les biens de son mari *une* « *hypothèque légale dispensée de toute inscrip-« tion au bureau des hypothèques;*— que ce « principe est CONSTAMMENT *appliqué par les* « *Tribunaux de l'Inde.*»

. . . .

Et voilà pourquoi...la femme musulmane jouit (dans l'Inde française seulement) d'une hypothèque légale pour la conservation de son *Maher*.

7⊛. M. Eyssette (dans son T. II.—: *Jurisprudence en droit musulman, p.* 248) fait observer que, dans les distributions de deniers provenant des ventes mobilières, il est admis *par l'usage* que le *maher* est privi-

---

arrêts 53,60,61. Ainsi l'hypothèque légale de la femme musulmane sur les biens de son mari est parfaitement établie et *nous perdrions notre temps a la discuter.»*(T.II.) Il avait sans doute essayé, mais en pure perte!— Dès lors il accorde l'hypothèque légale à la femme indoue pour son *stridhana*, au mineur, en droit indou et en droit musulman, sur les biens du tuteur, à l'interdit!!!... Le temps consacrera-t-il un système créé en dehors de la loi et contre la loi? J'espère que l'arrétiste que je cite n'aura pas perdu le sien à discuter et que la Cour reviendra, en droit musulman à la doctrine orthodoxe, comme elle l'a fait en droit indou, sur plusieurs points où les principes avaient été adultérés./.

légié et qu'il se prélève immédiatement après les frais de justice et les frais funéraires. (1)

80. Peut être trouvera-t-on que je me suis étendu bien longuement sur cette question. J'ai considéré cette discussion comme une sorte de devoir de conscience et si l'on veut savoir mon opinion ferme et absolue je dirai que l'hypothèque légale de la femme musulmane est un abus et que comme tout abus...elle doit disparaître./.

---

(1) Malgré l'autorité qui s'attache aux enseignements de l'éminent arrêtiste, je me défie d'un *usage* qui se peésente *seul et nu*, sans la connsécration d'un certain nombre de décisions graves et motivées. Je me défie d'autant plus de cet *usage* qu'il est en opposition avec les principes du droit musulman et du droit français. J'ajoute qu'il est en contradiction avec la doctrine et la jurisprudence des tribunaux anglais.

On lit, en effet, dans les *Principles and Precedents of Moohummudan Law*, by H. MACNAGHTEN, *Esq. B. C. S.* ce qui suit:

ESPÈCE 23e.

Q. 1. — «Un musulman meurt laissant des biens « meubles dans les mains de sa veuve.— Ses créan- « ciers veulent les faire vendre pour se payer.— La « veuve s'oppose, en invoquant la créance résultant de « son *Maher*.— A supposer que le prix des immeubles « ne soit pas suffisant pour, à la fois, désintéresser « les créanciers du mari et payer le *maher* de sa veuve, « la créance résultant du *maher* devra-t-elle passer « avant les autres—ou la veuve devra-t-elle venir AU « MARC LEFRANC avec les autres créanciers?—R—. Il « n'y a pas à distinguer entre le droit de la veuve et « celui des autres créanciers;— meubles ou immeu- « bles, tous les biens du mari doivent être réunis et « réalisés. Si le montant de la réalisation ne suffit pas

81. Il me reste une question à examiner, en ce qui concerne le *Maher*. Comment la veuve doit elle procéder, après la mort de son mari, pour s'en faire payer le montant?—

Il n'y a pas de doute sur ce point: les Tribunaux et la Cour ont répondu que la veuve devait assigner en partage tous les héritiers de son mari, prélever sur l'avoir de la succession le montant de son *maher*—et se faire attribuer sur les biens restant à partager sa portion de veuve, étant elle même héritière portionnaire de son mari. (1)

82. Pourrait elle agir par voie de saisie immobilière?—Sans aucun doute, mais à trois conditions: 1° qu'elle renonce à la succession de son mari.

2° Qu'elle soit armée d'un titre exécutoire contre son mari. (2)

3° Quelle fasse aux héritiers de son dit mari la signification ordonnée par l'art. 877 du Code civil.

« à désintéresser tout le monde, LA VEUVE, COMME LES « AUTRES CRÉANCIERS, VIENDRA *au prorata*, LA LOI N'A- « YANT ACCORDÉ AUCUN DROIT DE PRÉFÉRENCE A LA VEUVE « POUR LE PAIEMENT DE SON MAHER. »— Voilà qui est catégorique!

(1) Voir arrêt de la Cour du 5 Décembre 1857, rapporté dans le T. II. de la jurisprudence en droit musulman de M. A. Eyssette, p. 91.

(2) Le Tribunal de première instance de Karikal a rendu, à la date du 15 Septembre 1860, un jugement intéressant où sont rappelés la plupart de ces principes, sinon tous.— En voici les dispositions:—

« Attendu que, par jugement rendu par défaut, le 13 Septembre 1856, il a été ordonné qu'il serait par devant un tabellion à Karikal, procédé au partage des biens ayant composé la succession de Kader Mougaïdine; qu'il serait prélevé au profit de sa veuve Soultanatchialle son *Maher* s'élevant à 857 Roupies 1 fanon et qu'il lui serait ensuite attribué dans les biens à partager sa portion comme veuve;—»

« Attendu que ce jugement fut signifié le 5 Novembre 1856; que la saisie immobilière du 28 Janvier 1857 fut notifiée le même jour; que les formalités relatives à la transcription de la saisie immobilière ont été commencées le 27 Octobre 1857 et, qu'après main levée authentique d'une précédente saisie, la transcription fut définitivement opérée le 19 Juillet 1859;»

« Attendu que l'adjudication fut fixée au 22 Octobre 1859 et que, par jugement rendu, le même jour, il fut sursis à la vente et décidé que si le droit, au *Maher* était reconnu en faveur de Soultanatchialle, l'exercice de ce droit et le pouvoir de poursuivre étaient subordonnés à l'exécution du partage ordonné,—qu'il y avait bien droit à prélèvement mais que ce droit n'était pas immédiatement exigible et pouvant donner lieu à faire procéder à la saisie immobilière et que le jugement du 13 Septembre 1856 n'avait pu être ainsi qu'un jugement préparatoire;

« *En la forme, sur l'opposition et sur le premier chef:—la péremption.* »

« Attendu que 6 mois ne se sont pas écoulés depuis le 13 Septembre 185.) jusqu'au 28 Janvier 1857; que Sultane Atchialle ne s'est désistée de la première saisie, par exploit du 2 Août 1858, que pour donner tout son effet à la seconde et qu'il ne saurait y avoir là une discontinuation de procédure qui amènerait la péremption;»

«*Sur le second chef:—le jugement préparatoire;*»

« Attendu que Sultane Atchialle ne pouvait qu'intervenir au partage pour réclamer le prélèvement de son *Maher*; qu'elle pouvait d'ailleurs elle même le provoquer, puisque, en outre de son douaire, elle avait à demander sa part de veuve;--que les fais de poursuite immobilière étaient, de sa part, frustratoires, faits sans qualité et sans nécessité; qu'un titre exécutoire est bien celui qui peut être mis en exécution, mais évidemment dans les termes, l'esprit et les conditions de son texte et que le jugement par défaut du 13 Septembre 1856 n'attribuait spécialement au profit de Soultanatchialle que le droit au prélèvement du *maher*, lors du partage opéré. »

SUR LE FOND,

« Attendu que Sinnatangatchy et consorts affirment que la maison saisie n'appartenait pas exclusivement à Kadermougaïdine et qu'elle provenait de la succession de l'auteur commun Sinnapoullé marécar et qu'ils invoquent, à cet effet, les deux actes du 4 Août 1842 et du 29 Juin 1847; attendu que l'acte du 4 Août 1842 n'est qu'une promesse de vente faite à Sinnapoullé marécar, il est vrai, mais que cet acte est complété par le contrat tabellioné du 29 Juin 1847 qui attribue formellement à Kadermougaïdine la propriété du terrain en lui reconnaissant aussi la propriété de la maison.............. »

P. C. M. etc...

....
....

SECTION IV.

DE LA MAISON DOTALE A KARIKAL.

SOMMAIRE.

83. Quentend-on par maison dotale.
84. Caractères de la maison dotale.
85. But de cette constitution.
86. Effets de la constitution d'une maison dotale.
87. Propriété exclusive de la femme, elle échappe aux poursuites des créanciers du mari.
88. Arrêt de la Cour d'appel de Pondichéry qui a statué dans ce sens.

88. Il est d'usage dans l'Etablissement de Karikal que les parents, lors du mariage de leurs filles, lui font donation d'une maison entière, d'un corps de logis ou simplement d'une chambre unique. Le nouveau ménage s'y installe. (1)

---

(1) Arrêt du 22 Septembre 1863:— On y lit ce qui suit:«— Attendu qu'il est constant et affirmé en la « cause par une attestation,à la date du 5 Janvier der-« nier,des Cazy, Président, chefs et autres notables *de* « *la caste musulmane* à Karikal,que c'est *un usage in-* « *variable et immémorial*, en cette localité, d'affecter « en totalité ou en partie un immeuble au logement « de chaque nouveau ménage; que cette règle est gé-« nérale et sans exception; l'asile ne se composât-il « que d'une chambre......»
Ajoutons qu'il est également d'usage à Karikal que les parents de la future fassent au futur époux un don à la main *(Caïcouly)*; ce don varie entre 10 souverains (valant chacun 2 roupies 6 fanons 9 païces 1/2) et 100 souverains. *Moyennant ce don, le mari est obligé d'habiter la maison dotale.* Le mari qui reçoit un *caï-couly* de 100 souverains est tenu de son côté, de donner à la future un bijou de 31 souverains. ./.

C'est ce qui s'appelle, à Karikal, la maison *dotale*.

84. Cette maison *dotale* est le « véritable» « domicile des époux; par une fiction re-« marquable, bien que cette maison soit la « propriété de sa femme, le mari n'y est « pas chez cette dernière; il est chez lui, il « exerce son autorité pleine et entière.» (1)

85. L'institution d'une maison dotale-(lit-on dans le même arrêt)-« a eu précisément « pour but de donner au domicile conjugal « une fixité, une permanence qu'il n'aurait « pas, s'il dépendait d'un mari de trans-« férer, selon son caprice et sans égard « pour les convenances de sa famille, la de-« meure commune......»

86. La constitution d'une maison dotale délie, en quelque façon, la femme de l'obligation de suivre de son mari. Si les affaires de commerce de ce dernier l'appellent à Maurice, Pinang ou Singapore, il ne pourra contraindre sa femme à le suivre; il s'embarquera seul. Il ne pourrait même la forcer à s'embarquer avec lui pour un voyage à la Mecque. (2)

La maison dotale propriété exclusive de la femme ne peut devenir le lieu de séjour d'une seconde femme ni d'une concubine. Légitime ou non, aucune femme n'oserait même en passer le seuil. Elle croirait commettre une sorte de violation de domicile.

---

(1) Arrêt de la Cour de Pondichéry du 14 Août 1877.

(2) A. EYSSETTE.

Enfin,par la constitution de la maison dotale, les parents assurent leur fille non pas
contre la répudiation et ses funestes conséquences, mais au moins la femme est à
l'abri de la mise à la rue. Il faut que le mari,
pour lancer la formule répudiaire, commence
par quitter la maison dotale.

La femme, au contraire, abritée dans ce
palladium, attend en sécurité que la loi ait
tranché sa situation.

87. Nous avons dit que la maison dotale
est, d'après le droit mahométan, la propriété
propre et exclusive de la femme donataire;
ajoutons qu'à ce titre elle échappe aux poursuites des créanciers pour raison de dettes
contractées par le mari ou autres parents.

88. La Cour d'appel de Pondichéry a
statué -en ce sens- par un arrêt du 10 Juillet 1839 qui mérite d'être rapporté au moins
dans ses dispositions les plus importantes.

« Attendu—dit l'arrêt,—qu'il est de prin-
« cipe que tout individu saisissant un im-
« meuble est tenu de justifier par titre en
« bonne et due forme que cet immeuble est
« réellement la propriété de celui aux
« droits duquel il se prétend;— que, dans
« l'espèce, l'appelant Madarsaeb marécayer
« ne prouve, par aucun titre, que l'immeu-
« ble en litige soit celui de Sinnapoullé
« Marécayer son débiteur et qu'il se borne
« uniquement, à cet égard, à de vagues al-
« légations;— attendu qu'au contraire les
« intimées Sévoutayer et Ellamalle deman-
« deresses en revendication justifient de
« leurs droits de propriété et que cela ré-
« sulte notamment de quatre contrats de

« mariage à la date des 3 Juin 1805, 8 Oc-
« tobre 1819, 28 Février 1814 et 20 Juillet
« 1837, des quels il conste que *la maison ob-*
« *jet de la saisie et provenant originairement du*
« *nommé Emaccon-Issoumalévé—auteur de la*
« *ligne maternelle des intimées—a été divisée* en
« deux parties: la première donnée en dot
« à la nommée Mougamoudounatchialle qui
« l'a ensuite transmise au même titre à sa
« fille Sévoutayer l'une des intimées et la
« seconde partie constituée de même en dot
« à la femme Ellamalle, autre intimée en
« cause et petite fille du propriétaire ori-
« ginaire déjà nommé;— attendu que les
« contrats de mariage ci-dessus énoncés ont
« été passés avec toutes les solennités re-
« quises et d'après les formes usitées parmi
« les musulmans avec le concours et l'as-
« sistance du *Katib*, fonctionnaire préposé
« à cet effet et pouvant, au besoin, rem-
« placer, quant aux cérémonies du mariage,
« le Kazi, dont il est alors le délégué;— que
« ces contrats, dès lors, ont toute l'authen-
« ticité voulue par les lois mahométanes
« et doivent conséquemment faire pleine
« foi de la convention qu'ils renferment,
« jusqu'à inscription de faux, d'autant que
« l'arrêté promulgatif des Codes du 6 Jan-
« vier 1819 dispose expressément que les
« indiens—maures ou gentils seront jugés
« selon leurs lois, us et coutumes *et notam-*
« *ment en ce qui concerne les cérémonies du ma-*
« *riage.—* Attendu, d'autre part, que l'im-
« meuble saisi étant un bien dotal et per-
« sonnel aux intimées, il est aussi de prin-
« cipe, en droit mahométan, que l'objet ainsi

« constitué en dot devient la propriété pro-
« pre et exclusive de la femme et, à ce titre,
« non sujet aux poursuites des créanciers
« pour raison de dettes contractées par le
« mari ou autres parents.....».............
....

« Siégeaient: M.M. SENNEVILLE *Prés*; ED.
« JAME, PRIEUR et BAYET *conseillers*; GUERRE
« et FAURE, *conseil. audit*; DE LANOISE *Proc.*
« *gén.* et M° MAURICE GUERRE, *commis gref-*
« *fier tenant la plume.*»—

SECTION V.

CONSTATATION DU MARIAGE DES MUSULMANS.

SOMMAIRE.

89. C'est le décret du 24 Avril 1880, Titre I. Section II., art. 3,4,5,6 et 7 qui a réglementé définitivement la constatation du mariage des musulmans.

89. Voici par quelles dispositions le décret du 24 Avril 1880, Titre I. Section II.,
a réglé la matière qui nous occupe:—
....

« Art. 3. — Les natifs appartenant au culte
brahmanique ou *musulman* pourront, ou contracter mariage devant l'offficier de l'Etat-
civil, ou bien continuer à faire célébrer
leur mariage, conformément aux *us et cou-*
tumes;»

« Art. 4. — Le Brahme, le Pandaron *ou le*
Kazi qui célèbrera un mariage sera tenu d'en
donner avis par écrit dans les 24 heures à
l'officier de l'Etat civil de la localité.»

«Art. 5.—Le mariage devra,en outre, *être déclaré dans les* 15 *jours qui suivront la célébration* par l'époux assisté des personnes dont le consentement est nécessaire pour la célébration du mariage, ou de deux témoins parents ou non parents.»

« Art. 6.— On énoncera dans l'acte de déclaration de mariage:

1° Les prénoms, nom, profession, âge, lieu de naissance et domicile des époux ;

2° Les prénoms, nom, profession des père et mère;

3° La date et le lieu de la célébration du mariage;

4° La déclaration du mode de mariage adopté par les époux;

Les prénoms, nom, âge profession et domicile de l'officiant;

6° Les prénoms, nom, âge, profession, et domicile des témoins et leur déclaration s'ils sont parents ou alliés des parties, de quel côté et à quel degré;

7° La mention qu'il existe ou qu'il n'existe pas de contrat de mariage ainsi que le nom du tabellion qui l'aura dressé.»

« Art. 7.—Les déclarations du mariage de natifs français gentils ou *musulmans* sur le territoire anglais devront avoir lieu en présence de de deux témoins; *dans les trois mois qui suivront la rentrée des époux sur le territoire français*, l'époux produira une attestation du Pandaron ou du *Kazi* qui aura célébré le mariage et mention de la remise de cette attestation sera consignée dans l'acte de célébration de mariage.».....................

CHAPITRE TROISIÈME.

DES OBLIGATIONS QUI NAISSENT DU MARIAGE.

SOMMAIRE.

90. Deux sortes d'obligations dérivent du mariage: la première que les époux contractent vis-à-vis d'eux mêmes; la seconde qu'ils contractent vis-à-vis de leurs enfants.

90. Elles sont de deux sortes:

Par l'effet du mariage, en effet, chacun des époux contracte vis-à-vis de l'autre des obligations dont les principales, dans la législation musulmane comme dans toutes les législations—peut on dire—sont: de s'être mutuellement fidèles;—pour le mari, de protéger sa femme; et pour la femme d'obéir à son mari.

Les époux contractent encore, par l'effet du mariage, l'obligation de nourir, d'élever et d'entretenir leurs enfants.

Nous étudierons, dans deux sections successives, ces deux catégories d'obligations naissant du mariage.

SECTION I.

DES DROITS ET DES DEVOIRS RESPECTIFS

DES ÉPOUX.

SOMMAIRE.

91. Supériorité de la femme sur l'homme. Règles qui en découlent, d'après le Koran.

92. Droits du mari.

93. Devoirs de la femme.

94. La fidélité est commandée aux deux époux.

95. Dans quels cas le mari peut-il réprimander et punir sa femme.

96. Limites du droit de correction.

97. La répudiation immédiate est le châtiment réservé à la femme qui aurait battu son mari.

98. La femme musulmane a un pouvoir très étendu en ce qui touche l'administration de ses biens personnels.

99. Comment s'exerce le droit de protection du mari musulman envers sa femme ou ses femmes?—Chacune a droit à un logement séparé;—à des domestiques, des habits, des bijoux, des meubles;—au partage égal des nuits du mari.

100. Devoir d'obéissance de la femme envers son mari.

101. La femme doit suivre son mari.—Cas où elle est déliée de cette obligation.

91. Le KORAN règle ainsi la situation respective du mari et de la femme:—"Les hommes sont *supérieurs* aux femmes à cause des qualités par lesquelles Dieu a élevé ceux-là au dessus de celles-ci et par ce que les hommes emploient leurs biens pour doter les femmes.—Les femmes vertueuses sont obéissantes et soumises: elles conservent soigneusement, pendant l'absence de leurs maris, ce que Dieu a ordonné de conserver intact.--Vous réprimanderez celles dont vous aurez à craindre la désobéissance; vous les reléguerez dans des lits à part; vous les battrez. Mais, dès qu'elles vous obéissent, ne leur cherchez pas querelle (1) Dieu est élevé et grand! (2)

(1) On pense, malgré soi, au vers de Virgile: « *Parcere subjectis et debellare superbas.*»
(2) *Chap.* IV. *vers.* 38. 14

« Vos femmes sont vos champs; allez à votre
« champ, comme vous voudrez (1) mais fai-
« tes auparavant quelque chose, en faveur de
« vos âmes (2)

« Il vous est permis de vous approcher
« de vos femmes dans la nuit du jeûne.--Elles
« sont votre vêtement et vous êtes le leur. »
(3)

92. --Mahomet, on le voit,-- en assignant à
l'homme le devoir de protection qui consiste
à nourrir, à loger, à vêtir sa femme, relègue,
en même temps, cette dernière dans une situation subalterne qui l'oblige à souffrir que
son mari ait jusqu'à quatre femmes—(alors
qu'elle se doit consacrer à lui seul) et à se
soumettre à toutes ses volontés. (4)

Le mari peut, en outre, réprimander ses
femmes, les *laisser seules dans leur lit*;—il peut
les frapper.

---

(1) Voici comment les commentateurs entendent ce
passage: *Venite ad agrum vestrum quo modo cunque
volueritis id est: stando, sedendo, jacendo, a parte
anteriori seu posteriori.*—Ce verset— d'après Mahomet--
serait descendu du ciel pour démentir l'observation
des Juifs,» qui dicebant: *Qui coierit cum uxore sua in
vase quidem anteriori, sed a parte postica, procreabit
filium sagaciorem et ingeniosiorem.* » *Ch. II. vers.* 223.)

(2) Cette sanctification (dit N. DE TORNAUW) consiste
dans toute bonne œuvre, mais se borne, pour le moment, à l'invocation: *Bismillah!*

(3) Chap. II. Verset 183.

(4) A moins que la justice ne vienne à son aide;— à
preuve l'espèce remarquable que PHARAON ET DULAU
rappellent et qui s'est présentée à Alger, en 1832, au
Tribunal du Kâdi,—*les portes ouvertes*:—Une femme
vînt se plaindre que les expansions conjugales de son

93. La femme a le devoir d'être soumise
en tout et, surtout, d'éviter tout ce qui pourrait être désagréable au mari et de lui être
absolument fidèle.

94. Le devoir de fidélité est également
commandé au mari. La prescription semble, de prime abord, moins étroite, puisque
la loi l'autorise à épouser *quatre* femmes,
mais on verra bientôt que ce n'est peut être
là qu'une apparence et que le nombre des
femmes légitimes du musulman, en accrois-
sant l'importance de ses dettes conjugales ne
lui rend pas plus facile son devoir de fidélité
effective;— au contraire!!!(1)

---

mari, qui se répétaient sept fois par jour, menaçaient sa
santé et sa vie.— Le mari répondit que ses moyens ne
lui permettaient pas d'avoir plusieurs femmes et qu'il
ne faisait *qu'user de ses droits* sur celle qu'il avait
choisie.—Le Kâdi, séance tenante, ordonna au mari de
borner à trois fois ses expansions conjugales.—Et le
vendredi, s'écria le mari, en revenant, le *vendredi* qui
est jour de désœuvrement?— Eh bien—dit le Kâdi—le
vendredi... tu paieras ta dette...une fois de plus.—
PHARAON ET DULAU ajoutent: La jurisprudence prouve
que le jugement que nous rapportons se répète sans
cesse dans tous les pays de l'Orient./. *Dr. civ. mus.
p. p.* 47 *et suiv.*—

(1) « Je ne trouve rien de si contradictoire que cette
pluralité des femmes permise par le saint *Alcoran* et
l'ordre de les satisfaire ordonné par le même livre:—
« Voyez vos femmes, dit le prophète, par ce que
« vous leur êtes nécessaires comme leurs vêtements et
« qu'elles vous sont nécessaires comme vos vêtements.
« Voilà un précepte qui rend la vie d'un véritable mu-
« sulman bien laborieuse.—Celui qui a les quatre fem-
« mes établies par la loi et seulement autant de con-

95. Ces généralités exposées, il est nécessaire de préciser et de fixer nettement les droits du mari sur la personne et les biens de sa femme, les obligations— en même temps que les devoirs—de celle-ci et les droits qui lui compètent./.

En ce qui concerne la personne de sa femme, le mari a le droit, nous le répétons, de la réprimander, de la punir même.

Et, ce droit, le mari peut l'exercer quand la femme rejette la couche conjugale, sort sans autorisation, quand elle désobéit a ses actes justes et honnêtes.

96. Est-il besoin de dire que ce droit de punir ne doit pas dépasser les limites d'une correction *paternelle*. Dans le cas de *sévices*, les Tribunaux n'hésitent pas à prononcer contre le mari une peine proportionnée à la gravité des brutalités dont il s'est rendu coupable?

97. *Quid*, si la femme battait son mari?— Le mari pourrait la *répudier immédiatement*, comme indigne de sa protection.— C'est le Kâzi qui prononcerait.

« cubines et d'esclaves, ne doit-il pas être accablé de
« tant de vêtements?--"Vos femmes sont vos labourages,
« dit encore le prophète; approchez vous donc de vos
« labourages; faites du bien pour vos âmes et vous le
« trouverez un jour".... Je regarde un bon musul-
« man comme un ATHLÈTE destiné à combattre sans re-
« lâche, mais qui, bientôt, faible et accablé de ses pre-
« mières fatigues, languit dans le champ même de la
« victoire et se trouve, pour ainsi dire, enseveli sous
« ses propres triomphes....» (MONTESQUIEU: *Lettres persanes*, Lettre CXV.—)

98. Quant aux biens personnels de sa femme, le mari n'en a pas l'administration.

Voici comment M. A. Eyssette s'exprime sur ce point (1).—«La femme musulmane «jouit, quant à ses biens, d'une liberté de «disposition fort étendue.—Ainsi, elle peut «acheter, vendre, échanger, louer tous meu-«bles, ou immeubles, *sans l'autorisation de son* «*mari* (2).... Quant au droit d'administration, «il ne connait, *a fortiori*, ni restriction, ni en-«traves......»

99. Comme corollaire du droit de correc-tion, dont il a été plus haut parlé, le légis-lateur a imposé au mari le devoir de pro-téger, de secourir, d'assister sa femme.—Il n'est pas inutile de dire comment ce droit s'exerce.—S'il n'a qu'une femme, le mari la doit loger vêtir et entretenir.—Sur quatre nuits, il doit en passer une avec elle (à moins qu'elle ne l'ait mécontenté, en négligeant ses devoirs domestiques ou en n'accomplis-sant pas ses ordres et ses désirs)—et peut dis-poser des trois autres, *comme bon lui sem-ble*!.. S'il a quatre femmes, il est tenu:

---

(1)—*Jurisprudence en droit musulman* T. II. p. 50— Nous verrons, plus tard, cependant, en étudiant le *Tes-tament* que la femme ne peut disposer, de cette ma-nière sans le consentement de son mari, que du tiers de sa fortune.

(2)— Mais, dans l'Inde, où nos codes ont été pro-mulgués, où le Kazy ne donne son avis que quand les Tribunaux veulent bien le consulter, la femme ne peut se passer de l'assistance de son mari et,—s'il refuse son autorisation,—elle doit remplir contre lui les for-malités prescrites par les art. 861 et suiv. du Code de proc. civile.— (A. EYSSETTE.)

1° De les établir chacune dans une maison séparée.

Ce logement devra être indépendant, isolé. Non seulement, la femme musulmane—disent *Sautayra et Cherbonneau.*—est fondée à refuser toute co-habitation avec une rivale; mais, le mari qui vivrait avec sa vieille mère et ses sœurs, ne pourrait contraindre sa femme à partager leur société.—Lui, au contraire, par une stipulation du contrat de mariage, pourrait être tenu d'habiter chez les parents de sa femme et avec eux. «—M. A. EYSSETTE ajoute:—»S'il possède un assez vaste bâtiment pour y caser toutes ses femmes, il ne faudra pas *d'escalier commun, pas d'allée commune.* Il faudra même, et de toute nécessité, une *allée distincte* pour chacune d'elles sur la voie publique.»—En général, les femmes sont logées dans des maisons éloignées l'une de l'autre et situées dans des rues différentes.

2° De leur donner des domestiques en nombre égal, des habits, des bijoux, des meubles.

Ajoutons (avec N. de TORNAUW) et l'argent nécessaire pour les objets en usage chez les femmes suivant leur condition; par exemple: les dépenses des bains, des excursions à la campagne, de l'hospitalité, en cas de visite,... *etc.*—Quand le mari ne fournit pas à sa femme des moyens d'existence, ou quand il est absent, le Kazi autorise sa femme à emprunter au nom du mari et même à vendre certains objets du patrimoine du mari.

3° De partager ses nuits également entre elles.— Car, ainsi que l'a dit le prophète —

« (1) Vous ne pourrez jamais traiter égale-
« ment toutes vos femmes, quand même
« vous le désireriez ardemment. — Gardez-
« vous donc de suivre entièrement la pente
« et d'en laisser une *comme en suspens.*(2)...»

100. La femme, de son côté, doit obéir à
son mari, exécuter ses ordres, se soumettre
à ses décisions, tout en travaillant, par des
mesures émanées de son initiative, à la conservation de la fortune de son mari et à la
prospérité de sa maison. (3)—Elle ne peut
abandonner la maison sans des motifs puissants.— Si le mari n'a pas de fortune, elle
doit pourvoir à l'entretien des chambres,
à la cuisson du pain, à la préparation des ali-

---

(1) KORAN: Chap. IV. *Verset:* 123.

(2) Lors de ces quatre nuits que le mari doit successivement passer avec sa femme, il est enseigné
qu'il n'est pas tenu d'accomplir l'acte conjugal.— Cependant, chaque femme a le droit d'exiger du mari
qu'il s'approche d'elle *sexuellement* une fois *tous les
quatre mois.*— On lit encore dans N. DE TORNAUW;—
«Au surplus, le *Scheria* veut que le mari, aux délais dé-
terminés, passe avec sa femme *la unit* et non le jour.—
Il est loisible à la femme de *faire remise* au mari de
la nuit qui lui est destinée, au quel cas, il peut la passer *comme bon lui semble.*—De même, il est permis à
une femme de *céder sa nuit* à une autre femme,
pourvu, d'ailleurs, que le mari y consente.— Pendant
la nuit destinée à l'une des femmes, le mari ne peut
pas en visiter d'autres, excepté les malades.»

(3) Sans qu'elle puisse être tenue, contre son gré,
de se livrer à un travail quelconque, pour enrichir son
mari;—le devoir de pourvoir son intérieur ou ses in-
térieurs de tout le nécessaire incombant exclusivement
au mari.

ments.—Les femmes sont également tenues d'entretenir leur beauté et de faire tous leurs efforts pour plaire à leur mari.—On sait qu'elles usent et *abusent* des artifices de parure et de toilette pour se rendre plus aimables—. Le *Wesme*, le *Surme*, le *Fard blanc* le *Fard rouge*, le *Henné*, les *Boucles* les *Signes de beauté* sont d'un emploi journalier chez les musulmanes. (1)

101. La femme, enfin, doit suivre son mari, sauf dans deux cas, cependant: 1° *lorsque le mari veut l'emmener dans un voyage d'outremer,*—2° *lorsqu'il doit résider dans une contrée où il n'existe pas d'autorités consti-*

(1) Le KORAN trace aux musulmanes certaines règles de tenue à observer dans la vie domestique qui trouvent ici leur place naturelle:—Elles doivent baisser les yeux, observer la continence, ne laisser voir de leurs ornements que ce qui est à l'extérieur, couvrir leurs seins d'un voile, ne faire voir leurs ornements qu'à leurs maris, leurs pères, ou aux pères de leurs maris, à leurs fils, ou aux fils de leurs maris, à leurs leurs frères, ou aux fils de leurs frères, aux fils de leurs sœurs ou aux femmes de ceux ci, ou à leurs esclaves, ou aux eunuques, ou aux enfants qui ne distinguent pas encore les parties sexuelles d'une femme.—Elles ne doivent pas agiter les pieds, de manière à faire voir leurs ornements cachés.— (*Chap. XXIV vers.* 31.) —Ajoutons, (avec N. DE TORNAUW,) que les personnes étrangères ne doivent point voir seules les femmes d'autrui et même écouter leur voix; que les médecins ne doivent regarder que les parties du corps qui sont malades et s'abstenir de toute autre exploration; que les hommes peuvent se regarder entre eux sans être vêtus, pourvu qu'ils soient couverts des genoux jusqu'au nombril;— qu'il en est de même des femmes, entre elles.

tuées,il est admis que,dans ces deux circonstances, la femme peut se refuser à accompa-
gner son mari et le laisser s'embarquer
seul. (1)

SECTION II.

DROITS ET DEVOIRS DE PATERNITÉ ET DE FILIATION.

SOMMAIRE.

102. Obligations des parents au regard de leurs enfants.

103. *Quid*, en cas de divorce?

104. Motifs de la distinction qui est établie en
cette circonstance.

105.Sauf pourtant au cas de misère du mari.—C'est
la femme divorcée à qui incombe le devoir de nourrir,
d'entretenir et d'élever des enfants.

106. Dette alimentaire des enfants au regard de
leurs parents.

107. Son étendue.

108. Est elle due à la belle mère qui a convolé en
secondes noces?

109. Espèce intéressante en matière de dette alimentaire sur laquelle a statué la Cour de Pondichéry.

110. Arrêt de la Cour.

102. Du mariage découle pour les époux
l'obligation de nourrir, d'élever et d'entretenir leurs enfants.

(1) Jurisprudence en droit musulman de M. A. Eyssette. T. II. p. 140— (V. également *supra* MAISON
DOTALE p. 99 n° 86.)

15

103. Mais, par l'effet du divorce, l'entretien et l'éducation des enfants incombent exclusivement au père.-La mère n'est tenue à ces obligations qu'au cas où le père est dans l'indigence.

104. Pourquoi cette distinction?—Parceque—observent M. M. PHARAON et DULAU—l'homme est considéré dans tout l'Orient comme la source réelle de la génération, dont la femme ne serait que l'instrument. Dès lors, à l'homme, à qui remonte la responsabilité première de la paternité, doivent incomber, en premier rang, les devoirs qui en découlent.

Pour la mère il lui suffit de suivre les prescriptions suivantes du KORAN:« —O fem-
« mes, vous allaiterez vos enfants pendant
« deux ans. Vous ne pourrez sevrer vos
« nourrissons que du consentement de vos
« époux.—Vous pourrez aussi, avec leur au-
« torisation, faire venir une nourrice, à la
« condition de lui payer fidèlement la ré-
« compense promise. »

105. Cependant—comme nous l'avons dit—la misère du mari renverse les rôles et la femme divorcée est tenu de nourrir, d'entretenir et d'élever ses enfants.

106. Par réciprocité, les enfants doivent des aliments à leurs père et mère.—Ils en doivent également à leurs ascendants tombés dans l'indigence et ces derniers doivent des aliments à leurs descendants. Cette dette, qui se proportionne, on le sait, aux besoins de celui qui la réclame et aux ressources de celui à qui elle incombe est essentiellement modifiable en tout ou en partie; elle peut être augmentée ou réduite, ou même celui qui la doit en peut être entièrement déchargé.— (1)

107. M. A. Eyssette pose les règles suivantes, en matière de dette alimentaire:—

D'après les *Hanafites*, dit-il—elle existe entre toutes personnes parentes qui ne pourraient, à cause de la proximité du degré, s'unir ensemble par le mariage, si la différence de sexe le permettait.— L'obligation s'étend aux alliés, à moins que celui des époux qui produisait l'affinité et les enfants issus de son union avec l'autre époux ne soient décédés.—C'est la disposition finale de l'art 206 du Code civil.—

108. *Quid*, lorsque la belle mère a convolé en secondes noces?-En droit français, la dette est éteinte. Non, en droit musulman. Les gendres et belles filles doivent des aliments à leur belle mère même remariée, si le nouveau mari n'est pas assez riche pour subvenir aux besoins de sa femme.

---

(1) On lit dans N. de Tornauw que « Chacun est « obligé d'entretenir ses enfants et ses parents; néan-« moins les ascendants n'y ont droit que quand ils « sont dans l'impossibilité d'y pourvoir eux-mêmes. « Dans ces circonstances, la loi n'a fixé ni la nature, « ni *l'importance* de cet entretien; tout dépend de la « générosité du fils et doit se borner au strict néces-« saire.—En cas de plainte des ascendants ou des en-« fants pour défaut d'entretien, le *Hakim Scheria* or-« donne de satisfaire les plaignans et, en cas de refus, « il force le débiteur d'aliments par la prison ou par « la vente de ses biens, avec le prix desquels il satisfait « les plaignants. »

109. Voici une espèce intéressante sur laquelle la Cour d'appel de Pondichéry a été appelée à statuer et où se trouvent résumés divers principes excellents à noter, en matière de dette alimentaire.

Narrons, d'abord, les faits rapportés par l'arrêt lui même:—

«Feu Oumara Cattou Ravoutaravait épousé deux sœurs: Mougamadou et Ségou. De la première, il eut un fils: Ali;—et de la seconde un autre fils: Néna.—Ali mourut en 1873, sans postérité, laissant une veuve: Aïssaoumalle;—Néna, parti pour les pays d'outremer, était absent depuis 16 ans.—Mougamadou, première femme de Oumara Cattou Ravoutar était morte; Ségou, la seconde, vivait.--Le 11 Novembre 1869, Ali et sa femme, par acte tabellionné, s'étaient reconnus débiteurs d'une pension alimentaire envers Ségou (leur tante et belle-mère) et s'étaient engagés à la lui payer, sa vie durante.

110. Voici comment la Cour, après avoir rappelé ces faits, statua:— «Attendu—dit-elle
« que le chiffre de la pension n'est pas
« énoncé; que la cause n'est pas non plus
« exprimée, à moins qu'on ne veuille la trou-
« ver dans la qualité de tante et belle-mère
« donnée à Ségou;—Attendu que cette dou-
« ble qualité ne suffirait pas pour constituer
« un lien de droit, *puisque la dette alimen-*
« *taire incombe, d'après la loi musulmane, à*
« *l'héritier présomptif, c'est-à-dire, en l'espèce, au*
« FILS *de Ségou (appelante)*;— Que ce serait
« pourtant une cause suffisante d'obligation
« naturelle qu'il était loisible à Ali et à sa
« femme de transformer en obligation civile,

« ce qu'ils ont fait par l'acte du 11 Novem-
« bre 1869.— Attendu que si le décès d'Ali
« a fait cesser l'affinité qui existait entre sa
« femme et sa tante, l'obligation contractée
« solidairement par les deux époux subsiste
« dans toute sa force à l'égard de l'intimée
« qui, tout au plus, pourrait dire n'avoir agi
« que comme caution de son mari:

« Attendu, toutefois, que la demande for-
« mée par l'appelante *est hors de proportion*
« *avec les besoins et les moyens de la débitrice*;
« que, d'autre part, *l'offre faite par celle-ci*
« *dans ses conclusions subsidiaires est trop mo-*
« *dique pour être acceptée;* que la Cour trouve
« dans le dossier de l'affaire des éléments
« d'appréciation suffisants pour fixer le chif-
« fre de la pension en litige.*P.C.M.* LA COUR

. . . .

...Condamne Aissaoumalle à payer à Ségou
« une pension viagère et alimentaire de
« 4 Roupies par mois, à partir de l'assigna-
« tion en justice..»....(ARR. DU 31 DÉC. 1878.)—

CHAPITRE QUATRIÈME.

DE LA DISSOLUTION DU MARIAGE PERMANENT.

SOMMAIRE.

111. Causes de dissolution du mariage permanent, en droit musulman.

111. Après la mort naturelle, les causes les plus fréquentes de la dissolution du mariage, en droit musulman, sont le divorce et l'anathème.

Mais le mariage, chez le peuple mahométan, se dissout encore;

Par la désertion de la religion musulmane à l'effet d'embrasser une autre;

Par la disparition du mari;

Par le changement de volonté, après l'âge de la majorité;

Par suite d'infirmités;

Par suite enfin d'un vice dans la célébration du mariage.

C'est à l'examen de ces diverses causes de dissolution et du délai que doit laisser passer la femme pour se remarier, depuis la dissolution de son précédent mariage, que nous allons consacrer les sections qui vont suivre.

<hr/>

SECTION I.

DU DIVORCE ET DE L'ANATHÊME LE'ON.

—o—

SOMMAIRE.

112. Différence entre le divorce et la répudiation.

113. La loi musulmane admet le divorce par consentement mutuel et la répudiation de la part du mari et de la femme.

114. Divorce à compensation.

115. Le Koran règle plutôt la répudiation que le divorce.

116. Causes de répudiation que le mari peut invoquer contre sa femme.

117. Le mari n'a même pas besoin de donner aucun motif, pour répudier sa femme.

118. Causes de répudiation que la femme peut invoquer contre son mari.

119. Règlementation par Mahomet de l'exercice du droit de répudiation, de la part du mari.

120. Répétition par trois fois de la formule répudiaire.

121. En cas d'adultère, le mari ne prononce qu'une seule fois la formule répudiaire.

122. Pour répudier, le mari doit être majeur, sain de corps et d'esprit.

123. Doctrine des *Sounnites* moins étroite.

124. Pour répudier, il faut encore que le mari agisse volontairement et, qu'au moment où il prononce la formule répudiaire, la femme soit pure et non enceinte.

125. Conduite du mari envers la femme et réciproquement à partir du prononcé par le mari de la formule répudiaire.

126. Jusqu'à quel moment le mari peut il revenir sur son serment de répudier sa femme?

127. Après les 4 mois écoulés, le mari peut garder sa femme, si celle-ci y consent.

128. Jusqu'à ce que la femme ait atteint le terme prescrit, le mari est tenu de la traiter avec égard et bienveillance.

129. Combien de fois peut se faire la répudiation?

130. Après la troisième répudiation—il faut que la femme se soit remariée à un autre et ait été répudiée par ce dernier, pour que son mari ait le droit de la reprendre.

131. Motif de cette disposition.

132. Compétence exclusive du KAZI pour toutes les questions touchant le mariage, le divorce et la répudiation.

133. Mais il ne statue qu'en premier ressort et la juridiction d'appel est la COUR DE PONDICHÉRY.

134. Discussion de cette opinion.

135. De l'anathème Le'on.

136. Règles du KORAN en cette matière.

137. Paroles sacramentelles que doit prononcer le mari.—Réplique de la femme.

138. Effets de l'anathème Le'on.

102. MONTESQUIEU dit fort bien « qu'il y a
« cette différence entre le divorce et la ré-
« pudiation que le divorce se fait par un
« consentement mutuel, à l'occasion d'une
« incompatibilité mutuelle, au lieu que la
« répudiation se fait par la volonté ou pour
« l'avantage d'une des deux parties, indépen-
« damment de la volonté et l'avantage de
« l'autre.» (1).

113. La loi musulmane admet le divorce
par consentement mutuel et la répudiation,
soit de la part du mari, soit de la part de la
femme.

«Le consentement mutuel des époux—disent
PHARAON ET DULAU (2)-exprimé de la manière
prescrite par la loi, sous les conditions et
après les épreuves qu'elle détermine, prouve
suffisamment que la vie commune leur est
insupportable et qu'il existe une cause évi-
dente de divorce ».

114. « Il peut être fait, à prix d'argent,—
« dit M.A. EYSSETTE.—(3)-« C'est le divorce à
« compensation.—Ainsi, nous avons vu, nous
« même, un homme divorcer d'avec sa fem-
« me, sous la condition par elle acceptée, de
« lui payer, si elle se remariait, la somme de
« 500 francs, le lendemain de son nouveau
« mariage.-Un ami intervenait pour se ren-
« dre caution solidaire de la femme. »—

115. Mais les dispositions que l'on trouve
dans le KORAN sont plutôt relatives à la répudiation qu'au divorce.

---

(1) Esprit des lois. L. XVI. Ch. XV.
(2) Droit civ. musulman. p. 58
(3) *Jur. en dr. musul. à la table p.* 290.

C'est donc aux règles concernant la répudiation que nous allons nous attacher plus
particulièrement, et cette section sera consacrée à l'examen des cas où il y a lieu à répudiation, soit de la part du mari, soit de celle
de la femme et des formalités respectives à
observer par les époux.

116. Les causes de répudiation que peut
invoquer le mari contre sa femme sont nombreuses.

Pour ne citer que les plus communes, nous
dirons que l'homme peut répudier sa femme,
d'après les IMAMS OU COMMENTATEURS DU KO-
RAN : (1)

1° Si sa femme est atteinte d'une maladie
incurable ;

2° Si elle a un mauvais caractère ;

3° Si elle quitte à tout instant sa maison ;

4° Si elle se familiarise trop avec les étrangers ;

5° Si elle a de l'indifférence pour son mari ;

6° Si elle est négligente et sans propreté ;

7° Si elle n'a point d'affection pour ses
enfants ;

8° Si elle est stérile ;

9° Si elle vole son mari etc. etc....

117. Bien plus, pour congédier sa femme,
le mari n'a même pas besoin de donner aucun motif.

118. La femme peut obtenir la répudiation :

1° En cas d'adultère du mari ;

(1) EUG. SICÉ. *Traité des lois mahomét. p.p.* 75
et 76.

16

2° Pour excès, sévices et injures graves appuyés sur des preuves reconnues suffisantes par le *Kazi* ;

3° Pour refus de son mari de coucher avec elle, la nuit du vendredi au samedi ;

4° Pour refus d'argent afin d'aller au bain deux fois la semaine ;

5° Pour impuissance du mari ;

6° Si son mari est atteint d'un mal incurable ;

Dans les deux premiers cas, elle peut demander le divorce, sans le consentement de son mari, mais, dans les autres, ce consentement lui est nécessaire.

119. La faculté qu'a le mari de congédier sa femme, sans avoir besoin de donner de motif, eût entraîné les abus les plus graves si MAHOMET n'avait réglé l'exercice du droit de répudiation.

120. D'abord, le mari doit prononcer la formule répudiaire: « *Je t'ai déclaré le divorce* ou bien *tu es divorcée* »—(on trouve dans les traités de lois musulmanes plus de 80 formules répudiaires différentes)—en présence de deux temoins ou du magistrat (1) et le divorce ne peut être prononcé qu'après qu'il aura répété cette formule *trois fois,* de mois en mois.

---

(1) La présence des témoins est *indispensable,* à défaut du magistrat.—Ce n'est pas tout; il faut que les témoins aient, en même temps, entendu prononcer la formule répudiaire.—La déclaration de deux ou plusieurs personnes qu'elles auraient entendu le mari prononcer la formule répudiaire, sans la mention qu'elles l'ont entendu en même temps, serait sans effet. Le divorce ne serait pas valable.

Le muet formule sa répudiation par signes ou par écrit.

121. Il n'est fait d'exception à cette règle que si la femme s'est rendue coupable d'adultère. (1)

Voici comment le KORAN s'exprime sur ces points:

« Ceux qui s'abstiennent de leurs femmes
« auront un délai de quatre mois pour ré-
« fléchir et ne pas se séparer à la légère de
« leurs femmes. Si, pendant ce temps là,
« ils reviennent à elles, Dieu est indulgent
« et miséricordieux. (2)

« Oh! prophète, ne répudiez vos femmes
« qu'au terme marqué; comptez les jours
« exactement; avant ce temps, vous ne pouvez
« ni les chasser de vos maisons, ni les en lais-
« laisser sortir—*à moins qu'elles n'aient com-
« mis un adultère prouvé:*— Tels sont les pré-
« ceptes de Dieu!» (3)

(1 La formule répudiaire répétée plusieurs fois en même temps ne vaut jamais que comme un seul acte. Les *Schafiites*, cependant, admettent chaque déclaration immédiatement subséquente pour une dénonciation particulière de divorce, d'où il suit que, chez eux, les trois déclarations du divorce peuvent être faites cumulativement. (N. DE TORNAUW.) Nous avons montré dans notre introduction, p. 24 à la note, qu'à Pondichéry, lors d'une demande en divorce, il avait suffi à l'époux de prononcer trois fois de suite le mot *Talagou* c'est-à-dire une fois, deux fois, trois fois: *«je te répudie»* pour que le Kazi ait prononcé le divorce.— Les parties étaient-elles de la secte *Schafiite* ou n'est— ce là qu'une tradition vicieuse et contraire à la loi musulmane?—

(2) KORAN: Ch. II. V. 226.

(3) KORAN: Ch, LXV. V. 1.

Parmi les formules répudiaires, il en était
une qui, du temps de Mahomet, entraînait
une séparation perpétuelle: C'était la suivante: « *Que ton dos soit désormais pour moi*
«comme le dos de ma mère.» Un mari qui avait
prononcé cette formule contre sa femme,
voulut la garder ensuite.—La femme inter-
céda auprès du prophète. Mahomet répondit d'abord que c'était impossible, ladite
formule impliquant une séparation complète
et définitive.— Mais la malheureuse femme
se lamentant et se plaignant à Dieu de son
sort—Mahomet revint sur sa décision, s'autorisant d'une révélation de Dieu qui aurait
été touché des plaintes de la femme et per-
mit de reprendre les femmes répudiées
même à l'aide de la formule citée plus haut,
pourvu que le mari, avant de renouer ses
relations avec sa femme, affranchît un esclave.

On lit, en effet, dans le Koran:

« Ceux qui répudient leurs femmes avec
« la formule de séparation perpétuelle: «*Que*
« *ton dos soit désormais pour moi comme le dos*
« *de ma mère*)« et reviennentensuite sur leur
« parole, affranchiront un esclave avant
« qu'il y ait eu une nouvelle cohabitation
« entre les deux époux divorcés.» (1)

122. Il faut, en outre, que le mari soit majeur et complètement sain de corps et d'esprit.—Il est interdit de dénoncer le divorce,
quand on est en état d'ivresse, de grave maladie ou de défaillance.

(1) Koran: Ch. LVIII. V. 4.

123. Les Sounites, cependant—(fait observer N. DE TORNAUW)—(1)autorisent la demande en divorce par des personnes en état d'ivresse et de grave maladie; néanmoins, elle n'est pas *conseillée* chez eux, parce qu'en pareil cas, (notamment en cas de grave maladie, de condamnation à mort, ou de départ pour la guerre), on pourrait soupçonner le mari de vouloir priver la femme de sa part dans la succession.

124. Il faut aussi que le mari agisse librement, sans contrainte; il faut enfin que la femme soit pure, c'est-à-dire qu'elle n'ait pas ses menstrues et qu'elle ne soit pas enceinte. (2)

125. A supposer ces diverses conditions remplies, dès que la formule répudiaire a été prononcée par le mari contre sa femme, il cesse tout commerce avec elle. De son côté la femme se couvre d'un voile, se retire dans son appartement et ne se laisse plus voir par son mari.

126. Celui-ci peut revenir sur son serment de répudier sa femme et se réconcilier avec elle.—

Mais, lorsque les *quatre mois* fixés pour la réconciliation sont écoulés, tous les liens sont rompus, la femme recouvre sa liberté et reçoit en sortant la dot fixée au contrat de mariage.— Les fils suivent le père, les filles, la mère (*Savary. T. II. p.* 364.—) (3)

---

(1) *Dr. musulman.* p. 211.

(2) Même auteur p. 212.

(3) On nomme *iddeh* le délai après lequel le divorce est accompli.

127. A moins que le mari ne veuille garder sa femme et que celle-ci n'y consente.

Car, comme dit le prophète:

«Lorsqu'elles, (1)—*les femmes*—auront at-
« tendu le terme prescrit, vous pouvez les re-
« tenir avec bienveillance, ou vous en séparer
« avec bienveillance.—Appelez des témoins
« équitables choisis parmi vous; que le té-
« moignage soit fait devant Dieu. (1)

« Lorsque vous répudiez une femme et
« et que le moment de la renvoyer est venu,
« gardez la, en la traitant honnêtement, ou
« renvoyez la avec générosité! Ne la retenez

Pendant le cours de ce délai, la femme reste dans la complète dépendance du mari et ne peut, sans le consentement de celui-ci, ni s'éloigner de la maison, ni rien faire qui sorte du cercle de ses attributions journalières.

La femme est obligée de respecter *l'iddehi-Telok* (où délai après le divorce) et ne peut se guider d'après *l'iddeh* après la mort du mari.

Ce délai, avant l'expiration duquel, le mari pourra suspendre l'exécution de sa demande en divorce et rétablir le mariage est de trois menstrues pour les femmes de condition libre, de même pour les femmes qui n'ont plus de règles et pour celles qui n'en ont pas encore. Chez les femmes enceintes, *l'iddeh* dure jusqu'à l'accouchement. On lit en effet dans le KORAN: Chap. LXV. vers. 4:—

« Quant aux femmes qui n'espèrent plus (en raison
« *de leur âge*) d'avoir leur règles, quoique vous n'en
« soyez pas sûrs, le terme est également de *trois mois*
« Le même délai est prescrit pour celles qui n'ont point
« encore eu leur mois.—Pour les femmes grosses, at-
« tendez qu'elles aient accouché.»

(¶) KORAN: Ch. LXV vers. 2.

« point par force, pour exercer quelque in-
« justice envers elle. Celui qui agit ainsi agit
« contre lui même.» (1)

128. Et pendant le temps que la femme
est obligée d'attendre le terme prescrit pour
que la répudiation soit acquise, le mari est
tenu de la traiter avec égard et bienveillance
même.

Le KORAN contient sur ce point les instructions suivantes:

«Logez les femmes que vous avez répudiées
là où vous logez vous mêmes et selon les
moyens que vous possédez.—Ne leur causez
pas de peine, en les mettant trop à l'étroit.
Ayez soin de celles qui sont enceintes, tâ-
chez de pourvoir à leurs besoins, jusqu'à ce
qu'elles aient accouché. Si elles allaitent
vos enfants, donnez leur une récompense,
consultez-vous là dessus et agissez généreu-
sement. S'il se trouve des obstacles, qu'une
autre femme allaite l'enfant.»— (2)

129. « La répudiation peut se faire _deux
fois_ seulement, sans entraîner d'autre conséquence pour le mari que de reprendre simplement sa femme»—a déclaré le prophète, au
Chap. II. vers. 229. (3)

Le mari peut reprendre sa femme après
l'avoir, par deux fois répudiée, pourvu qu'entre le divorce et la reprise, sa femme ait subi

---

(1) KORAN: Ch. II. vers. 231.
(2) KORAN: Ch. LXV. vers. 6.
(3) « La répudiation peut se faire deux fois.— Gardez-vous votre femme?—Traitez la honnêtement. La
renvoyez-vous?— Renvoyez la avec générosité.—Il ne
vous est pas permis de vous approprier ce que vous

l'épreuve de trois époques périodiques: (1)

L'iddeh est fixé à trois mois à l'égard des femmes irrégulièrement règlées;— il dure jusqu'à l'accouchement pour les femmes enceintes.

130. Si, après le deuxième retour de sa femme, le mari la répudie une troisième fois, il ne peut la reprendre qu'autant qu'elle s'est mariée avec un étranger et qu'elle a divorcé, ou que le mari est mort.

Voici le texte du KORAN:—

«Si un mari répudie sa femme trois fois, il ne lui est permis de la reprendre que lorsqu'elle aura épousé un autre mari;—et lorsque celui-ci l'aura répudiée à son tour. Il ne résultera aucun pêché pour aucun des deux s'ils se réconcilient, croyant pouvoir observer les limites de Dieu.» (*Chap. II. vers.* 230.)

131. Cette disposition surprend tout d'abord. Elle a été édictée par le prophète

---

leur avez donné, à moins que vous ne craigniez de ne point observer les limites de Dieu (en vivant avec elles.)— Si vous craignez de ne point les observer, il ne résultera aucun péché pour aucun de vous de tout ce que la femme fera pour se racheter. Telles sont les limites posées par Dieu. Ne les franchissez pas. Celui qui franchit les limites de Dieu est injuste.»—

(1) Voici, (d'après SAVARY: T. I. p, 125,) le moyen que le mari emploie en pareille circonstance: Il cherche un ami discret; le mariage se fait devant deux témoins; l'ami est enfermé avec la femme; s'il sort en déclarant qu'il répudie la femme dont il est censé avoir été l'époux, le premier mari a le droit de la reprendre.—Mais s'il déclare, au mépris de ses promesses, qu'il garde la femme, il l'emmène et le mariage est valable.—

pour mettre un terme à la fréquence des ré-
pudiations.—« La jalousie des Orientaux—
« disent PHARAON ET DULAU—va jusqu'à la
« fureur; les condamner à laisser passer la
« femme qu'ils ont aimée et qu'ils aiment
« encore dans une couche étrangère, c'est
« pour eux le plus cruel supplice; aussi met-
« tent-ils tout en action pour éluder cette
« dure disposition de la loi. »—

132. Nous avons—non sans difficulté—
résumé les règles principales concernant
le divorce et la répudiation, en droit musulman.

En dehors de l'intérêt intrinsèque qu'elles
présentent, elles sont utiles à étudier pour
les magistrats et les auxiliaires de la justice;
non pas que la justice ordinaire puisse connaître—(au moins en première instance)—des
demandes en divorce et en répudiation;—
c'est le Kazi auquel compétence exclusive
est réservée en ce matière. (1)

Mais les décisions du Kazi ne sont jamais
souveraines.

133. Il ne statue *qu'en premier ressort* et il
ne serait pas impossible que la justice ordinaire fût appelée à contrôler, en appel, les
décisions du Kazi en matière de divorce et
de répudiation.

134. Je n'ignore pas que la thèse que je
soutiens est nouvelle et qu'elle a contre elle
bien des autorités; mais je crois mon opinion

---

(1) PHARAON ET DULAU enseignent que la demande
en divorce est portée devant le Kazi, ou devant deux
témoins, sans l'assistance du Kazi. —

17

non dénuée de fondement et je demande au lecteur la permission de l'étayer de quelques arguments qui ne lui paraîtront peut être pas sans valeur.

Posons d'abord le principe incontestable, si non incontesté (1) qu'en matière de *mariage*, de *divorce* et de *répudiation*, le Kazi est seul compétent, au premier degré.

Mais notons, de suite, ainsi que nous l'avons fait pressentir dans notre *introduction*, que nous différons de sentiment avec la Cour et le savant auteur de la *Doctrine et Jurisprudence* de la Cour de Pondichéry, en matière de droit musulman, sur la raison de cette compétence.

D'après M. A. EYSSETTE et d'après la Cour d'appel de Pondichéry le Kazi serait compétent en matière de *mariage* et de *répudiation*, en vertu de l'art. 1er de l'arrêté du 11 Novembre 1861, qui lui donne compétence, comme juge mahométan, pour juger toutes les questions (à la fois) civiles et *religieuses*.

Mais pour que ce texte attribuât compétence au Kazi, en matière de mariage et de répudiation, il faudrait que le mariage musulman fût un contrat (à la fois) civil et religieux.—C'est ce que soutient, il est vrai, M. A. EYSSETTE.—On lit, en effet, sous le 55e arrêt de son second tome, à la note, p. 217, que le mariage constitue un acte *civil et reli-*

---

(1) Le Tribunal de première instance de Karikal, par son jugement en date du 6 Décembre 1884, a tenté de nier cette compétence, mais sans succès.—La Cour d'appel de Pondichéry a infirmé ce jugement par arrêt en date du 18 Juillet 1885.

gieux et que le Kazi seul a qualité pour en rompre le lien...»

Mais nous ne craignons pas d'affirmer que c'est là une erreur.

Ainsi que nous l'avons enseigné plus haut, abritant notre opinion sous l'autorité des auteurs les plus recommandables, notamment de PHARAON ET DULAU, le mariage est, en droit musulman, un contrat *essentiellement* et *purement* civil.

« Soumettant la validité du mariage au
« seul consentement des parties intéressées,
« (disent PHARAON ET DULAU) toute idée re-
« ligieuse s'en trouve bannie (1).»

Or, si le mariage musulman est un contrat purement civil, il semblerait logiquement que toutes les questions s'y rattachant, comme le divorce et la répudiation, dûssent échapper à la juridiction du Kazi. — Mais, hâtons nous de remarquer, avec la Cour d'appel de Pondichéry, d'une part, que suivant un *mahmoul* (respectacle au moins par son ancienneté, puisqu'il date d'avant l'acte du 6 Janvier 1819 et qu'il s'est continué jusqu'à ce jour,) le Kazi seul a eu qualité, dans nos Établissements, pour connaître des demandes

_____

(1) *Dr.civ.musulman, p.* 38. — Nous avons aussi la bonne fortune d'avoir avec nous M. LAUDE, qui, dans un rapport en date du 11 Novembre 1861 précédant l'arrêté portant la même date, qui en contient l'exposé des motifs, s'exprime ainsi: « D'après la loi musulmane les seules formalités requises pour la validité des mariages sont le consentement des parties et celui de leurs parents et la constitution d'un douaire. — Le mariage est un *acte privé dont la validité n'est pas subordonnée à l'assistance d'un officier public.*»

en divorce entre musulmans ;—d'autre part, qu'on ne saurait prendre en considération, par voie d'analogie, l'avis du Comité consultatif de jurisprudence indienne, en date du 16 Octobre 1841, d'après lequel les *questions d'Etat* entre indous doivent être portées devant les *Tribunaux ordinaires*;(1) Qu'en effet, cette doctrine consacrée, depuis cette époque, par de nombreuses décisions, ne peut être opposée aux musulmans qui ne l'ont jamais adoptée et qui ont, au contraire, constamment entendu conserver, sur ce point, le bénéfice de leurs *us et coutumes*; que son application à cette catégorie de citoyens ne pourrait qu'occasionner les froissements les plus légitimes en les traitant moins favorablement que leurs coréligionnaires de l'Inde anglaise et des autres colonies françaises. (2)

S'il est attribué compétence au Kazi, en matière de mariage et de répudiation, en vertu de la *coutume*, source de législation égale à la loi, quand elle est ancienne et générale, j'adhère complètement à cette opinion.

Mais, une fois consacré le droit pour le Kazi de juger les difficulés relatives au mariage, au divorce et à la répudiation, deux questions subsidiaires se posent.

_____

(1) Arr. C. d'appel de Pondichéry du 18 Juillet 1885

(2) Nous avons vérifié en personne cette déclaration de la Cour. Rien n'est plus exact. Les Kazis, dans l'Inde anglaise, ont exclusivement compétence ,en matière de mariage, de divorce et de répudiation. Ce sont même les *seules questions* qu'il leur soit permis de juger, Mais ils ne les jugent qu'en *premier ressort*.

Les juge-t-il en dernier ressort?

S'il ne les juge qu'en premier ressort, quel est le tribunal compétent pour connaître de l'appel des décisions du Kazi?

Nous avons posé, en principe, dans notre introduction, que toutes les décisions des Kazis sont sujettes à appel.

Il ne faut en excepter que celles portant sur les questions *spirituelles*; mais il est évident que les questions relatives au mariage, au divorce et à la répudiation n'affectent pas ce caractère spécial.

Les questions spirituelles sont celles qui dérivent des lois *données par Dieu*. Elles comprennent les préceptes de la religion, aussi bien ceux qui concernent le rite que ceux qui embrassent le dogme et les lois relatives aux grands crimes.

Quant aux autres, qui dérivent des *lois faites par les hommes,* elles comprennent toutes les prescriptions du pouvoir temporel relativement aux affaires civiles, aux conventions, aux contrats. (1)

Or, le mariage est rangé parmi les contrats concernant les *rapports de famille* (2)

Donc, les questions de mariage et de divorce sortent de l'exception pour rentrer dans la généralité des questions non spirituelles et conséquemment sont sujettes à l'appel. (3)

---

(1) N. DE TORNAUW. p. 81.

(2) Même auteur. p. 85.

(3) Je me suis laissé dire que M. A. EYSSETTE soutient que les décisions du Kazi en matière de divorce sont souveraines. En vertu de quel principe? Je n'ai pu le savoir.

Si l'appel des décisions du Kazi, en matière
de divorce, ne fait plus doute, reste à savoir
devant quelle juridiction il doit être porté
   Rien dans les arrêtés de 1840 et de 1861.
Quand le Kazi statue en *matière de caste*, on
suit, pour l'appel de ses décisions, les prescriptions de l'arrêté local du 26 Mai 182
commun aux indous et aux maures. (1)

---

(1) En voici les principales dispositions:
Art. 6. Les discussions particulières, autres que
celles d'intérêt et contentieuses, qui surviennent dans
les familles des Indiens ou dans une même caste, au
sujet des cérémonies, mariages, enterrements ou
autres *affaires dites de caste*, sont portées par devant
le juge de police et renvoyées soit à la chambre de
consultation, soit à l'assemblée de la caste ou de la
parenté, pour y être examinées et décidées conformément à l'usage, et pour la décision à intervenir être
ensuite homologuée par le juge, s'il y a lieu, en tout
ou en partie.
   « A l'égard des contestations majeures qui peuvent
s'élever entre une ou plusieurs castes, au sujet de leurs
castes, coutumes ou privilèges, le Juge de police ne
peut en connaître que sur l'autorisation spéciale de l'administrateur général, auquel seul il appartient de prononcer. »
   Cette disposition est renouvelée de l'article 7 de
l'arrêté du Conseil souverain du 30 Décembre 1769,
ainsi conçu:
   Arrêté du Conseil souverain, du 30 Décembre 1769.
   « Toutes disputes entre les castes malabares, maures, choulias, persans, et autres *naturels* du pays, soit
pour ce qui a rapport aux coutumes, usages, mœurs,
soit pour mariages, enterrements, préséances, privi-
léges des pagodes, droits des castes de la main droite
et de la main gauche, qui naîtront ou auront lieu,
croInt portées par-devant le lieutenant général de police, pour être décidées ou rapportés à notre dite Cour,
s'il y a lieu. »

Mais, répétons le, (car la chose est d'une importance extrême et une confusion déplorable a régné longtemps sur ce point) les questions relatives au mariage, au divorce, à la répudiation ne sont pas *des affaires de caste.*—Elles rentrent dans la catégorie des affaires civiles et constituent, la plupart du temps, des *questions d'Etat.* Les traiter, pour l'appel, suivant la procédure des *affaires de caste* c'est se méprendre entièrement. (1)

---

(1) Nous avons le plaisir de constater que ces principes, que nous n'avons cessé de proclamer dans le cours de nos *Leçons de droit indou*, ont fini par s'imposer aux esprits et que la justice de paix de Pondichéry se déclare généralement incompétente lorsqu'on lui demande l'homologation de décisions tranchant des *questions d'état*, sous l'appelation érronée *d'affaires de caste.*

La sentence suivante qui date du 17 Octobre 1882, mérite, à ce titre, d'être rapportée *in extenso.*

« Audience publique du Tribunal de la justice de « Paix de Pondichéry du mardi 17 Octobre 1882.

«Entre Balacasbiby,—dite aussi Papaty,—fille de « Tamby Abdoulcadersaïb, de caste musulman, sans « profession, demeurant à Pondichéry, rue du Kazi, « demanderesse, comparant par le sieur Eugène « Hecquet, son fondé de pouvoir, d'une part;

«Et Natarsaïb, fils de feu Meskinesaïb, de caste musulman, marchand, demeurant à Pondichéry, rue « du Moulah, défendeur défaillant, d'autre part;

POINT DE FAIT.

« Par citation faite par le thabédar et portée par le « pion Deyvanayagom, le 14 Septembre dernier, la » demanderesse à fait citer le défendeur à comparaître « à l'audience du 16 du même mois, pour voir homo- « loguer la décision prise le 23 Juin dernier, par

Devant quelle juridiction devra donc être porté l'appel des décisions du Kazi statuant comme juge mahométan de 1re instance, si je puis m'exprimer ainsi?

À défaut d'un texte donnant attribution spéciale au juge de paix, au Tribunal de 1re instance, il me paraît forcé que cette juridiction soit la juridiction d'appel *de droit commun*, c'est-à-dire la Cour d'appel de Pondichéry, pour l'Inde.

« Checkmiranesaïb Kazi, à Pondichéry, jugeant en « matière de caste et se voir ledit défendeur condam- « ner aux dépens.

« La cause, sur remise, appelée à l'audience du trois « du courant, la demanderesse a repris les conclusions « de son exploit de citation. »

« Le défendeur n'a point comparu ni personne pour « lui. »

« La cause fut renvoyée à l'audience de ce jour, « pour le prononcé du jugement. »

POINT DE DROIT.

« Le Tribunal ne doit-il pas se déclarer incom- « pétent.

Quid des dépens?

« Le Tribunal jugeant en matière civile et en 1er res- « sort.

« Ouï la demanderesse;

« Vu la décision prise par le Kazi, en date du 23 Juin « 1882.

« Attendu que la demanderesse a assigné le défen- « deur devant ce siège, pour y voir homologuer une « décision du Kazi de Pondichéry, en date du 23 Juin « 1882, annulant le mariage légalement contracté « entre les deux parties, suivant le rite musulman;

« Attendu que le droit d'homologuer une décision « emporte de plein droit celui de la vérifier;

Dira-t-on qu'il est illogique d'avoir retiré aux tribunaux civils ordinaires la connaissance, *au premier degré*, des questions relatives au mariage au divorce, à la répudiation entre musulmans et de l'attribuer, *au 2ᵉ degré*, à la Cour d'appel ?

Je répondrai qu'il en est ainsi en matière de commerce.

Les Tribunaux consulaires sont des Tribunaux d'exception jugeant en 1ʳᵉ instance les affaires commerciales et l'appel de leurs sentences est porté devant les Cours d'appel.

Il faut ajouter qu'il n'y a pas contre cette doctrine *d'us et coutume* contraires à invoquer.

« Mais attendu que les articles de l'arrêté du 26 Mai
« 1827 et de celui du 2 Novembre 1841, conférant au
« Juge de Paix le pouvoir d'homologuer les décisions
« de caste, le restreignent *aux seules affaires ordi-*
« *naires dites de caste, ne présentant pas de gravité*
« *et semblent entendre par leurs termes les discussions*
« *relatives aux pures cérémonies à l'occasion des ma-*
« *riages, enterrements ou autres affaires de caste.* »

Qu'en vérifiant une décision prononçant la nullité ou la dissolution d'un mariage, comme dans l'espèce, le Juge de Paix, statuerait sur une question grave d'état, dont la connaissance est réservée aux seuls Tribunaux civils ;

PAR CES MOTIFS.

Se déclare incompétent pour homologuer la décision de Kazi, prononçant la dissolution du mariage contracté entre les parties, les renvoie devant le Tribunal compétent et réserve les dépens.

Ainsi jugé et prononcé publiquement les jours, mois et an que dessus.

Signé: D. VENNEMANI ET A. HECQUET.

18

135. Revenons maintenant au Divorce et disons ce qu'en Droit musulman on entend par *Anathéme* LE'ON.

C'est l'imprécation que prononce le mari contre sa femme en lui reprochant d'être adultère ou d'avoir donné naissance à un enfant qui n'est pas de lui.

136. Voici comment le KORAN s'exprime sur ce point, au Chap. XXIV:

Vers. 6.—« Ceux qui accuseront leurs « femmes et qui n'auront d'autres témoins à « produire qu'eux mêmes, jureront quatre « fois devant Dieu qu'ils disent la vérité. »

Vers. 9.—« Et, la cinquième fois, en in- « voquant la colère de Dieu sur elle, si ce que « le mari a avancé est vrai. »

On voit que cet anathême le mari n'est admis à le prononcer qu'au cas où il est impuissant à prouver par témoins l'inconduite de sa femme.—Il doit être majeur, sain d'esprit et convaincu de la culpabilité de celle-ci.

137. Quand le mari a prononcé, quatre fois, le serment: *Je jure que ce que je dis est la vérité»*, et y a ajouté l'anathême. « *Que la malédiction de Dieu m'atteigne, si je ne dis pas la vérité»* la femme, si elle se croit innocente, réplique en s'écriant quatre fois: « *J'atteste devant Dieu qu'il ne dit pas la vérité»* puis elle ajoute:« *Que la colère de Dieu tombe sur moi s'il dit la vérité.* »

Dans ce cas, la femme échappe au châtiment.—Car Mahomet a dit: « On n'infligera « aucune peine à la femme si elle jure « quatre fois devant Dieu que son mari a « menti et la cinquième fois en invoquant la

« colère de Dieu sur elle, si ce que le mari a
« avancé est vrai.»—KORAN. XXIV. *Vers.*
8 *et* 9.

Le silence de la femme à la suite de l'a-
nathême du mari équivaut à l'aveu de sa faute.
Elle est alors punie. (1)

138. Par le fait de l'anathême LE'ON:
1° Le mariage est à jamais dissous; 2° les
enfants dont le mari prétend ne pas être le
père sont remis à la mère avec laquelle ils
restent, sans toutefois perdre leurs droits à
la succession du mari. (2)

3° Enfin l'anathême LE'ON détruit tout droit
de succession entre les époux. (3)

---

(1) Avant Mahomet, l'adultère homme ou femme était,
chez les arabes enfermé entre quatre murailles jusqu'à
ce que mort s'ensuivit.—Le prophète s'inspirant de
Moïse a condamné la femme adultère a être lapidée et
a prononcé la même peine contre l'homme marié. L'a-
dultère non marié était condamné à recevoir cent
coups de fouet et à être banni. Mais ces peines n'étaient
prononcées qui si le crime était absolument établi.
Quatre témoins sont indispensables pour que la condamnation intervienne. En cas d'insuffisance de
preuve, là femme et le mari sont absous, pourvu qu'ils
prêtent serment de leur innocence.—Ai-je besoin d'a-
jouter que—dans nos Etablissements, l'adultère des
Arabes est pursuivi conformément aux dispositions du
du Code pénal et du Code d'Instruction criminelle?—

(2) Chez les *Schaffiites*, si le mari se repent d'avoir
prononcé l'anathême, ou reconnait avoir eu tort de le
faire, il peut reprendre ses enfants, mais non la femme
qui reste toujours pour lui prohibée (*hérom*)./.

(3) V. N. DE TORNAUW. *(Droit Musulman p.p.220*
et suiv)./.

SECTION II.

DE LA DÉSERTION DE LA RELIGION MUSULMANE POUR EN EMBRASSER UNE AUTRE.

SOMMAIRE.

139. La désertion de l'islamisme pour embrasser une autre religion dissout le mariage.

140. Distinctions à faire, d'après les sectes *Hanafites* et *Schafiites*.

141. *Quid*, si un couple chrétien ou juif embrasse l'islamisme; et si c'est un seul des époux seulement?

142. En est-il de même pour l'adoption de l'islamisme par un adepte de toute autre religion.

143. *Quid*, de la fuite d'un esclave?

139. C'est la seconde cause de dissolution du mariage permanent que nous avons indiquée au Chapitre IV. du présent titre.

140. Chez les Hanafites, l'abjuration soit du mari, soit de la femme, avant la cohabitation dissout immédiatement le mariage. Après la cohabitation, l'abjuration de la femme ne dissout pas le mariage, celle du mari au contraire le dissout; et il est obligé de payer le *maher*.

Les *Schafiites* ne font pas cette distinction:— l'abjuration *entraîne toujours* la dissolution du mariage, qu'elle soit faite par le mari ou la femme, si le mari ou la femme a abjuré après la cohabition, la femme retire son *maher* complet. Si la femme a abjuré avant la cohabitatioin, elle ne peut réclamer le *maher*. Si c'est le mari qui a abjuré avant la cohabitation, il doit la moitié du *maher* à la femme.

141. *Quid*, si un couple chrétien ou Juif embrasse l'Islamisme? Il est enseigné que le mariage reste valide, par la raison que, dans leur religion antérieure, ils admettaient les livres de la révélation divine.— Si un seul des époux embrasse l'Islamisme, il peut demander la dissolution du mariage contre son conjoint.

142. L'adoption de l'Islamisme par un adepte de tout autre religion dissout immédiatement et de *plein droit*, son mariage antérieur.

143. La fuite d'un esclave chez les Hanafites dissout le mariage; non chez les Schafiites.

<hr/>

SECTION III.

DE LA DISPARITION DU MARI.

SOMMAIRE.

144. Délais après lesquels la femme d'un mari absent et dont on n'a pas de nouvelles pour être autorisée à se remarier.

144. La disparition du mari est une cause de dissolution du mariage, en droit musulman. La femme dont le mari est absent, sans qu'on puisse savoir où il réside, peut obtenir, après un certain délai, de se remarier. Seulement ce délai varie suivant les sectes *Hanafite*, *Schafiite* ou *Schiite*.—D'après l'Imam Abou Yousouf disciple d'Hanifa, ce délai est cent ans; Mohammed, autre disciple d'Hanifa, fixe 120 ans!! Les Schafiites laissent au Kazi la fixation discrétionnaire de ce délai. Les Schiites fixent quatre et 10 ans,

SECTION IV.

DU CHANGEMENT DE VOLONTÉ APRÈS L'AGE DE LA MAJORITÉ.

SOMMAIRE.

145. Dans quels cas, le changement de volonté de l'un des époux après leur majorité peut constituer une cause de dissolution de mariage.

145. Le changement de volonté des époux après leur majorité est une cause de dissolution de mariage dans les cas suivants:

Si une fille mineure a été mariée par une autre personne que son père, son aïeul, ou autres ascendants, elle a le droit, quand elle a atteint sa majorité, de demander la dissolution du mariage, si elle n'en veut pas supporter le lien.

Un mineur, qui s'est marié par l'entremise de son père ou de son aïeul, ne peut faire dissoudre son mariage, à sa majorité, que par divorce ou en payant le *maher*.

SECTION V.

DES INFIRMITÉS

SOMMAIRE.

146. Condition essentielle pour que les infirmités deviennent une cause de dissolution de mariage.

147. Quelles sortes d'infirmités soit chez l'homme soit chez la femme, peuvent justifier une demande en dissolution de mariage?

148. Quelles, parmi les infirmités, sont des causes absolues de dissolution de mariage.

149· La dissolution du mariage par suite d'infirmités est elle un divorce?

146. Pour que les infirmités soient une cause de dissolution du mariage, il faut que la demande suive la découverte des infirmités.— L'époux qui aurait laissé passer un assez long temps, après leur découverte, ne serait plus recevable en sa demande.

147. Il faut encore qu'il s'agisse d'infirmités graves, comme :

La folie.

La castration.

L'impuissance.

Voilà en ce qui concerne les hommes.

Voici, d'après les auteurs, les infirmités relatives aux femmes:

La folie.

La lèpre.

La ladrerie.

Toute maladie mettant obstacle à la fin naturelle du mariage.

La Cécité.

Une claudication empêchant de se tenir ou de marcher.

148. Ces diverses infirmités, à l'exception de l'impuissance, sont des causes facultatives de dissolution du mariage.

Dans les procès d'impuissance, le fait ne pouvant se prouver par témoins, foi est nécessairement due à la partie qui l'allègue.

149. Notons que la dissolution du mariage, par suite d'infirmités physiques, n'est pas un *divorce.*— Au cas où elle a lieu avant la cohabitation, le mari ne doit pas le *maher*.

Il le doit, si les infirmités se sont produites, après la cohabitation.

SECTION VI.

CÉLÉBRATION VICIEUSE DU MARIAGE.

SOMMAIRE.

150. Quels sont les vices qui entachent la célébration du mariage et sont des causes de sa dissolution?

150. Est entaché d'un vice et doit être dissous le mariage clandestin, si la clandestinité en a été une condition.—Toutefois, il reste valable, si l'union des époux a duré un certain temps pendant lequel la vie commune des époux a été publique.

Est également contraire à la loi et doit être dissous le mariage dans lequel, au lieu de stipuler le *maher*, on serait convenu d'un échange, par exemple s'il avait été dit que:« *Ahmed épouserait la sœur de Cassim moyennant une somme de , à charge par Cassim d'épouser la fille de Ahmed moyennant la même somme.*— Ce mode de mariage, très usité chez les arabes, fut expressément interdit par Mahomet. (1)

SECTION VII.

DÉLAI QUI DOIT S'ÉCOULER ENTRE LES DEUX MARIAGES DE LA MÊME FEMME.

SOMMAIRE.

151. Comment se nomme ce délai.
152. But de ce délai.

---

(1) *Exposé du Droit Musulman* par N. DE TORNAUW p.p. 103,104.

153. Fixation de ce délai.

154. Quelle doit être la conduite de la veuve pendant le cours de l'*Iddeh* après la mort du mari ?

151. Les législateurs musulmans se sont préoccupés-cela est naturel-de la question de savoir après quel délai, depuis la dissolution du mariage, la femme peut contracter mariage. (1) Ce laps de temps, fixé par la loi entre les deux mariages de la même femme, s'exprime par le mot *Iddeh* qui signifie à proprement parler: *Calcul.*—Les commentateurs arabes comptent trois espèces d'*Iddeh*

1° l'*Iddeh* après la mort du mari;

2° ————après le divorce;

3° ————après l'annulation légale du mariage.

152. Ce laps de temps a pour but de s'assurer que la femme n'est pas enceinte des œuvres de son *précédent mari.*— D'où la conséquence que ce délai n'est imposé que dans les cas où il a eu cohabitation consommée, ou, tout au moins, dans ceux où elle était physiquement possible.

153. L'*Iddeh* après la mort du mari et après l'annulation légale (2) est ainsi fixée, d'après N. DE TORNAUW:—

1° Pour les femmes non enceintes, de condition libre, 4 mois et 10 jours.

(1) Le Code civil français dispose, en son art. 228, de la manière suivante:—« La femme ne peut contracter un nouveau mariage, qu'après dix mois révolus depuis la célébration du mariage précédent.»

(2) C.a.d. pour causes de vices dans la célébration, absence du mari, infirmités.... etc....

19

2° Pour les femmes non enceintes, esclaves, deux mois et cinq jours.

3° Pour les femmes enceintes, les *Hanafites* et les *Schafiites* regardent l'accouchement comme le terme de *l'Iddeh*. Les *Shiites* exigent qu'un délai de quatre mois et 10 jours se soit écoulé depuis l'accouchement.

154. Pendant le cours de *l'Iddeh* après la mort du mari, les femmes esclaves, ou libres, sont tenues de vivre dans la retraite;—de renoncer à la parure;- de ne se servir d'aucun parfum, de ne pas orner leur corps de mouches de beauté;—de ne passe farder de blanc ou de rouge;—de ne pas porter d'habits neufs et d'étoffes claires;—de ne se peindre ni les pieds, ni les mains ni les cheveux;—de ne point se parer de bijoux d'or ou d'argent.

CHAPITRE CINQUIÈME.

DU MARIAGE TEMPORAIRE.

SOMMAIRE.

155. Toutes les sectes musulmanes n'admettent pas le mariage temporaire:- les *Schafiites* et les *Hanafites* le tiennent pour prohibé par la loi.—Mais les *Schiites* le pratiquent communément.

156. C'est d'ordinaire lors des pélérinages à la Mecque, ou, quand un voyage retient un certain temps le musulman en pays étranger, qu'il sent la nécessité de prendre une femme, qui, moyennant une somme de—généralement modique—lui rend les devoirs d'une épouse pendant le temps de son séjour.

157. Voici les conditions requises pour la validité de ce mariage.

1° Le consentement des parties contractantes.

2° Les mêmes croyances:—Une fille musulmane ne peut contracter un mariage temporaire qu'avc un musulman. Toutefois il n'est pas défendu à un musulman d'épouser temporairement une juive ou une chrétienne.

3° La fixation d'un terme:— Autrement le mariage serait considéré comme permanent.

4° La stipulation d'un *Maher*:—cette condition est ici indispensable. Pas de *Maher*,— pas de mariage temporaire possible.

158. Effets du mariage temporaire.

Il se dissout à l'expiration du terme convenu,—à moins que les parties d'accord ne prorogent leur mariage par un nouveau contrat, lequel doit contenir toutes les mentions exigées pour la validité de l'ancien.

DE L'ADOPTION.

SOMMAIRE.

1. L'adoption, on le sait, est d'antique origine.

2. Les Indous l'instituèrent en vue du ciel, peut-on dire.—Par l'adoption, en effet, l'indou décédé sans postérité légitime ou naturelle se procurait un fils destiné à sauver son âme des horreurs du *Pout*. Cette institution qui remonte à Manou a traversé les âges, sans se modifier et elle est aussi vivace de nos jours que dans les temps les plus reculés auxquels on puisse remonter.

3. Les Hébreux la pratiquèrent peut être.

4. Ce qui n'est pas douteux, c'est qu'elle tenait une place considérable dans les institutions de la Grèce et de Rome..

5. Disons, avec Demolombe, que l'adoption fut à peu près étrangère aux lois et aux mœurs de la France, jusqu'à l'époque de la révolution.—Le 18 Janvier 1792—pour la première fois—l'Assemblée nationale décréta que son comité de législation comprendrait, dans son plan général des lois civiles, celles relatives à l'adoption.

6. Il n'est peut être pas sans intérêt de rappeler quelles étaient les idées du premier consul Bonaparte sur le caractère et les effets de l'adoption et de mettre en parallèle la conception de l'adoption chez Mahomet. On verra que ces deux grands genies-au point de vue civil et militaire—ces deux grands capitaines, chefs de peuple et législateurs, différaient totalement d'opinion sur l'adoption.

Pour le premier Consul, l'adoption devait être (il le soutint du moins dans le principe) une *imitation parfaite* de la nature, si parfaite que la nature devait céder le pas à la loi. Il ne lui suffisait pas que le père adoptif obtînt la préférence sur le père naturel aux yeux de la loi;—il voulait qu'il trouvât cette préférence dans le *cœur du fils adopté*. Etrange prétention basée sur ce concept absolument sceptique que les *hommes n'ont que les sentiments qu'on leur inculque.* La paternité fictive devait remplacer, de tous points, la paternité naturelle, l'adoption devait produire un changement complet de famille et pour parvenir à ce but il lui semblait suffisant— mais nécessaire—que l'adoption fût prononcée solennellement, de manière à frapper l'imagination du mineur,—par le pouvoir législatif lui même.

7. On sait que ces idées ne prévalurent pas; l'adoption— (institution de droit privé et non de droit public)—n'opère, d'après le Code civil français, aucun changement de famille, n'établit de rapports juridiques qu'entre l'adoptant et l'adopté et n'est qu'une *imitation très imparfaite de la nature*. (1)

8. Jetons, à présent, un coup d'œil sur ce que fut et sur ce qu'est l'adoption en droit musulman.

9. Les *Versets* qui s'en occupent sont rares dans le KORAN.—Ce sont les *versets* 4.5. 37, du chapitre XXXIII.

Voici comment ils sont conçus:

«Dieu n'a pas donné deux cœurs à l'homme; « il n'a pas fait que......vos enfants adop- « tifs soient comme vos propres enfants. Ces « mots ne sont que dans votre bouche.»

« Appelez vos fils adoptifs du nom de » leurs pères;—ce sera plus équitable devant « Dieu. Si vous ne connaissez pas leurs pè- « res, qu'ils soient vos frères en religion et « vos clients......

37.......« Lorsque Zéid (2) prit un parti et « résolut de répudier sa femme, nous l'unîmes

---

(1) Demolombe.
(2) Zéïd avait été acheté par Mahomet, longtemps avant son apostolat, à un parti d'Arabes qui l'avait enlevé et mis en vente. Lorsque le père de Zéïd vint ré- clamer son fils, le prophète laissa au jeune homme le choix

« à toi par le mariage, afin que ce ne soit pas
« pour les croyants un crime d'épouser les
« femmes de leurs fils adoptifs, après leur ré-
« pudiation ... »

10. Quel abîme entre ces deux conceptions du même acte: l'adoption, chez Bonaparte et Mahomet.

Le dernier repousse comme une chose impossible, presque monstrueuse, la fiction de
la paternité qui semblait si naturelle au premier, —

Mahomet n'admet pas que les fils adoptifs
quittent le nom de leur père naturel, pour celui de leur père adoptant.

Il proteste personnellement non en paroles—mais par un acte—contre l'obstacle que
l'on supposerait pouvoir exister au mariage
du père adoptant avec la femme de son fils
adoptif—après la répudiation.

---

de suivre son père—sans rançon—ou de demeurer avec
lui. Zéïd déclara ne pas vouloir quitter Mahomet qui
l'adopta solennellement devant la pierre noire de la
Kaaba.—Plus tard, Zéïd épousa Zénobie.—Plusieurs
annnées après, Mahomet, étant allé chez Zéïd, ne le
trouva pas—mais vit sa femme qui lui parut si belle
qu'il s'écria:—«*Gloire à Dieu qui tourne les cœurs des
hommes comme il veut!*» Zénobie dit à son mari, quand
il fut de retour, et la visite de Mahomet et son excla-
mation. Zéïd comprit qu'il devait sacrifier sa femme
à son bienfaiteur; il répudia Zénobie. Mahomet parut
vouloir en détourner Zéïd.—Celui-ci ne se laissa pas
ébranler. Alors—dit on—intervînt la révèlation du *verset* 37 qui légitime la passion du prophète et permet
à lui comme aux croyants d'épouser les femmes répudiées par leurs fils adoptifs.— (*Traduction du* Ko-
ʀᴀɴ *par Kazimirski.*)

11. Qu'est-ce donc que l'adoption, en droit musulman?

C'sst un acte purement religieux tenant de la tutelle et se confondant avec elle, s'exerçant, comme une œuvre de charité, de fraternité, créant des obligations mo - rales—mais ne produisant pas d'effets ci- vils.

—Il n'y a donc pas lieu pour nous de nous en occuper d'avantage.

FIN

DE L'ADOPTION.

DE LA
PUISSANCE PATERNELLE.

—

SOMMAIRE.

1. Mahomet, dans le KORAN, a répété, à satiété, le commandement que:« L'enfant, à tout âge, doit hon-«neur et respect à ses pères et mère»—.

2. Comment s'exerçait, avant Mahomet, la puissance paternelle sur les enfants?

3. La naissance des filles était regardée comme une calamité.

4. Les fils pouvaient être mis à mort, en cas de di-sette.

5. Etendue de l'attachement des membres de la famille au regard les uns des autres.

6. Coutume sanglante de la *Vengeance de Sang.*

7. Le musulman ne reconnaît—quelle que soit la force du lien familial—que deux maîtres: Le KORAN et *Dieu.*

8. Nature du droit de correction du père sur ses enfants.

9. Les fils peuvent avoir un *pécule.*

10. *Quid* des filles?

1. La disposition de l'article 371 du Code civil, relatif aux devoirs des enfants envers leurs parents, se trouve répétée plus de six fois dans le KORAN et les versets qui la concer-nent sont dignes d'être rapportés.

Chap. XVII. *Vers*: 24—« Dieu a ordonné de n'a-« dorer que lui, de tenir une belle conduite envers « vos père et mère, soit que l'un d'eux ait atteint la « vieillesse ou qu'ils y soient parvenus tous deux et « qu'ils restent avec vous. Garde-toi de leur montrer « du mépris, de leur faire des reproches. Parle-leur « avec respect.»

Vers: 25—« Sois humble envers eux et plein de
« tendresse, et adresse cette prière à Dieu: Seigneur,
« aie pitié d'eux, de même qu'ils ont eu pitié de moi,
« qu'ils m'ont élevé quand j'étais tout petit.
Chap: XXIX.—*Vers.* 7—«Nous avons recommandé
« à l'homme de tenir une belle conduite à l'égard de ses
« père et mère. S'ils t'engagent à m'associer ces êtres
« dont tu ne sais rien, ne leur obéis pas. Vous re-
« viendrez tous devant moi, et alors je vous réciterai
« ce que vous avez fait. »
Chap. XXXI—*Vers* 13.—«Nous avons recommandé à
« l'homme ses père et mère (sa mère le porte dans son
« sein) et endure peine sur peine, il n'est sevré qu'au
« bout de deux ans). Sois reconnaissant envers moi et
« envers tes parents. Tout aboutit à moi. »
Chap. XLVI.—*Vers.* 14. —«Nous avons recommandé
« à l'homme de bien agir envers ses père et mère; sa
« mère l'a porté avec peine et l'a mis au monde avec
« peine, et la grossesse et l'allaitement jusqu'au se-
« vrage durent trente mois. Il parvient enfin à la ma-
« turité, il parvient à quarante ans, et alors il adresse
« à Dieu cette prière: Seigneur, inspire moi de la re-
« connaissance pour les bienfaits dont tu m'as comblé;
« fais que je pratique le bien qui te plaît, rends-moi
« heureux dans mes enfants. Je reviens à toi, et je suis
« du nombre de ceux qui se résignent à ta volonté. »
Vers: 16.— «Celui qui dit à ses parents: *Nargue de*
« *vous*! Allez-vous me promettre que je renaîtrai de
« mon tombeau? pendant que tant de générations ont
« passé et diparu avant moi..... Ses parents implore-
« ront Dieu en sa faveur. Malheur à toi! lui diront-
« ils; crois, car les promesses de Dieu sont véritables.
« Mais il dira: Ce sont des fables des anciens. »

2. Avant Mahomet, la puissance paternelle s'exerçait sur les enfants de la manière
la plus brutale.

3. Les filles, dont la naissance était considérée comme une calamité, pouvaient être
mises à mort par leur père— enterrées vivantes.

Voici ce qu'on trouve dans le KORAN, sur ce sujet:—

Verset 59 du chap. XVI.—« Ils attribuent des filles à Dieu!!!....»

Verset 64 du même chap.—« Ils attribuent à Dieu ce qu'ils abhorrent eux mêmes.»

Verset 16 du chap. XLIII.—«Et cependant quand on annonce à l'un d'eux la naissance d'un être qu'il attribue à Dieu, son visage s'assombrit, il est comme suffoqué.—

Versets 8 et 9 du chap. LXXXI.—« Lorsqu'on demandera à la fille enterrée vivante pour quel crime on l'a fait mourir....—

Mahomet s'éleva, avec indignation, contre cette coutume barbare et ordonna de conserver *tous les enfants qui naîtront* sans distinction de sexe.

Les fils pouvaient être mis à mort en temps de disette (1) Mahomet dut proscrire ce droit monstrueux.

Il s'étudia, en un mot, à faire adorer et respecter l'autorité du père de famille et à maintenir la puissance du lien qui unit les descendants aux parents et les membres divers d'une même famille.

5. Cet attachement des membres de la famille, au regard les uns des autres, comprenait, avant la venue de Mahomet toute la parenté, ne s'arretait pas à la famille mais s'étendant jusqu'à la *gens* (2) elle se manifestait par le dévouement et la vengeance et avait suscité l'institution du Taïr.... ou *Vengeur de sang.*

---

(1) KORAN. Chap. VI. Vers. 152; Chap. XVIV. 33.
(2) PHARAON ET DULAU.

6. Mahomet ne pouvant la faire disparaître s'efforça d'adoucir la coutume sanglante du *vengeur de sang*. Il recommandait au vengeur de sang de se contenter d'une compensation en argent, stérile et vaine transaction. Le précepte de Mahomet ne fut pas observé; il était en contradiction trop formelle avec les notions des Arabes sur l'honneur.

7. Il ne faudrait pas croire cependant que la puissance de l'autorité paternelle et l'énergie du lien familial chez les Arabes soient telles que l'individu est absorbé dans la famille, et la famille dans l'Etat. Il garde, au milieu du respect du chef de la famille et du Prince, le sentiment personnel de sa dignité et ne reconnaît en vérité que deux maîtres le Koran et Dieu.

Mais, pour en revenir aux règles de la loi positive, il ne suffit pas que les enfants honorent leur père, ils ne peuvent quitter la maison paternelle, sans sa permission.

8. Le père a droit de correction sur ses enfants, mais ce droit doit s'exercer dans des bornes équitables; il ne faudrait point, par exemple, que les corrections paternelles engendrassent des blessures ou des maladies qui empêcheraient l'enfant de travailler.

9. Les fils peuvent avoir un *pécule*; à leur puberté, les père et mère doivent leur rendre compte de leurs biens propres. En cas de contestation sur le degré de capacité du fils pour gérer ses affaires, le Kazi est consulté et décide.

Pour les filles, elles restent sous la tutelle paternelle, jusqu'à leur mariage. Elles n'ont pas de réserve à prétendre, comme les fils.—Cette disposition de la loi a été critiquée.—Mais il a été répondu, avec raison, que la fille, en quittant sa famille, en se mariant, reçoit un *maher* du mari qui l'épouse—ce qui lui constitue une suffisante compensation.

FIN

DE LA PUISSANCE PATERNELLE.

DE LA FILIATION.

SOMMAIRE.

1. Enfants légitimes.

1. La loi musulmane distingue les enfants nés *dans* le mariage des enfants nés *hors* le mariage.

2. Les premiers sont légitimes. Mais aux trois conditions suivantes; il faut:

1° *Qu'ils soient nés après le mariage contracté.*

Le droit musulman n'assimile pas l'enfant légitimé par mariage subséquent à l'enfant légitime.—C'est ainsi qu'un enfant né d'un commerce illicite avec une fille reste illégitime, bien que le père épouse ensuite cette fille-mère. Cet enfant n'a pas droit à la succession. (1)

2° *Qu'il y ait, au moins, six mois, entre la célébration du mariage et la naissance.* (2)

3° *Que, si les enfants sont posthumes ils ne soient pas nés plus de dix mois depuis la mort du mari.*

3. Les *Hanafites* prolongent la grossesse possible de la veuve jusqu'à deux ans après le décès du mari; et, pour ne pas demeurer en reste, les *Schafiites* à *quatre* ans après ce décès (?)

----

(1) N. DE TORNAUW.

(2) Il n'est pas sans intérêt de placer en regard de ces règles les dispositions de notre Code civil en matière de *légitimité*:

Art. 312:—«L'enfant conçu pendant le mariage a « pour père le mari—Néanmoins, celui-ci pourra dé- « savouer l'enfant, s'il prouve que, pendant le temps « qui a couru depuis le trois centième jusqu'au cent « quatre-vingtième jour avant la naissance de cet en- « fant, il était, soit par cause d'éloignement, soit par « l'effet de quelque accident, dans l'impossibilité phy- « sique de cohabiter avec sa femme?»

Art. 314:«— L'enfant né avant le cent quatre- « vingtième jour du mariage ne pourra être désavoué « par le mari dans les cas suivants: 1° S'il a eu con- « naissance de la grossesse avant le mariage; 2° s'il a « assisté à l'acte de naissance et si cet acte est signé « de lui ou contient la déclaration qu'il ne sait signer; « 3° si l'enfant n'est pas déclaré viable. »

4. Par ces diverses conditions auxquelles la loi musulmane subordonne la légitimité des enfants, il est facile de voir que, si la fameuse règle *pater is est quem justœ nuptiœ demonstrant* couvre et protège la situation de l'enfant, le mari, de son vivant, et ses héritiers, après sa mort, peuvent exercer une sorte d'action en désaveu et faire tomber cette présomption. —

Le mari peut également *désavouer*, — s'il prouve qu'il a été dans *l'impossibilité physique* de cohabiter avec sa femme dans les deux périodes de la gestation; — mais il reste entendu qu'il ne s'agit ici que de l'incapacité physique *accidentelle* et non de celle qui aurait préexisté au mariage.

5. Pour *désavouer*, le mari recourt à l'accusation d'adultère; la conséquence en est la condamnation de la femme et, par suite, le désaveu de l'enfant.

6. Comment s'établit la légitimité des enfants. Dans les pays gouvernés par la loi de Mahomet, la position civile des individus n'est jamais authentiquement constatée. Il n'y est tenu ni registres de naissance, ni registre des mariage.

7. Cela n'est pas vrai pour l'Inde française. L'État civil des musulmans, comme de tous les natifs de nos cinq Établissements, y a été réglé définitivement par le décret du 24 Avril 1880. Voici ses dispositions en ce qui concerne les actes de naissance et de mariage: —

«Art. 1er. Est déclaré applicable aux natifs dans les Établissements français de l'Inde le titre II. du Livre 1er du Code civil, sauf les réserves contenues dans la section première du présent titre et les modifications suivantes:

« Art. 34. Les actes de l'état civil énonceront l'année, le jour et l'heure où ils seront reçus; les prénoms, nom, âge, profession, domicile de tous ceux qui y seront dénommés et, s'il y a lieu, la caste à laquelle ils appartiennent.

« Art. 40. Les actes de l'état civil seront inscrits sur un ou plusieurs registres tenus doubles.

« Ils seront reçus dans la langue française ou dans la langue native la plus répandue dans chaque localité. La traduction en langue française devra toujours être inscrite en marge sur le double des registres déposés dans les greffes. Un arrêté du Gouverneur pourra ordonner que cette traduction soit également inscrite sur le double qui sera conservé au bureau de l'officier de l'état civil.

« Art. 53. Le Procureur de la République au Tribunal de première instance sera tenu de vérifier l'état des registres lors du dépôt qui en sera fait au greffe, il dressera un procès verbal sommaire de la vérification, dénoncera les contraventions ou délits commis par les officiers de l'état civil et requerra contre eux la condamnation aux amendes.

« Il surveillera l'exécution de l'art. 40 concernant la traduction des actes.

«Art. 55. Les déclarations de naissance seront faites, dans les dix jours de l'accouchement, à l'officier de l'état civil du lieu; l'enfant lui sera présenté soit au bureau de l'état civil, soit en cas de maladie, dans la maison où il se trouvera.

L'officier de l'état civil pourra se faire suppléer par un délégué.

Art. 2. La déclaration de naissance d'un enfant né dans les possessions anglaises de l'Inde, de parents français domiciliés dans les Etablissements français de l'Inde, devra être faite par le père ou la mère dans les huit jours qui suivront l'arrivée du nouveau-né sur le sol des possessions françaises, si leur retour a lieu dans l'année de la naissance.

La naissance d'un enfant né de parents français en pays étranger pourra toujours être inscrite sur les re-

gistres de l'état civil lorsqu'elle sera constatée par des
certificats émanant des autorités compétentes du lieu de
la naissance.

L'inscription devra être faite par l'officier de l'état
civil du dernier domicile des parents, ou, si ce domicile est inconnu, par l'officier de l'état civil spécialement désigné par le Gouverneur pour procéder, dans
ce cas, aux inscriptions.

DE LA DÉCLARATION DE MARIAGE.

Art. 3. Les natifs appartenant au culte brahmanique ou musulman, pourront, ou bien contracter mariage devant l'officier de l'état civil ou bien continu-
à faire célébrer leurs mariages conformément aux *us et
coutumes*.

Art. 4. Le brahme, le pandaron ou le Kazi qui
célébrera un mariage, sera tenu d'en donner avis, *par
écrit*, dans les vingt-quatre heures, à l'officier de l'état
civil de la localité.

Art. 5. Le mariage devra en outre être déclaré dans
les quinze jours qui suivront la célébration, par l'é-
poux assisté des personnes dont le consentement est
nécessaire pour la célébration du mariage, ou de deux
témoins parents ou non parents.

Art. 6. On énoncera dans l'acte de déclaration de
mariage:

1° Les prénoms, nom, profession, âge, lieu de naissance et domicile des époux;

2° Les prénoms, nom, profession des père et mère;

3° La date et le lieu de la célébration du mariage;

4° La déclaration du mode de mariage adopté par
les époux;

5° Les prénoms, nom, âge, profession et domicile de
l'officiant;

6° Les prénoms, nom, âge, profession, et domicile
des témoins et leur déclaration s'ils sont parents ou
alliés des parties, de quel côté et à quel degré;

7° La mention qu'il existe ou qu'il n'existe pas de
contrat de mariage, ainsi que le nom du tabellion qui
l'aura dressé.

Art. 7. Les déclarations de mariage de natifs français, gentils ou musulmans sur le territoire anglais, devront avoir lieu en présence de deux témoins dans les trois mois qui suivront la rentrée des époux sur le territoire français. L'époux produira une attestation du *Pandaron* et du *Kazi* qui aura célébré le mariage et mention de la remise de cette atttestation sera consignée dans l'acte de célébration de mariage.

8. L'existence des mariages est établie, en cas de contestation, par l'audition des témoins qui ont été présents au contrat;—et la date de la naissance des enfants est déterminée par la déclaration des parents et de témoins dignes de foi.

9. La reconnaissance par les parents est une preuve suffisante de la légitimité.

II. Enfants naturels.

10. Les enfants nés hors du mariage peuvent être distingués en enfants naturels proprement dits et en enfants illégitimes.

Les premiers sont ceux que le maître a procréés avec ses propres esclaves, sans les épouser. (1) La loi musulmane tolère et

---

(1) *Arrêt de la Cour de Pondichéry du 21 Mai 1845:* « Considérant que, d'après le droit musulman, les «enfants naturels sont assimilés aux enfants légitimes, «quant à la jouissance de tous les droits civils et de «famille,—cette égalité de droits résultant du fait seul «de la paternité;—que l'unique différence qui existe «entre ces deux classes d'enfants, c'est que les pre- «miers *sont obligés d'établir leur filiation*, si elle est «contestée, tandis *qu'une présomption légale de pa- «ternité couvre les seconds, et les dispense de toute «preuve*;—que la protection du législateur musulman «qui, tout en réprouvant les unions illicites, n'en con-

reconnaît ce concubinat et les enfants qui en sont issus, pourvu qu'ils aient été procréés dans les délais fixés par les règles du *Schéria*, et que nul, sauf le maître, n'ait eu des relations avec l'esclave, ont, sur la succession de leur père, les mêmes droits que les enfants légitimes.

10. Les choses ainsi, l'on peut dire, *en résumé*, que, d'après le droit musulman, la seule différence entre les enfants légitimes et les enfants naturels c'est que les premiers ont *une présomption légale de filiation* en leur faveur, tandis que les seconds, n'ayant pas de père certain, sont privés de tout droit dans la famille paternelle, *jusqu'à ce qu'ils prouvent leur qualité de fils*.

«damne pas les fruits, s'étend même aux bâtards pro«prement dits;—que ces principes se conçoivent sous «une loi, qui, en consacrant le mariage, a admis en «même temps et avec la plus grande latitude, le con«cubinat, surtout entre le maître et ses esclaves, et qui «n'aurait pu, dès lors, sans inconséquence, établir de «distinction, quant aux droits successoraux, entre les «enfants issus de ce concubinat et ceux qui seraient les «fruits d'un mariage légitime.»

Arrêt de la Cour de Pondichéry du 11 Novembre 1848:—«Attendu que la loi mu« sulmane n'exclut pas de la succession de son père « l'enfant né d'une esclave, pourvu que le père l'ait « reconnu pour son fils;—que, dans la cause, la dé« claration faite au Greffe du Tribunal de la Chaudrie « de Karikal par Vapoutchy Marécar, le 28 Août 1819, « est un acte de reconnaissance formelle, qui a eu « pour effet d'attribuer à Paquiri—Levé tous les droits « d'un fils légitime à la succession de son père, ce qui « d'ailleurs n'était pas contesté en première instance « par l'appelant, alors demandeur en partage.....»

22

D'où cette conséquence qu'en droit musulman la recherche de la paternité et de la maternité est permise.

11. Les seconds—les enfants *illégitimes*—sont tous ceux qui sont issus d'un commerce défendu ou criminel, d'après les règles du *Scheria*.—Ils ne succèdent pas à leur père, en concours avec d'autres héritiers.—Chez les *Schafiites* et les *Hanafites*, ils succèdent à leur mère. (1)

12. Mais, si Mahomet s'est montré indulgent envers les fruits des unions naturelles, même illicites, il a réservé toutes ses rigueurs aux auteurs de ces unions.

Plus équitable que la plupart des législateurs anciens, ce n'est pas sur les innocents qu'il a déchargé le poids de sa colère, mais sur les vrais, les seuls coupables. (2) Est-il besoin de dire que son exemple n'a pas été suivi par les législateurs modernes.

13. Mieux que cela, on a jeté et l'on jette encore tous les jours a l'islamisme le repro-

(1) NICOLAS DE TORNAUW. *Passim.*

(2) KORAN: *Chapitre* XXIV. *Vers.* 2: « Vous « infligerez à l'homme et à la femme adultère cent « coups de fouet à chacun. Que la compassion ne « vous entrave pas dans l'accomplissement de ce pré-« cepte de Dieu, si vous croyez en Dieu et au jour « dernier.— Que le supplice ait lieu en présence d'un « certain nombre de croyants. »—

Vers. 3:—«Un homme adultère ne doit épouser « qu'une femme adultère ou une idolâtre; et une femme « adultère ne doit épouser qu'un homme adultère ou « un idolâtre.—Ces alliances sont interdites aux cro-« yants. »

che de sensualité, de libertinage, sans vouloir remarquer que la polygamie-orientale avec son divorce, nonobstant ses inconvénients et ses abus, n'a jamais causé *le quart des crimes et des désastres* constatés, chaque jour, au sein de la monogamie occidentale. (1)

FIN

DE LA FILIATION.

(1.) Notamment en ce qui concerne les *naissances illicites*; alors qu'en France, elles sont égales sinon supérieures aux naissances légitimes, on ne trouverait pas dans tout l'orient un seul hospice destiné aux enfants trouvés. (PHARAON ET DULAU.)

De la Minorité.

DE LA TUTELLE,

ET

DE l'EMANCIPATION.

CHAPITRE PREMIER.

DE LA MINORITÉ.

SOMMAIRE.

1. Le KORAN ni la Sounah n'ont déterminé l'âge où la minorité prend fin, en droit musulman.
2. Doctrine de BAILLIE.
3. *Quid*, au cas où les signes de la nubilité font défaut?
4. Correctif résultant du KORAN.
5. En cas de conflit entre enfants et parents ou pupilles et tuteurs, sur le point de savoir si les premiers sont ou non encore dans les liens de la minorité, quelle autorité est compétente pour les départager?
6. Quel est l'âge déterminé pour la majorité chez les filles?
7. Opinion de N. DE TORNAUW.
8. Règle écrite dans le *Hédaya*;—appropriation de cette règle aux Etablissements de l'Inde.
9. La majorité *musulmane ne produit pas ses effets en matière pénale*.

1. On le sait-nous l'avons déjà dit *p.p.* 43 *et suiv.* de ces *Leçons, n°s* 11 *et suiv.*—que le

KORAN et la SOUNAH n'ont pas déterminé l'âge précis ou la minorité prend fin et où commence la majorité des Mahométans.

On a vu comment les auteurs ont diversement comblé cette lacune de la loi.

2. S'inspirant de l'esprit, sinon de la lettre des dispositions de la loi musulmane, sur cette matière, BAILLIE, un des auteurs les plus estimés qui aient écrit sur le droit Mahométan a formulé la règle suivante: PUBERTÉ EST MAJORITÉ, DANS LA LOI MAHOMÉTANE. — C'est la puberté qui rend majeur pour le mariage. — Ce point a été expliqué plus haut.

3. Nous avons ajouté qu'au cas d'absence des signes de la puberté, la majorité du musulman est fixée *à l'âge de 16 ans révolus* pour le mariage comme pour les autres actes de la vie civile, dans les Établissements de l'Inde française qui suivent généralement le *rite Hanafite.*

4. Mais il est indispensable de tempérer cette règle par le correctif résultant du texte suivant du KORAN (*Chap. IV. Vers. 4.*)

« Ne confiez pas *aux ineptes* les biens que
« Dieu a confiés à vos soins, comme un fonds;
« mais, les gérant vous-mêmes, fournissez-
« leur sur ce fonds la nourriture et les vê-
« tements, et tenez-leur toujours un langage
« doux et honnête.»

D'où la conséquence que *cet âge de 16 ans* fixé pour la fin de la minorité des musulmans dans nos Établissements n'a rien d'invariable. — Tout dépend surtout du déve-

loppement intellectuel et moral de l'individu:(1)

On ne devrait donc pas abandonner de
propriété à un *prodigue*, *même* dans un âge
avancé. (2)

Ils appartient aux ascendants et aux tuteurs d'apprécier la capacité ou l'incapacité
de leurs enfants et pupilles.

5. En cas de conflit, les tribunaux sta-
tueraient, après avis préalable du Kazi.

Voilà pour les hommes.

6. Mais quel est l'âge déterminé pour la
majorité chez les filles?

D'après la plupart des auteurs et la jurisprudence de la Cour de Pondichéry, la *nu-
lité est le signe de la majorité* (3)

---

(1) KORAN. (*Chap.* IV. 4.)

(2) PHARAON ET DULAU.

(3) Arrêt de la Cour de Pondichéry du 22 Novembre 1845:—«......Considérant, sur le premier mo-
« yen de nullité dudit acte de 1840 invoqué par Cas-
« soubibi et tiré de sa minorité, que, parmi les opi-
« nions diverses exprimées sur l'âge auquel les fem-
« mes musulmanes sont majeures, la plus plausible,
« celle qui réunit le plus grand nombre de suffrages
« dans l'Inde et s'y accorde le mieux avec le climat
« et les usages, est celle *qui fixe la majorité des filles*
« *musulmanes* à l'époque où elles *deviennent nubiles*;
« —qu'il faut, d'ailleurs, en même temps reconnaître
« que ces filles, quoique majeures, sous un rapport,
« ne le sont pas *absolument* (?) *et qu'elles ne peuvent*
« *gérer ou administrer leurs biens sans l'assistance de*
« *parents ou curateurs*......»— Alors la majorité
des filles est une fiction.— Jusqu'à quel âge cette
assistance des parents et curateurs est elle requise? Je
préfère le système que j'ai proposé sous le n° **8.**

7. M. Nicolas de Tornauw estime que la majorité a lieu à l'âge de *neuf ans* pour les filles, si les signes de la nubilité ne se sont pas encore montrés avant cet âge.

Quand il s'agit du mariage, j'y consens, mais pour les autres actes de la vie civile?

8. Je serais plutôt disposé, m'inspirant de la doctrine du *Hédaya*, qui fixe la majorité *à dix-huit ans* pour les hommes et à *dix-sept ans* pour les femmes (1) à descendre de deux années cet âge pour les uns et les autres, et, puisque l'homme, dans nos Etablissements est réputé majeur à seize ans, à fixer *à quinze ans la majorité de la fille*.

La raison, le sens commun, la nature—à défaut d'autre motif légal—justifient, je pense, cette conclusion.

9. Il est opportun de noter ici— et malgré les objections récemment formulées contre cette doctrine professée par M. Laude—(*Man. du dr. ind.*)—et reprise par moi dans mes *Leçons de dr. ind.* (2) que la majorité musulmane *ne produit ses effets qu'en matière civile.* (3) En matière pénale, le Code

---

(1) Après avoir fixé à ces âges respectifs la majorité de l'homme et de la femme, le *Hédaya* ajoute que, cependant, la majorité dépend de l'âge et des *circonstances* (Pharaon et Dulau.—'*Dr. Musulman p.* 106.)

(2) De Langlard—p.p. 153, 154.

(3) Un éminent jurisconsulte, M. E. Sauvel, *avocat prés le Conseil d'Etat et la Cour de Cassation*, a, dans un article inséré au *Journal du Droit Criminel*— année 1886—p. 81—protesté hautement contre ce système. Nous nous faisons un devoir de reproduire les grandes lignes de sa discussion. —

n'ayant pas modifié ses textes, en ce qui
concerne les populations de l'Inde française: *Indous, Chrétiens, Maures ou Gentils,* dans
tous les cas où l'âge exerce une influence
sur les conditions de l'imputabilité et de la
culpabilité, le devoir des tribunaux est de
les appliquer dans leur esprit et dans leur
lettre.

« ...Bien loin — dit M. E. SAUVEL — d'appliquer la
« *loi pénale indoue*, nous avons toujours posé, en
« principe, que la loi pénale française seule serait en
« vigueur dans nos Établissements.....Il suit de là,
« d'une façon incontestable, que ni la définition des
« crimes et des délits, ni les pénalités, ni les variations
« qu'elles subissaient, selon la caste des coupables, ne
« peuvent être empruntées désormais à loi indoue;
« mais, s'en suit il que cette loi soit, d'une façon ab-
« solue, sans influence sur l'application de nos textes
« répressifs? C'est ce que nous ne croyons pas.......
« Autre chose, en effet, est appliquer *la loi pénale,* ou
« appliquer, *en matière pénale, la loi civile.—Appli-*
« *quer une loi pénale* c'est, d'une part, caractériser l'acte
« délictueux par les éléments que cette loi considère
« comme essentiels pour le constituer; d'autre part,
« punir cet acte par le mode de répression que cette
« même loi édicte.— Appliquer, en matière pé-
« nale, une loi civile, c'est recourir à cette loi
« civile, pour établir l'existence ou l'absence d'une
« condition d'état civil déterminée, toutes les fois que
« la loi pénale exige, comme élément de criminalité
« ou d'excuse, une semblable condition.—Ainsi, pour
« prendre comme exemple le cas d'ENLÈVEMENT DE
« MINEUR, que dit l'article 354 de notre Code?—« *Qui-*
« *conque aura, par fraude ou par violence, enlevé ou*
« *fait enlever des mineurs....des lieux où ils étaient*
« *mis par ceux à l'autorité ou à la direction desquels*
« *ils étaient soumis ou confiés, subira la peine de la ré-*
« *clusion.......*Parmi ces éléments de criminalité, il

23

La question de l'*enlèvement de mineur* spécialement, a provoqué une discussion au sujet de laquelle il ne nous est pas possible de
ne pas faire savoir notre sentiment. (1) On

« en est au moins un—l'état de minorité de la victime—
« que la loi civile seule peut déterminer, car la loi pé-
« nale ne le définit pas. —Quel est, en France, le texte
« qui, pour l'application de l'article 354, détermine
« cet état de minorité?—Est-ce un article du Code pé-
« nal?—En aucune façon,—C'est l'article 388 du Code
« civil qui définit le mineur «*l'individu de l'un et de
« l'autre sexe qui n'a point encore l'âge de vingt-un
« ans accomplis.*

« Or, qu'arrivera-t-il, si l'individu dont il s'agit de
« déterminer l'état de minorité ou de majorité est un
« individu auquel l'art. 388 est inapplicable?-C'est qu'il
« faudra remplacer cet article par la disposition cor-
« respondante de la loi civile à laquelle est soumis cet
« individu.

» Ce sera appliquer, en matière pénale, sa loi ci-
« civile, mais non violer notre loi pénale, notre arti-
« cle 354;—ce sera, au contraire, respecter ce texte, car
« il ne contient pas la définition de l'état de minorité
« et s'en réfère, pour cette définition, à la loi civile.

« Toute autre serait la solution, si l'article 354 pu-
« nissait l'enlèvement de toute personne âgée de moins
« de vingt-un ans, au lieu de punir l'enlèvement de
« mineur;— en ce cas, en effet, il n'y aurait à établir
« qu'une question de fait, l'âge de la victime, non une
« question de droit, sa situation juridique de majeure
« ou mineure.

«Ainsi, à notre avis, du moins, c'est commettre une
« véritable erreur que refuser, en matière pénale, de
« prendre en considération la majorité indoue, majo-
« rité qui est déterminée par une loi civile que nous
« nous sommes engagés à respecter à l'égal de la
« notre......»

(1) *Voir la note précédente, page* 176.

a dit:—«La loi civile seule peut déterminer
« *l'état de minorité* de la victime, la loi pé-
« nale ne le définissant pas. Or, que doit-
« il advenir, si l'individu dont il s'agit de
« déterminer l'état de minorité ou de majo-
« rité est un individu auquel l'article 388
« du Code civil est inapplicable, *comme un*
« *indou gentil ou maure?*— Ne faudra-t-il
« pas remplacer cet article par la disposi-
« tion correspondante de la loi civile à la-
« quelle est soumis cet individu?»

Au premier abord, la théorie est séduisante;—mais que de difficultés pour ne pas
dire que d'impossibilités dans l'application!!

La loi pénale française,—on le sait,— n'a
point distingué dans l'article 354 (comme
elle a fait ailleurs) entre les mineurs de 11,
de 16, de 18 et de 21 ans. Elle s'applique à
tous les mineurs, quelque soit leur âge. Elle
embrasse les mineurs des deux sexes.— (1)

Il est d'abord évident que, si nous voulons
appliquer, en cette matière pénale, la loi
civile des indous, nous devrons *distinguer*
entre les deux sexes. La loi civile des indous
qui dispose que la minorité de l'indou (mâle)
cesse à 16 ans révolus—(dans les pays qui
suivent la doctrine de Bénarès)—n'assigne
aucune limite à la minorité de l'indoue (femme).— *Celle-ci est toujours mineure.* Jeune
fille, elle est sous l'autorité de ses parents;
femme sous l'autorité de son mari; veuve
sous l'autorité de son beau-frère ou de son
fils aîné, s'il est majeur.

---

(1) A. Chauveau et Faustin Hélie. *Théorie du*
Code Pénal, Tome IV. p. 457.

Il faudra ensuite distinguer entre les indous mâles *du Sud* et ceux du *Nord*. Car, au
Bengale (à Chandernagor notamment) la majorité est fixée à 15 ans révolus.

Tel détournement de mineur (male) qui
sera poursuivi à Pondichéry—ne devra pas
l'être à Chandernagor.

Et, quant à l'enlèvement de *mineure*, il sera
toujours un crime, quelque soit l'âge de la
victime, fut-elle âgée de 40 ans, de 50 ans.
—Est-ce admissible?

Voilà pour les *Indous.*

Mais il faut considérer également la situation, au point de vue des *Musulmans*.

Nous répèterons qu'en l'absence d'un
texte du Koran et des Hédith, les auteurs ont
diversement déterminé l'époque de la ces-
sation de la minorité chez les Mahométans.

D'après Baillie, un des auteurs les plus
estimés qui aient écrit sur le droit mahométan, Puberté est majorité.

Ici, encore, il faudra distinguer entre les
garçons et les filles.

Les garçons seraient—(je l'accepterais, si
l'on veut, en l'absence des signes non équi-
voques de la puberté)—majeurs à 16 ans
dans nos Etablissements—avec cette restriction que cette date n'ayant rien d'invariable (*Voir, plus haut, n° 4*) l'état de majorité
ou de minorité dépendrait surtout du développement intellectuel et moral de l'individu (??) Mais les filles musulmanes?

La *nubilité* chez elles est, d'après la plupart des auteurs et la Cour de Pondichéry,
le signe de la majorité. Or, d'après Prideaux
(*Voir p. 44 de nos Leçons de droit musulman, à*

la note) dans les pays chauds d'Arabie et des Indes, les filles sont nubiles (*par conséquent majeures*) à 8 ans et accouchent l'année d'après et, d'après LAUGIER DE TASSIS, on voit dans les royaumes d'Alger enfanter à 9, 10 et 11 ans.—(*Toutes majeures!*)

Dès 8 ans, il serait permis de les détourner, sans que la justice ait à intervenir? (1)

Voilà pourtant à quelles conséquences aboutirait la théorie plus haut rapportée. Les exposer c'est montrer combien décevant serait le système proposé et à quelles iniquités il conduirait.

Une autre inconséquence du système proposé saute aux yeux: Si l'on admet qu'en matière de *détournement de mineur* c'est là loi civile des indous qui doit leur être appliquée et non celle des Français qui fixe la fin de la minorité à 21 ans, il faudrait donc au cas où un mineur *non renonçant* serait détourné à 17 ans, laisser son ravisseur

---

(1) La Cour Criminelle de Yanaon vient de condamner à 2 années d'emprisonnement un indien qui avait enlevé, avec son consentement, une jeune musulmane à peine âgée de 12 ans. Elle était nubile depuis trois ou six mois.—Elle avait attendu sa nubilité et s'était donnée à son amant trois jours après; puis avait quitté la maison de son père pour aller suivre son amant sur le territoire anglais.—Lorque le père et la mère de cette fille sont venus demander à la police la répression de cet attentat commis contre leur autorité, celle-ci devait-elle leur répondre: Votre fille est elle nubile?— Oui. Donc elle est majeure.- L'art. 354 du Code pénal ne protège que les mineures; — je ne puis rien pour vous. Retirez-vous?— *Oui*, si on adopte la Théorie de M. SAUVEL.—*Non*, si l'on suit la doctrine de M. LAUDE. et la mienne, s'il m'est permis de me nommer.

impuni—et, au cas où le même mineur *re-
noncerait à son statut personnel*, à 18 ans, punir la même personne, qui l'aurait détourné
une seconde fois, à 19 ans—je suppose?-L'espèce manque peut être de vraisemblance;
mais elle n'est pas impossible et cela suffît à
démontrer qu'il faut s'attacher à la doctrine
prévoyante et sage de M. N. LAUDE ainsi
qu'à l'article 5 du Titre III de l'ARRÊTÉ DE
RÈGLEMENT du 27 Janvier 1778, qui dispose que:
« TOUTES LES AFFAIRES CRIMINELLES DONT LA
« CONNAISSANCE APPARTIENDRA AU LIEUTENANT
« CIVIL SE TRAITERONT SUIVANT LES LOIS DU RO-
« YAUME DE FRANCE (*sans distinction*) ET NON
« SUIVANT CELLES DES MALABARS QUI, A CET ÉGARD,
« ONT TOUJOURS ÉTÉ REJETÉES. »

Cette doctrine a été soumise d'ailleurs, au
contrôle de la Cour de cassation tout récemment. (*Affaire Sinnassamypoullé de Karikal.*) Voici la réponse de la Cour suprême,
qui— malheureusement—n'est pas conclu-
ante: (1)—« Sur le quatrième moyen tiré de
« la violation de l'art. 354 du Code pénal, de
« l'article 5, titre 3 de l'arrêté du 27 Jan-
« vier 1778 et de l'article 3 de l'arrêté du
« 6 Février 1819;— Attendu que cette ques-
« tion n'a point été soulevée devant la Cour
« criminelle de Karikal; qu'aucunes conclu-
« sions n'ont été déposées dans ce cens;—

---

(1) Ce qui n'a pas empêché cependant un journal
d'écrire dans l'exposé sommaire dudit arrêt (7 Mai
1886) que: «*Dans la même colonie, en matière de dé-
« tournement de mineure, l'état de majorité ou de mi-
« norité de la victime doit être établi d'après la loi
« indoue,* SI CETTE VICTIME EST UNE NATIVE.

« Qu'après la lecture des réponses aux
« questions de fait, l'accusé, de ce inter-
« pellé, a déclaré n'avoir rien à dire; qu'il
« en a été de même dans l'instruction sui-
« vie contre *Sinassamypoullé* ; que la cham-
« bre des mises en accusation n'a pas été
« non plus saisie de cette question préjudi-
« ciable; qu'il n'est pas d'ailleurs établi que
« la fille Soraname fût soumise où fût restée
« soumise aux coutumes des castes indoues;
« qu'il n'est pas même établi que, dans la
« caste à laquelle sa famille a pu appartenir,
« la majorité des filles commençât à l'âge de
« 16 ans; que, dans ces circonstances, la
« Cour Criminelle de Karikal n'avait point
« à se prononcer sur des questions qui ne
« lui étaient pas soumises et que, dès lors,
« son arrêt échappe à la censure de la Cour
« de Cassation. » (*Du 7 Mai 1886.*) (1)

CHAPITRE DEUXIÈME.

DE LA TUTELLE.

OBSERVATIONS PRÉLIMINAIRES.

SOMMAIRE.

10. Le législateur arabe a marqué dans des textes
nombreux l'intérêt qui lui inspirait le sort des orphelins.

---

(1)Après avoir lu les *considérants* auxquels ce journal
fait allusion, il n'est pas un homme compétent qui ne
reconnaisse que l'interprétation de ce journal est évidemment *excessive*, et que la Cour de Cassation n'a pas,
en principe, tranché la question dont s'agit. /.

11. Mais il n'a pas règlementé l'exercice de la tutelle.

12. Résultat de cette lacune.

13. Situation des musulmans de l'Inde française, au point de vue de la tutelle.

10. Le législateur qui, dans le KORAN, ne cesse pas de témoigner son intérêt pour le faible en général ne pouvait manquer d'édicter en faveur des orphelins des commandements tutélaires. Ils sont nombreux.

—« Sur le monde et sur l'autre, ils t'interrogeront sur les orphelins; dis leur: « —*Leur faire du bien est une belle action.*» (1)

« —Restituez aux orphelins devenus majeurs leurs biens; ne substituez pas les « mauvais de vos biens aux bons qui leur « appartenaient.--Ne consumez pas leur hé- « ritage en le confondant avec le votre.— « C'est un crime énorme.» (2)

«—« Gardez-vous de consumer les biens « des orphelins par la prodigalité.» (3)

« Ceux qui dévorent iniquement l'héri- « tage des orphelins *introduiseut le feu dans* « *leurs entrailles et seront un jour consumés par* « *les flammes ardentes.*» (4)

11. Mais, à ces préceptes d'un ordre plutôt moral que positif, s'arrête la sollicitude de Mahomet; il recommande aux tuteurs le désintéressement et les menace de peines terribles, s'ils ne suivent pas ses commandements.

---

(1) KORAN: *Chap. II. Vers.* 218.
(2) KORAN: *Chap. IV Vers.* 2.
(3) KORAN: *Chap. IV. Vers.* 5.
(4) KORAN: *Chap. IV. Vers.* 11.

12. Le résultat de ce défaut de règles positives sur les droits et devoirs des tuteurs ne pouvait manquer de se faire sentir, en présence de l'astention de la jurisprudence qui n'a pas osé aller plus loin que le prophète.—Au mépris du *vers.* 2. du *Chap.* IV. du KORAN, les tuteurs confondent journellement leur héritage avec celui des mineurs et, administrant, sans contrôle, les biens de ces derniers, s'enrichissent scandaleusement à leurs dépens.

Voilà-du moins - ce qui se produit dans la plupart des pays musulmans, notamment dans le nord de l'Afrique. (1)

13. Telle n'est pas, hâtons-nous de le dire, la situation des musulmans de l'Inde française.—Comme les indous, ils reconnaissent, en *matière de tutelle*, la supériorité de notre Code civil; (2)et, pour tout ce qui n'a pas été réglé par le droit mahométan, c'est la loi française qui est suivie.

(1 PHARAON ET DULAU: *Dr. civ. musulm. p. p.* 99 *et* 100.

2 A. EYSSETTE. *Droit musul. Tome II, p.* 203 *à la note.*—M. A. EYSSETTE y renvoie à la *note*, sous l'arrêt 23, T. I, où on lit:— « Que nos lois sur la tutelle ont été définitivement acceptées par les Indous « et qu'elles sont pratiquées, en tout ce qui n'est pas « inconciliable avec leurs principes.— Ils ont reconnu « l'insuffisance de leur loi qui avait placé les mineurs « sous la protection du souverain, sans organiser le « mode suivant lequel s'exercerait cette protection et « qui ouvrait ainsi un vaste champ à l'arbitraire......» —On peut en dire autant des musulmans.—

24

SECTION II.

DES DIVERSES ESPÈCES DE TUTELLE.

SOMMAIRE.

14. Il existe, d'après le droit musulman, trois espèces de tutelle:

1° La tutelle *légitime;*
2° La tutelle *testamentaire;*
3° La tutelle *déférée au Kazi.*

I.

De la Tutelle légitime.

15. On sait, en droit français, qu'aussitôt que la tutelle est ouverte, par la dissolution du mariage, elle est déférée, *de plein droit*, au survivant des père et mère.

Il n'en est pas ainsi en droit musulman, du moins, d'après le rite *Hanafite*.

16. La veuve, en effet, n'est pas tutrice *légitime* de ses enfants mineurs, comme en droit français. (1)

17. Au décès du père, dit M. A. EYSSETTE, la tutelle passe au frère aîné du mineur (2) et, s'il est mineur lui même, au frère du défunt; à son défaut, au plus âgé des collatéraux dans la ligne paternelle.

18. Nous constatons que cet ordre n'est pas absolument celui donné par MACNAGHTEN qui s'exprime ainsi, sur ce point :

« Les tuteurs sont naturels ou testamen-
« taires; ils sont proches ou éloignés. De la
« première catégorie sont le père, le grand

---

(1) « D'après BAILLIE, la tutelle légitime ne peut
« être conférée qu'aux ascendants paternels.—D'après
« le *Hédaya*, au contraire, la mère et les aïeuls mater-
« nels peuvent également être élevés à la tutelle. Seu-
« lement, si la mère ou une aïeule se trouve tutrice, il
« lui est adjoint un conseil chargé de la diriger dans
« tous les actes de la tutelle; de plus, les femmes ne
« sont jamais forcées d'accepter la qualité de tutri-
« ce .... » (PHARAON ET DULAU p. 101.—)

(2) *Jurisprudence en droit musulman* T. II. p. 79.
Contrairement à tous les auteurs qui, à la mort du

« père paternel.... de la seconde, les parents
« paternels plus éloignés. » (1)

19. PHARAON ET DULAU désignent comme
tuteurs légitimes des enfants mineurs, en
droit musulman, au premier rang, les ascendants paternels; à leur défaut, les ascendants
maternels. (2)

II.

De la tutelle testamentaire.

20. Le terme *"testamentaire"* est trop ex-
exclusif; car nous traitons sous cette rubrique de la tutelle déférée par le père, soit
dans un testament, soit dans tout autre acte,
soit par une simple déclaration faite au *Kazi*
par devant témoins.——

21. Au nombre des personnes qui peuvent être chargées par le père de la tutelle
de ses enfants mineurs, il faut noter la mère.

22. Elle peut également être autorisée
par le Kazi à gérer la tutelle de ses enfants
mineurs, mais il lui est toujours adjoint,
propter sexus infirmitatem, un conseil ou co-tu-

père, enseignent que la tutelle légitime appartient au
grand père du mineur et, d'une manière générale,
aux ascendants paternels, l'éminent arrétiste omet absolument ces derniers. Estime-t-il qu'ils ont dû avoir
disparu? Et les ascendants maternels exclus également?
Il est vrai que M. A. Eyssette nous a prévenus qu'il
en est ainsi, d'après le rite *Hanafite*. Il est regrettable
qu'il ne nous ait pas initié aux sources où il a puisé
l'ordre de tutelle qu'il indique.

(1) *Principles and Precedents of Moohummudan
law, p.p.* 63.64....

(2) *Droit civ. musulman p.* 102.

teur chargé de la guider dans son administration et qui est responsable de tous les actes de la tutelle avec elle.— La mère peut donc être tutrice *testamentaire* et *dative*, mais jamais tutrice LÉGALE.

23. Ce droit d'être autorisé à exercer la tutelle de ses enfants mineurs, la mère le perd, si elle se remarie;— mais ce droit renaît en elle, si elle redevient veuve. (1)

III.
De la tutelle déférée au Kazi.

24. A défaut de tuteur légitime et de tuteur testamentaire, le Kazi est tuteur de droit; mais il n'exerce pas ses fonctions par lui même; il les délègue le plus généralement; il se *substitue*—pour me servir de l'expression de M. A. EYSSETTE—*un tiers dont il répond, pour gérer et administrer*.

25. Pour exercer les fonctions de tuteur, il faut être musulman—en outre—sage, intelligent, probe et religieux.

Ces fonctions sont gratuites et obligatoires; toutefois, on peut se faire excuser, en démontrant qu'on est dans l'impossibilité de gérer et d'administrer la personne et les biens du pupille.

En cas d'indignité ou d'incapacité d'un tuteur, il y a lieu à sa révocation.—PHARAON ET DULAU enseignent que tout musulman peut attaquer un tuteur *comme suspect.*—Seulement, ils se hâtent d'ajouter que, si le de-

---

(1) MACNAGHTEN—p. 63.

mandeur succombe dans son action, il est condamné à la bastonnade.

26. La destitution n'est pas la seule sanction à l'improbe gestion du tuteur; il est condamné à restituer au pupille tous les biens dont il l'a frustré, à l'indemniser des détoriations survenues à ses biens—enfin, il est noté d'infamie et déclaré incapable d'exercer les fonctions publiques.

27. En cas de vacance, pour une cause quelconque, dans une tutelle, c'est le Kazi qui est chargé de procéder au choix d'un nouveau tuteur.

28. Le tuteur a une grande liberté d'action dans sa gestion de la tutelle. Il administre tous les biens du mineur et peut faire tous les actes qui sont avantageux à ce dernier. (1)

Les dettes qu'il contracte pour les besoins urgents de l'éducation et de l'entretien de son pupille doivent être payées par le pupille, dès qu'il atteint sa majorité.

Le mineur, dans tous les actes qu'il est incapable de faire, comme: de se marier, de

---

(1) On lit dans le KORAN: *Chap. VI. vers.* 153:—
« Ne touchez point au bien de l'orphelin, *si ce n'est*
« *en bien,* et, ce, jusqu'à l'âge de puberté....» et, *Chapitre* XVII, *vers.* 36:— « Ne touchez point aux
« biens de l'orphelin, *à moins que ce ne soit d'une ma-*
« *nière louable,* pour les faire accroître, jusqu'à ce
« qu'il ait atteint l'âge fixé...»—*Chap.* IV, *Vers.* 6.
« —Que le tuteur riche s'abstienne de toucher aux biens
« de ses pupilles. *Celui qui est pauvre ne peut en user*
« *qu'avec discrétion* »

divorcer, d'affranchir un esclave, d'emprunter, de prêter, de s'obliger d'une manière quelconque et qui ne lui serait pas manifestement avantageuse, a besoin du consentement de son tuteur.

Mais, il pourrait seul recevoir une donation et faire tous les actes qui lui sont clairement profitables.

29. Un tuteur n'a pas la liberté de vendre un bien immeuble du mineur, sauf dans les sept cas suivants:—

1° Quand il peut obtenir le double de sa valeur;

2° Lorsque le mineur n'a pas d'autre bien et que la vente de l'immeuble est absolument nécessaire pour son entretien.

3° Lorsque le père du mineur est mort lui léguant des dettes qui ne peuvent être payées que par la vente du dit bien immobilier.

4° Lorsque le testament du *de cujus* contient des dispositions qui ne peuvent être réglées que par la vente dudit immeuble.

5° Lorsque les revenus de l'immeuble sont insuffisants pour compenser les dépenses du possesseur.

6° Lorsque le bien se trouve en péril d'être détruit.

7° Lorsqu'il a été usurpé et que le tuteur a de fortes raisons de craindre qu'il n'y ait aucune chance de juste restitution. (1)

---

(1) C'est l'opinion de MACNAGHTEN:—p. 64. Mais PHARAON ET DULAU estiment que le tuteur peut aliéner les biens de pupille, sans le consentement de celui-ci, *quand il le juge convenable.*

30. La tutelle prend fin:

1° Par la majorité du pupille.

2° Par la mort du tuteur;—mais le Kazi a le devoir aussitôt de choisir un autre tuteur.

3° Par la mort du pupille.

4° Par la perte de la qualité de musulman.

5° Par l'incapacité ou l'indignité du tuteur;—il doit être immédiatement remplacé par le Kazi.

Le mariage affranchit les femmes de la tutelle.

31. A la fin de la tutelle, le tuteur doit rendre ses comptes au pupille et, ce, en présence de témoins.—C'est la règle écrite dans le *Chap*. IV du Koran, *Vers*. 7: «Au mo-
« ment où vous leur remettez leurs biens,
« faites vous assister par des témoins.—
« Dieu vous tiendra compte de vos actions
« et cela vous suffit.—»

CHAPITRE TROISIÈME.

DE L'EMANCIPATION.

SOMMAIRE.

32. Ce qu'il faut entendre par *Emancipation* chez les musulmans.

33. Différence de l'émancipation en droit mahométan et en droit français.

34. Elle est *tacite* quand elle émane du père;—*expresse* quand elle émane du tuteur.

35. Procédure de *l'émancipation*.

32. On sait ce qu'il faut entendre,—d'après ce que nous avons dit sous le n° 4, page 74—, par l'EMANCIPATION, en droit musulman.— Monsieur EYSSETTE l'appelle la *troisième* majorité:

La majorité qui donne la capacité civile générale se produit—on s'en souvient—chez les musulmans de l'Inde (rite *Hanafite*) à 16 ans—à moins que le mineur ne paraisse à son père ou à son tuteur inapte encore à gouverner lui et ses biens.—Le législateur autorise alors le père et le tuteur à ajourner le temps où il lui remettra l'exercice de ses droits—c'est par l'émancipation que se fait cette remise.

33. A la différence de ce qui se passe en droit français, l'émancipation, chez les maho- métans, retarde la majorité et la suit, au lieu que, chez nous, elle la précède toujours.

34. Le père n'a pas besoin d'un acte *ex- près* pour émanciper son fils; il lui suffit de le laisser—sans protestation—gérer sa per- sonne et ses biens.—Le tuteur, au contraire, d'après M. A. EYSSETTE, devrait manifester *expressément* sa volonté, soit dans un acte passé devant le Kazi, soit devant témoins. Dans les deux cas, il faut reconnaitre que les tiers ne sont guère garantis contre les fraudes qui pourraient être concertées entre le père et le fils, entre le tuteur et le pu- pille.

35. Quoi qu'il en soit, lorsque le fils ou le pupille pensent que leur minorité a duré plus longtemps que de raison, ils peuvent en appeler aux tribunaux de la prétention

de leur père ou tuteur de leur refuser l'e-
xercice de leurs droits de majeurs.—

Les juges prennent l'avis du Kazi—si lui
même n'est pas tuteur—et, statuant après, ou
sans enquête, comme en matière sommaire,
prononcent, si la demande leur paraît justifiée, *l'émancipation* du demandeur. (1)

---

(1) A. EYSSETTE *Dr. musulman.* T. II. p. 22.—
Le judicieux arrétiste examine aussi la question de
savoir si le père qui n'a pas encore émancipé son fils
peut, par testament, à son lit de mort, lui nommer un
tuteur jusqu'à l'âge de 24 ans — par exemple—et il répond que tout dépend de l'état intellectuel et moral du
fils.—S'il est établi, après enquête, que le père a eu
raison de prendre des précautions contre la légèreté
et l'inexpérience de son fils, la clause sera maintenue
par les tribunaux—sinon, elle sera annulée ou émen-
dée. Cette solution s'impose, car comme dit, M. A. EYS-
SETTE,—«Il est évident que la volonté du père ne sau-
« rait être plus puissante, après son décès, que lui vi-
« vant.— Il n'est pas moins évident que la justice
« n'est pas tenue de sanctionner des insanités par un
« respect mal entendu de l'autorité paternelle.»

FIN

DE L'EMANCIPATION,

ET

DE LA PREMIÈRE PARTIE DES LEÇONS

DE DROIT MUSULMAN.

DEUXIÈME PARTIE.

DES SUCCESSIONS.

OBSERVATIONS PRÉLIMINAIRES.

—«:»—

SOMMAIRE.

1. Importance que Mahomet attache à l'étude des lois concernant les Successions.

2. La loi naturelle et sociale lui en faisait d'ailleurs une obligation.

3. Comment l'hérédité a passé de la loi naturelle dans la loi positive.

4. L'hérédité dépend-elle des principes de la loi naturelle?—Non, d'après Montesquieu.

5. Un point semble cependant avoir été admis par tous les peuples:—C'est que l'hérédité a été établie en vue de la famille.

6. Comment étaient réglées les successions des Arabes, avant la venue de Mahomet.

7. Efforts du prophète pour modifier les principes barbares qui régissaient cette matière.

8. Il ne donne pourtant pas aux femmes une part égale à celle des hommes.—Raisons de cette inégalité.

9. L'étude comparée des divers ordres d'héritiers chez les Arabes, les Indous et les Français est renvoyée aux *Chapitre troisième et suivants*.

10. Division du titre.

1. Mahomet a montré par ce verset: « *Apprenez les lois des successions et enseignez les aux autres,—car elles forment la moitié de la science des lois,*» toute l'importance qu'il attachait à cette partie du droit.

2. Il n'a fait que se conformer, du reste, sur ce point, à une sorte de nécessité de la loi naturelle et sociale. Tous les législateurs, en effet, ont déterminé, avec le plus grand soin, les règles de l'hérédité.

3. Il n'est pas sans intérêt, en fixant les principes d'où découle, en général, le droit de succession, de rappeler comment l'hérédité a passé de la loi naturelle dans la loi positive.

Si nous nous plaçons au point de vue de l'état naturel, que voyons nous?—Ceci:— L'homme qui a vécu seul, sans associé, meurt. —Sa propriété passe au premier occupant.

Mais, s'il a une femme, des enfants, ou des associés, ceux ci recueillent, à sa mort, ses biens mis en valeur par leur travail commun.

D'où la conclusion que, dans l'origine, le droit de succéder a dû être circonscrit aux époux, aux enfants, aux co-propriétaires d'une chose commune.—Le droit de propriété ne s'est pas trouvé éteint et ressuscité, mais seulement continué.—Il semble bien que tel ait dû être l'ordre des successions, d'après le droit naturel.

4. Et, cependant, le droit positif dément cette hypothèse. L'hérédité a suivi toutes les fluctuations du droit politique;—ce qui a permis à MONTESQUIEU d'affirmer que l'ordre des successions ne dépend pas des principes du droit naturel, mais bien du droit politique ou civil.— «Le droit qu'ont les enfants de succéder à leurs pères n'est pas (ajoute le célèbre auteur *de l'Esprit des Lois*) une conséquence de la loi naturelle. La loi naturelle ordonne aux pères de nourrir leurs enfants, mais elle ne les oblige pas de les faire héritiers. »

D'où, la variété qu'on remarque dans la règlementation de l'ordre successoral chez les différents peuples;—chacun a obéi à son génie et aux nécessités de sa politique.

5. Il est toutefois un point sur lequel tous les peuples paraissent avoir été d'accord —c'est que le droit d'hérédité doit être établi en vue de la famille.

Il n'entre pas dans le cadre de ces études élémentaires de tracer un tableau comparatif des législations anciennes ou modernes, en matière d'ordre successoral. Notre tâche est plus modeste et j'ai hâte de revenir aux principes qui régissent l'hérédité musulmane.

6 Avant Mahomet, les successions des Arabes n'étaient règlées par aucune loi positive. (1) Les nécessités de la vie errante et guerrière que menaient ces peuples nomades avaient créé un état de choses en rapport avec elle. La propriété d'un arabe à sa mort était distribuée entre ses parents en état de porter les armes et de la défendre contre les envahissements des voisins.— Les vieillards, les femmes, les enfants étaient fatalement sacrifiés—exclus de la succession.—La situation des veuves était particulièrement déplorable. Elles faisaient partie de la succession de leur mari et les héritiers pouvaient disposer d'elles à leur gré.

7. Mahomet ne se méprit pas sur les difficultés de sa tâche et il dut appeler la religion à son secours, pour battre en brèche

------

(1) PHARAON ET DULAU p. 230.

un état de choses basé sur l'égoisme hu-
main et consacré par la coutume immémo-
riale.—«Quand les parents, les orphelins et
« les pauvres—(dit-il, dans le KORAN)—sont
« présents au partage, faites leur en avoir
« quelque chose et tenez leur toujours un
« langage doux et honnête.»(1)

On le voit, le législateur arabe prenait le
contre pied de la coutume, et sa prescription,
quoique d'ordre purement religieux, n'en fut
pas moins considérée comme une obligation
indispensable.

L'orphelin était sacrifié;—il commande la
protection de l'orphelin :

« Que ceux d'entre vous qui craignent de
« laisser des orphelins après eux, s'occu-
« pent des orphelins laissés par les autres—
« agissez envers ceux-ci comme vous seriez
« heureux qu'on agît envers les vôtres.»(2)

Les prescriptions favorables aux mineurs
abondent, d'ailleurs, dans le KORAN. — Elles
ont trouvé leur place naturelle au titre de
la *Tutelle*.— Ce n'est pas tout.

Pour relever les femmes de l'exclusion
dont elles avaient souffert jusqu'alors, le
législateur oriental a inscrit au frontispice
de son traité des successions:

« Les hommes doivent avoir une portion
« des biens laissés par leurs pères et mères
« et leurs proches; les FEMMES doivent aussi
« avoir une portion de ce que laissent leurs
« pères et mères et leurs proches. Que l'hé-
« ritage soit considérable ou de peu de va-
« leur, *une portion déterminée leur est due.* »

_____

(1) KORAN: *Chap. IV. Vers.* 9.
(2) KORAN: *Chap. IV. Vers.* 10.

8. La part des femmes ne sera pas cependant égale à celle des hommes. «Le «garçon doit avoir la portion de deux filles.»

L'égalité parfaite était-elle possible comme dans nos Codes occidentaux?—Evidemment non.—Le legislateur, tout en réhabilitant solennellement la femme, était bien forcé de faire cette concession à sa situation absolument inférieure dans l'organisation de la famille orientale.

Il ne faut pas négliger, non plus, ce fait, qui rétablit, en quelque sorte, l'égalité entre la femme et l'homme, que, dans le mariage musulman, l'homme paye une dot ou *Maher* à la femme,—tandis que, dans les pays de l'occident, c'est le mari qui la reçoit «*ad sustinenda matrimonii onera.*»

Et cette *dot* promise par le mari à la femme au moment du mariage, il faut qu'il la lui paye exactement. Le KORAN le prescrit d'une manière impérative: «Donnez aux femmes «leur *dot*, sans réserve, à moins qu'elles «n'aient été convaincues d'adultère.»—

Voilà donc la femme relevée de l'ostracisme où elle était reléguée; et classée parmi les héritiers.....ces héritiers qui pouvaient, avant Mahomet, disposer d'elle, à leur gré.

9. Ce serait une étude séduisante que la comparaison des divers ordres d'héritiers chez les Musulmans, chez les Indous et chez les Français; mais, outre qu'elle excèderait le programme modeste que je me suis imposé, les réflexions que peut inspirer cet examen comparé se présenteront naturellement quand nous examinerons, en son lieu, l'ordre des heritiers en droit musulman; nous ne négligerons pas alors d'indiquer, au fur et à mesure, les ressemblances et les dissemblances qui n'aîtront, on peut dire, sous nos pas.

Je dois me souvenir que, dans le cours de ces *leçons*, je me suis engagé, avant tout, à vous offrir un enseignement méthodique—clair—débarrassé, autant que possible, des développements sinon inutiles du moins encombrants.

Par les réflexions qui précèdent, d'ailleurs, vous avez pu vous rendre suffisamment compte de la révolution que Mahomet avait introduite au sein de la tradition suivie, de son temps, en matière de succession;—il s'agit maintenant d'étudier, en détail, les principes qui régissent cette matière importante.

10. Nous inspirant comme toujours, de la méthode suivie par le Code civil et de l'ordre dans lequel il a traité des diverses matières concernant les successions nous examinerons tour à tour :

1° L'ouverture des successions;

2° Les qualités requises pour succéder.

3° Les divers ordres de succession.

4° L'acceptation et la répudiation des successions.

5° Les successions vacantes.

6° Enfin le partage des successions.

CHAPITRE PREMIER.

DE L'OUVERTURE DES SUCCESSIONS.

SOMMAIRE.

11. Cas d'ouverture des successions en droit musulman.

12. MORT NATURELLE.— Modifications apportées aux art. 77 et 78 du Code civil par le décret du 24 Avril 1880.

13. Théorie des *Commorientes* en droit musulman.

14. DÉSERTION DE L'ISLAMISME.—Peine dont est passible le rénégat.—Effets de la désertion de l'islamisme.

15. ABSENCE PROLONGÉE.— Délais après lesquels s'ouvre la succession de l'absent.

16. Deux arrêts de la Cour d'appel de Pondichéry qui font l'application des règles relatives à ces délais.

11. Les successions, en droit musulman, s'ouvrent:

1° Par la mort naturelle.

2° Par la désertion de l'islamisme.

3° Par une absence prolongée.

I.

Mort naturelle.

12. Deux conditions sont indispensables pour qu'il y ait lieu à *hérédité*. Il faut:

1° Que la personne dont les biens sont à acquérir par succession soit morte;

2° Que la personne qui doit les acquérir par ce moyen— l'héritier— soit vivante. L'enfant conçu est considéré comme vivant, pourvu qu'il naisse viable.

La succession d'une personne (avons nous dit) s'ouvre à son décès. — De là, la nécessité de déterminer, avec exactitude, le moment précis de la mort.

Un décret en date du 24 Avril 1880 qui règlemente l'état civil des Indiens a déclaré applicable aux natifs, dans les Etablissements français de l'Inde, le titre II. du livre 1er du Code civil, sous certaines réserves.

L'art. 77 a été modifié comme suit:
« Aucune inhumation ou *incinération* ne
« sera faite sans une autorisation sur papier
« libre et sans frais de l'officier de l'état civil,
« *ou des agents désignés par le Gouverneur*,
« ils ne pourront la délivrer qu'après s'être
« transportés auprès de la personne décé-
« dée pour s'assurer du décès (1) et que *douze*

---

(1) Cette disposition du décret du 24 Avril 1880 a rencontré dans la pratique des difficultés sérieuses de la part des musulmans, qui entourent (on le sait) leurs morts d'un culte tout spécial.—Voici quelques renseignements que nous avons provoqués relativement à l'enterrement des morts *dans cette caste*—pour parler le langage des arrêtés locaux:«—Quand un « musulman vient à mourir, ses co-religionnaires au- « torisés par ses proches lavent le cadavre, suivant les « rites, lui font prendre l'habillement appelé *Cafane*, « le transportent et procèdent à son enterrement, « après récitation des prières.—Les musulmans ont « seuls le droit d'aborder le cadavre avant son in- « humation (ALCORAN *vol.* 18, *Chap.* 2 appelé NOUR).» « Si c'est une femme qui vient à décéder, les mu- « sulmanes, sauf celles qui sont impures, abordent le « cadavre. Autorisées par ses proches, elles le lavent, « le revêtent de l'habillement *Cafane*. Indépendam- « ment des femmes musulmanes, peuvent s'approcher

« *heures* après le décès, hors les cas prévus
« par les règlements de police.»

On y a ajouté la disposition suivante:—
« — *Les agents chargés de delivrer les per-*
« *mis adresseront à l'officier de l'état civil, dans*
« *les quarante huit heures, un état des permis dé-*
« *livrés par eux.—Ces permis seront conservés*
« *et annexés aux registres de l'état civil.*

L'art. 78 a été modifié comme suit:
«—*La déclaration de décès devra être faite dans*
«*les huit jours.* Elle sera dressée par l'offi-
«cier de l'état civil sur la déclaration de deux
«témoins. Ces témoins seront, s'il est possi-
«ble, les deux plus proches parents ou voi-
«sins, ou, lorqu'une personne sera décédée
«hors de son domicile, la personne chez la-
«quelle elle sera décédée et un parent ou
«autre.»

La disposition suivante a été ajoutée au
dit article, à titre de sanction des règles locales ci dessus prescrites:—«*Le défaut de dé-*
«*claration par ceux qui auront sollicité le permis*
«*d'inhumation ou d'incinération sera passible de*
« *quinze jours de prison et de cent francs d'a-*
«*mende ou de l'une de ces deux peines seulement.*

« du cadavre les enfants, le père, les oncles paternels
« et maternels, les grands-pères, les frères de la dé-
« funte et les prêtres ou gourous. *Les étrangers ou*
« *étrangères à la religion musulmane et tout autre*
« *musulman qui ne serait pas parent de la défunte à*
« *un des dégrés ci-dessus relatés, ne seront admis ni à*
« *s'approcher du cadavre* NI MÊME A LE VOIR. L'en-
« terrement et la récitation des prières se font comme
« pour les hommes (ALCORAN *vol.* 10 *Chap.* 1er: dit
« Bagara).—*Tel est l'usage en vigueur dans toutes les*
« *contrées habitées par les musulmans.*» Signé: BAN-
« DÉSAHEB.

En ce qui concerne les natifs décédés en pays étranger, les actes de décès peuvent être transcrits sur les registres de l'état civil par l'officier de l'état civil du dernier domicile du décédé ou, si ce domicile est inconnu, par l'officier de l'état civil spécialement désigné par le Gouverneur pour procéder, dans ce cas, aux inscriptions.

13. Lorsque deux personnes appelées à se succéder réciproquement périssent dans un même évènement et qu'on ignore laquelle est morte la première, il est présumé—d'après une certaine doctrine—que la plus jeune a survécu à la plus âgée. Mais *d'après l'opinion la plus accréditée et la plus suivie*, il est présumé que la mort de toutes deux a eu lieu simultanément. Dès, lors aucune d'elles n'a succédé, puis qu'aucun d'eux n'a survécu—(*non videtur alter alteri supervixisse, cum simul decesserint*).—La succession de chacune d'elles passe à ses héritiers survivants comme si l'héritier intermédiaire qui est mort en même temps n'avait jamais existé.

On trouve cité dans les ouvrages musulmans l'exemple suivant de cette règle:—A, B et C sont grand-père, père et fils. A et B périssent en mer, sans qu'aucune circonstance de leur mort soit connue. Dans ce cas, si A a d'autres fils que B,—C n'héritera pas; par la raison que la loi musulmane ne reconnaît pas *le droit de réprésentation* et que les fils excluent les petits fils. (1).

_____

(1) M. CHRISTIAN, dans une note sur les *Commentaires* de BLANCKSTONE a rapporté, dans les termes suivants, à ce sujet, cette question qui était encore

L'officier de santé chargé de constater à Pondichéry les décès des natifs s'est vu, par les considérations plus haut rapportées, refuser l'entrée de plusieurs maisons mortuaires de musulmans. Le maire, jusqu'à nouvel ordre, a confié au Kazi le soin de cette constatation. Pour les hommes, il est permis de croire que cette constatation est sérieuse—mais pour les femmes?—Il faudrait en charger une *sage femme*...Le respect des *us et coutumes* de nos nationaux enchaîne notre liberté....

II.
Désertion de l'islamisme.

14. Le renégat ou *murtedd* est passible de la peine de mort, à moins qu'il ne revienne à l'islamisme. Sa succession s'ouvre, dès son abjuration, au profit de ses héritiers *croyants* et, à leur défaut, du *beit-ul-mol*

---

agitée de son temps:— Un père et son fils périssent dans le même évènement, sans qu'on puisse savoir lequel est décédé le premier. C'est une règle de la loi civile, concède M. Christian de présumer que le fils a survécu à son père.— Il ajoute cependant:—«Mais j'inclinerais à penser que nos cours devraient exiger plus et mieux qu'une présomption d'évidence pour trancher une question de cette gravité.

Autre espèce curieuse.

Un père et un fils sont tués ensemble dans une bataille et, le même jour, la fille embrasse la profession de religieuse. La mort civile de celle-ci est considérée comme ayant précédé la mort violente de son père et de son frère. Et le frère ayant alors atteint l'âge de puberté doit être présumé avoir survécu à son père;— c'est du droit anglais, et non du droit musulman.

chez les *Hanafites;*—chez les *Schafiites*, qu'il laisse ou non des héritiers, la succession d'un *murtedd* écheoit au *beit ul mol.*

S'il a échappé à la mort par la fuite, il ne peut jamais hériter d'un musulman. (1)

III.

Absence prolongée.

15. Nous avons dit (Titre du mariage— CHAP. IV. *Section* III) que l'absence prolongée du mari ou sa disparition était une cause de dissolution du mariage, en droit musulman;—que la femme pouvait, dans ce cas, obtenir de se remarier, après un certain délai.

Seulement, ce délai varie suivant qu'on appartient à la secte *Hanafite*, à la secte *Schafiite*—ou à la secte *Schiite*.

Ce délai est de 100 ou 120 ans d'après les disciples d'*Hanifa*. Les *Schafiites* laissent au Kazi la fixation discrétionnaire de ce délai. Les *Schiites* fixent quatre ou dix ans.

Une absence prolongée, cause de dissolution de mariage, est également une cause d'ouverture de succession.

D'après Sirajiyah et *Bailie*, pour qu'il y ait lieu, dans ce cas, à l'ouverture de la succession d'un musulman, il faut que, depuis la naissance de la personne absente et dont on n'a plus de nouvelles, il se soit écoulé 90 ans ou que l'âge de l'absent soit assez avancé pour que l'on puisse *raisonnablement croire à sa mort.*

---

(1) La mort civile résultant du changement de religion a été abolie chez les anglais par l'acte XXI de l'année 1850.—Cette cause d'ouverture des successions a disparu également dans nos possessions françaises de l'Inde.

La Cour d'appel de Pondichéry a été appelée à faire l'application de ces règles dans
deux arrêts en date des 3 Septembre 1870
et 16 Mars 1872.

Rappelons les circonstances *de fait* du procès terminé par ces deux décisions:— Un
sieur Madarsaëb Marécar (de Karikal)
avait—pour avoir paiement d'une somme de
500 pagodes à l'étoile à lui dûs par les sieurs
Ponnatchy et consorts—fait pratiquer, le 7
Mai 1838, une saisie arrêt entre les mains du
greffier du Tribunal de Karikal, alors dépositaire de sommes et de bijoux appartenant
à ses débiteurs.— Par jugement en date du
30 Juin 1838, le Tribunal avait condamné
Ponnatchy et consorts à payer solidairement
à Madarsaëb Marécar la somme réclamée et
validé la saisie arrêt pratiquée par ce dernier.

A la date du 13 Décembre 1860, le sieur
Miran Lévé Marécar—agissant comme frère
et héritier dudit Madarsaëb Marécar,—re-
nouvela la dite saisie arrêt ès mains du greffier du Tribunal de Karikal et forma, à son
tour, une demande en validité devant le dit
tribunal.—Par jugement du 24 Aout 1861, le
Tribunal de Karikal refusa de valider cette
saisie arrêt, s'appuyant sur ce que le saisissant ne rapportait pas la preuve du décès du
dit Madarsaëb Marécar.—Appel ayant été relevé de ce jugement, la Cour l'infirma par les
considérants qui suivent:

« Attendu que Madarsahëb Marécar a disparu de-
« puis fort longtemps de Karikal et n'a jamais donné
« de ses nouvelles; que sa mort peut donc être con-
« sidérée comme probable;

« Attendu, d'un autre côté, que les intimés recon-
« naissent devoir la somme réclamée et ne contestent

« pas à l'appelant la qualité d'héritier de Madarsahëb
« Marécar;

« Qu'il n'appartenait pas au premier juge, dans ces
« circonstances, d'infirmer la saisie-arrêt en question;
« qu'il devait simplement surseoir à statuer sur sa
« validité et renvoyer Miran Lévé Marécar à faire dé-
« clarer l'absence de son frère ou à fournir la preuve
« de son décès;

« Que l'appel du dit Miran Lévé Marécar doit donc
« être accueilli comme fondé;

« Attendu que les intimés ne comparaissent pas ni
« personne pour eux, quoique régulièrement assignés;»

« Par ces motifs, la cour, après en avoir délibéré,
« statuant sur l'appel interjeté par Miran Lévé Maré-
« car du jugement rendu par le Tribunal de première
« instance de Karikal, en date du 24 Août 1861,

« Donne défaut contre les intimés non comparais-
« sant ni personne pour eux — Infirme le dit juge-
« ment, en ce qu'il a annulé la saisie-arrêt pratiquée à
« la date du 13 Décembre 1860;—Déclare l'appelant
« non recevable, quant à présent, dans sa demande en va-
« lidité; le renvoie,—la saisie-arrêt tenant,—à justifier
« de l'absence ou du décès de Madarsahëb Marécar; lui
« accorde, à cet effet, un délai de six mois;—Dit que, ce
« délai passé, il sera déclaré non recevable et mal fondé
« en toutes ses demandes, fins et conclusions; condamne
« les intimés aux dépens d'appel, ceux de première
« instance demeurant résrvés; commet l'huissier Vay-
« tinaden pour la signification du présent arrêt. »

Se conformant à cet arrêt, Miran Lévé
Marécar fit, le 18 Novempre 1870, dresser,
par devant le tabellion de Karikal, un acte de
notoriété dans lequel le Kazi les Chefs et notables *de la caste Choulia* vinrent déclarer que
Madarsahëb Marécar, dont il était héritier
avait quitté Karikal, *il y a environ* 30 *ans;*
que, depuis, on n'avait pas eu de ses nouvelles;
qu'à l'époque de sa disparition, il était déjà âgé
de 70 *ans,* ce qui lui donnerait, s'il vivait en-

core, *cent ans environ*; et qu'enfin, suivant la
législation mnsulmane, un homme absent,
âgé plus de 96, ans devait être considéré
comme mort.

Cet acte de notoriété fut présenté à l'homologation du Tribunal de Karikal— qui,
ayant donné défaut contre les débiteurs assignés aux fins de voir prononcer cette homologation, renvoya l'appelant en possession
définitive de tous les biens meubles et immeubles composant la succession de Madarsaëbmarécar dont il avait été déclaré héritier.

Sur le vu de ces documents, laCour statua
en ces termes:

« Attendu qu'en présence de ces pièces, le décès
« de Madarsaëbmarécar doit être tenu pour certain;
« qu'il y a lieu, par suite, de valider la saisie arrêt
« pratiquée le 13 Décembre 1860 par Miran Lévé Ma-
« récar, auteur du demandeur actuel.

« Par ces motifs, la Cour, après en avoir délibéré,
« donne défaut contre Mougamadou Néna Marécar et
« Miran Atchalle non comparant ni personne pour
« eux, quoique régulièrement assignés, et, — pour le
« profit,—valide la saisie arrêt pratiquée le 13 Décem-
« bre 1860, laquelle sortira effet; dit, par suite, que
« les sommes dont la Caisse des dépôts judiciaires de
« Karikal s'est reconnue dépositaire, suivant certi-
« ficats des 28 Novembre 1860 et 5 Septembre 1867,
« seront par elle payées ès-mains de l'appelant, en dé-
« duction ou jusqu'à concurrence des causes de la
« dite saisie arrêt; dit que, moyennant ce payement, la
« dite caisse sera valablement libérée, ordonne la res-
« titution de l'amende consignée, et condamne les
« intimés aux dépens de première instance et d'appel,
« etc. »

CHAPITRE DEUXIÈME.

DES QUALITÉS REQUISES POUR SUCCÉDER.

SOMMAIRE.

18. Causes d'exclusion des successions, en droit musulman.
19. L'homicide.
20. L'Anathème Le'on.
21. La fuite et la disparition de l'héritier.

18. Les jurisconsultes musulmans, en dehors des causes d'incapacité énumérées dans l'article 725 du Code civil, désignent comme motifs d'exclusion des successions:
1° L'homicide,
2° L'esclavage,
3° Le changement de religion,
4° Le changement d'allégeance.—A ces causes d'exclusion M. N. DE TORNAUW ajoute:
5° L'ANATHÈME LE'ON,
6° La fuite ou la disparition de l'héritier.

L'esclavage, le changement de religion (dit aussi *mécréance*) le changement d'allégeance, ne sont plus des motifs d'exclusion des successions, ni dans l'Inde anglaise, ni parmi nos Établissements (1)

---

(1) *L'esclavage* a été supprimé comme motif d'exclusion, chez les anglais par l'acte V. de l'année 1843; le changement de *religion* par l'acte XXI de l'année 1850 et le changement d'*allégéance* par la chûte de la domination des musulmans dans l'Inde.—Les principes des Codes français repoussent également ces motifs d'exclusion. Ce n'est donc qu'à titre de curiosité his-

Nous nous bornerons, en conséquence, à passer en revue l'homicide, l'ANATHÈME LE'ON et la fuite ou la disparition de l'héritier.

19. L'homicide.— Celui qui a, volontairement ou involontairement, donné la mort à un musulman ne peut hériter de lui. C'est, du moins, la doctrine des sectes *Schafiite* et

---

torique que je mentionne ici les règles qui concernaient le changement de religion (*mécréance*):« Si proche
« parent d'un musulman que soit un *mécréant*, il ne
« peut pas lui succéder. Le fils *mécréant* ne succède
« pas à son père musulman;—mais, si le petit fils est
« musulman, il hérite de son grand-père musulman.»
« La succession d'un musulman qui ne laisse que
« des héritiers infidèles passe à l'État (*Beït-ul-mol*) dans
« les sectes *Hanâfite* et *Schafiite*.»
« Mais la réciproque n'est pas vraie, au moins parmi
« les Hambalites et les Malékites. Un musulman, d'après
« ces sectes, prend dans la succession d'un mécréant
« la part qui lui est attribuée par la loi.»
«Quant aux non musulmans, quelle que soit leur re-
« ligion, ils héritent les uns des autres dans les con-
« trées mahométanes, à la condition, toutefois, qu'ils
« vivent dans le même pays.»
« La différence de secte n'est pas un obstacle au
« droit de succéder, parmi les musulmans.»
« Celui qui déserte l'islamisme est passible de la
« peine de mort, à moins qu'il ne revienne à sa religion.
« Sa succession s'ouvre au profit de ses héritiers *cro-*
« *yants*.—Il ne peut jamais hériter d'un musulman.
« Quant à ceux qui peuvent hériter de lui, les *Hana-*
« *fites* font cette distinction: Le renégat a-t-il acquis
« avant ou après son abjuration les biens par lui dé-
« laissés en mourant. Au premier cas, ses héritiers de
« religion musulmane héritent de lui, au second cas,
« c'est l'État—ou *Beït-ul-mol*.»

Hanafite. (1)—Si le *de cujus* ne laisse pas d'autre héritier que le meurtrier, c'est le *Béit-ul-mol* qui appréhende la succession.—

20. L'anathême Le'on:—Quand il est prononcé par le mari contre sa femme avec refus de reconnaître ses enfants, il y a extinction du droit respectif de succession.

Au cas de retrait du dit Anathème, sa femme et ses enfants hériteront de lui, mais non lui d'eux. (2)

21. La fuite ou disparition d'un héritier.— La part d'héritage revenant à un héritier qui disparaît avant de l'avoir recueillie ne peut toutefois être partagée entre ses co-héritiers tant qu'on n'a pas reçu des nouvelles certaines de sa mort.— Si ces nouvelles manquent, des auteurs enseignent que le partage ne peut avoir lieu qu'après 120 ans, en comptant depuis la naissance de l'absent; mais les *Schafiites* laissent au Kazi le pouvoir de fixer le délai

---

(1) Il va de soi que l'indignité (chez un héritier) de succéder *ne s'entend que de la succession de sa victime*.— Il faut de plus que le meurtre soit pleinement établi. — Un simple soupçon de meurtre ne suffirait pas pour faire exclure un héritier.—Il est intéressant de rapprocher cette règle de la disposition de l'art. 727 du Code civil:—« Sont indignes de succéder, et comme « tels, exclus des successions: 1° celui qui serait con- « damné pour avoir donné ou tenté de donner la mort « au défunt; 2° celui qui a porté contre le défunt une « accusation capitale jugée calomnieuse; 3° l'héritier « majeur, qui, instruit du meurtre du défunt, ne « l'aura pas dénoncé à la justice.

(2) Voir *Supra*: Titre du Mariage: *Chap. IV*; Section I, n° **135** *p.* 138.

après lequel il est permis de *croire raisonna-blement* à la mort de l'absent; — enfin des juristes pensent que le partage des biens de l'absent peut se faire après 10 ans.

— « : » —

CHAPITRE TROISIÈME.

— ◦•••◦ —

DE L'ORDRE SUCCESSORAL EN DROIT MUSULMAN.

SOMMAIRE.

22. Les *Sounites* comme les *Schiites* ont pour base de leurs ordres de succession les mêmes passages du Koran; — ce qui n'empêche pas ces ordres d'être différents.

23. Comment il est procédé en matière de succession pour le règlement des frais — dettes — legs et parts entre les héritiers.

24. Le fils et d'autres héritiers ont ils droit à une réserve, en droit musulman? —

25. Avant d'aborder l'ordre successoral des *Sounites* et des *Schiites*, — il y a lieu de noter quelques particularités spéciales à la législation mahométane.

22. L'ordre de succession n'est pas le même chez les *Sounites* que chez les *Schiites*, bien que ces sectes prennent tous deux our base les passages suivants du *Chapitre* IV du Koran. —

12. — «Dieu vous commande, dans le partage de vos
« biens entre vos enfants, de donner au garçon la
« portion de deux filles; s'il n'y a que des filles, et
« qu'elles soient plus de deux, elles auront les deux
« tiers de ce que le père laisse; s'il n'y en a qu'une
« seule, elle recevra la moitié. Les père et mère du

« défunt auront chacun le sixième de ce que l'homme
« laisse, s'il a laissé un enfant; s'il n'en laisse aucun et
« que ses ascendants lui succèdent, la mère aura un
« tiers; s'il laisse des frères, la mère aura un sixième,
« après que les legs et les dettes du testateur auront
« été acquittés.—Vous ne savez pas qui de vos parents
« ou de vos enfants vous sont plus utiles. Telle est la
« loi de Dieu. Il est savant et sage.»

13.—« A vous hommes la moitié de ce que laissent
« vos épouses, si elles n'ont pas d'enfants; et si elles
« en laissent, vous aurez le quart, après les legs qu'elles
« auront faits et les dettes payées.

14.—«Elles (les femmes vos épouses), auront le
« quart de ce que vous (leurs maris) laissez, après les
« legs que vous aurez faits et les dettes payées, si
« vous n'avez pas d'enfants; et, si vous avez des en-
« enfants, elles auront le huitième de la succession
« après les legs que vous aurez faits et les dettes pa-
« yées.»

15.—«Si un homme hérite d'un parent éloigné ou
« d'une parente éloignée, et qu'il ait un frère ou une
« sœur, il doit à chacun des deux un sixième de la
« succession; s'ils sont plusieurs, ils concourront au
« tiers de la succession, les legs et les dettes prélé-
« vés.»

16.—«Sans porter préjudice à qui que ce soit. C'est
« ce que Dieu vous recommande. Il est savant et clé-
« ment.»

175. Ils te consulteront. Dis leur: — «—Dieu vous
« instruit au sujet des *parents éloignés*. Si un homme
« meurt sans enfants et, s'il a une sœur, celle-ci aura
« la moitié de ce qu'il laissera. Lui aussi sera son hé-
« ritier si elle n'a aucun enfant. S'il y a deux sœurs,
« elles auront deux tiers de ce que l'homme aura laissé;
« s'il laisse des frères et des sœurs, le fils aura la por-
« tion de deux filles....»

Ces règles—on peut le dire—garantis-
sent les droits de toutes les parties.

23. Après le paiement des frais funéraires, des dettes, des legs, (dont la valeur

totale ne peut dépasser le tiers des forces
de la succession (défalcation faite des dettes)
le restant est partagé entre les héritiers.
Non seulement le fils, mais le père, la mère,
le mari ou la femme ont ensemble et concurremment droit à une portion de ce restant et la loi protège leur intérêt à ce point
qu'elle considère les donations faites au lit
de mort comme des legs;—et, à ce titre, les
comprend dans le *tiers* que ne peuvent dépasser ces sortes de dispositions et déclare
radicalement nulles les reconnaissances de
dettes faites également au lit de mort, au
profit d'un héritier au détriment des autres,
nonobstant le consentement ultérieur de ces
derniers. (1)

24. La loi musulmane ne permet pas non
plus que le fils ni aucun autre héritier soit
exhérédé; ni qu'un héritier soit favorisé au
détriment d'un autre.— Toutefois, comme
l'homme, durant sa vie, a la liberté d'user de
ses biens comme il l'entend, il peut faire
des donations qui tendent virtuellement à
une exhérédation ou qui favorisent un héritier au détriment des autres.

25. Il nous faut, avant de passer à l'examen de l'ordre successoral tel qu'il est rè-
glé chez les *Sounites*, d'une part et chez les
Schiites, d'autre part, noter quelques particularités remarquables qui se rencontrent
dans le partage de l'hérédité entre les héritiers.

---

(1) Hédaya: *vol.* IV *p.* 190.

1° Il n'y a pas lieu de distinguer entre les biens immobiliers ou mobiliers, ancestraux ou acquets. (1)

2° La primogéniture ne confère aucun droit d'exclusion ou de préférence.— Tous les fils,—quelque soit leur nombre—héritent également.

3° Les femmes, non seulement ne sont pas exclues de l'hérédité, mais encore quelques unes—la mère, la veuve, la belle fille, la sœur—sont très proches héritières et elles ont toujours la moitié de la part de leurs frères, quand elles héritent avec eux, et cette moitié, elles ont le droit d'en disposer comme eux, de manière que, à leur mort, c'est à leurs propres héritiers que cette part est dévolue.—De même pour la veuve, qui a le droit de disposer absolument de la part qui lui revient; le bien qu'elle hérite de son mari passe, en conséquence, à ses héritiers à elle et non à ceux de son mari. (2)

4° Le droit de *représentation* est inconnu en droit musulman; le parent le plus proche exclut le plus éloigné. (3)

1) C'est la disposition de l'art. 732 du Code civil:—
«La loi ne considère ni la nature, ni l'origine des biens, pour en régler la succession.— On sait qu'il en est différemment *en droit indou*.»

(2) ELBERLING: *On inhéritance* p. 42. — Voir la situation toute différente de la veuve indienne aux *Leçons de Droit indou* p. p. 243 et suiv.

(3) On lit, néanmoins, dans un arrêt de la Cour de Pond., du 24 Mai 1845 que «la législation musulmane, en matière de succession, admet les deux principes suivants:—« le premier, que: *dans les hérédités dévolues*

Le fils d'une personne décédée ne peut
donc pas *représenter* cette personne, si elle est
morte avant son père.—Il ne peut venir au
rang qu'aurait occupé le *de cujus* s'il était
vivant et il se trouve exclu de la succession,
s'il a des oncles paternels.—Exemple: A, B,
C, sont grand père, père et fils; B meurt, du
vivant de A, son père;—C. ne peut venir à la
place de B.—*par représentation*.—Ses oncles—
autres fils de A. et frères de B—l'excluent
de l'hérédité.—

5° Les fils illégitimes héritent seulement
de leur mère et des parents de leur mère.

6° D'après la plupart des lois, en matière
d'hérédité, les descendants excluent tous les
autres parents. Il n'en est pas de même en
droit musulman: Les père et mère, les fils
la veuve et le veuf ont à l'hérédité une vo-
cation commune et simultanée.

CHAPITRE QUATRIÈME.

DE L'ORDRE SUCCESSORAL D'APRÈS LA DOC-
TRINE SOUNITE.

SOMMAIRE.

26. Ce qu'on entend par *Portionnaires*, en droit
musulman.

27. Par *Résiduaires*.

« *aux collatéraux, le plus proche, dans chaque ligne,*
« *exclut le plus éloigné;*—le deuxième, que: *la* RÉPRÉ-
« SENTATION A LIEU AU PROFIT DES ENFANTS DES FRÈRES ET
« SŒURS DU DE CUJUS, par rapport à la succession de
« ce dernier,»—Nous reviendrons sur cette question./.

28. Par *Parents éloignés*.

29. Par *Successeurs par contrat*.

30. Par *l'arents reconnus*.

31. Après ces classes d'héritiers, viennent le ou les *Légataires universels*.

32. Puis enfin le *Beit ul mol*.

33. Récapitulation.

26. Portionnaires.— Parmi les héritiers, il est une classe—*la première*—à laquelle la loi musulmane accorde une portion fixe et déterminée.—Ils sont nommés pour cela: *Portionnaires*.

27. Résiduaires.— Une fois les *Portionnaires* satisfaits, le *résidu* de la succession passe à une seconde classe de personnes appelées, pour cette raison, *Résiduaires*.

Le mot *résiduaire* n'est pas approprié toujours à cette classe d'héritiers.—Il peut arriver, en effet, que le *de cujus* ne laisse pas d'héritiers *portionnaires*.—La seconde classe d'héritiers prend alors l'intégralité de l'émolument successoral.

D'autre part, il se peut que le *de cujus* ne laisse que des héritiers de la première classe et pas de *résiduaires*.—Ce qui aurait du être attribué à ces derniers (s'il y en avait eu) revient aux héritiers de la première classe, qui se le partagent proportionnellement à leurs parts respectives. C'est ce qu'on nomme *le droit de retour*. (1)

---

(1) Ce droit de retour souffre deux exceptions:—Le mari et la veuve n'en profitent pas, tant qu'il existe quelque héritier *par le sang*.—Mais si le *de cujus* ne laisse pas de parents du tout, le mari ou la veuve prend toute la succession.

28. Parents éloignés.— Enfin il peut, arriver que le *de cujus* ne laisse aucun héritier des deux premières classes. Le cas est rare, mais il se rencontre.— La succession passe alors à une troisième classe d'héritiers appelés: *Parents éloignés*, expression d'une justesse encore critiquable, car cette troisième classe peut comprendre des proches parents du défunt.—Ils sont dits *éloignés* par rapport à la distance qui les sépare, *en principe*, de la succession.

Les parts de ceux qui sont seulement héritiers *portionnaires légaux*, et non *résiduaires* peuvent seules êtres déterminées d'une manière précise; mais les parts qui reviennent à ceux qui sont à la fois héritiers *portionnaires et résiduaires* ne peuvent être fixées d'une manière générale; elles dépendent des cas particuliers qui se présentent.—Ainsi, quand il s'agit d un mari et d'une femme qui ne sont qu'héritiers *portionnaires*, leur part dans l'hérédite est fixée pour tous les cas qui peuvent se produire, tandis que, en ce qui concerne les belles-sœurs ou les sœurs, qui sont, selon les circonstances, tantôt *portionnaires légales* tantôt *résiduaires*;—ou, en ce qui concerne les pères ou les grands pères qui sont aussi, selon les circonstances, tantôt *portionnaires légaux* seulement et tantôt *résiduaires*, la quotité de leur émolument successoral est dépendante entièrement du degré de parenté des autres héritiers et de leur nombre. Les belles-sœurs, en l'absence de fils, sont des *portionnaires légales*; de même les sœurs, en l'absence de frères.—Mais, en concurrence, elles ne sont que *résiduaires*.

Les grands pères et les pères, en concurrence avec les fils, sont *portionnaires légaux;*
en concurrence avec des belles-sœurs seulement, ils sont *résiduaires* en même temps
que *portionnaires legaux.*—

29. Successeurs par contrat.— Il se
peut qu'il n'y ait ni *d'hériter portionnaire,*
ni héritier *résiduaire,* ni même de *parent
éloigné* vivant et capable d'hériter.—Dans
ce cas, la succession va—à moins qu'il n'y ait
un veuf ou une veuve, qui, en première ligne, a droit à une part—à celui qui peut être
appelé le *Successeur par contrat.* La forme de
ce contrat est comme suit.— Une personne
d'une descendance inconnue dit à une autre: « *Vous êtes mon maître;— vous hériterez
de moi, à ma mort, en payant mon amende,
quand je commettrai un délit»*— Et l'autre répond: *J'accepte.* (1)

30. Parents reconnus.— Immédiatement après le *Successeur par contrat,* vient une
personne en faveur de laquelle le *de cujus*
a fait une reconnaissance de parenté, mais
qui n'est pas de nature à impliquer sa consanguinité. —

Pour que cette reconnaissance soit valable, il faut trois conditions:—

1° Qu'elle soit faite en des termes tels
qu'il soit impossible de *confondre* la descendance de la personne reconnue avec
celle de la personne qui reconnaît;

2° Quelle ne constitue point pour le *reconnu* un titre de filiation.— Ainsi, est nulle

---

(1) Bailie. *p.* 15.

la reconnaissance d'une personne comme frère avec l'assentiment du père de celui qui reconnaît.—La raison en est simple:— Une telle reconnaissance impliquerait—à quelques exceptions près—au regard du père, sa paternité et donnerait à la personne reconnue le droit à une part dans la succession, en vertu d'un autre principe que sa *reconnaissance —* A TITRE DE FRÈRE du *de cujus*, dans l'espèce.

3° Qu'elle n'ait jamais été rétractée.

31. Légataires universels.— Bien que la loi ne reconnaisse pas à un musulman le pouvoir de disposer par testament DE PLUS DU TIERS DE SES BIENS, cependant, s'il a fait à une personne le *legs de la totalité* de sa fortune et qu'il ne laisse ni héritier connu, ni *successeur par contrat, ni successeur à titre de parent reconnu,* ce legs est valable; et le légataire peut se mettre en possession de l'hérédité.—La défense de disposer *de plus du tiers de ses biens* n'existe qu'au profit des héritiers.

32. Trésor public.— En dernière ligne, et à défaut de toutes les personnes ci-dessus mentionnées, l'hérédité est dévolue au trésor public (*beit ul mol.*)

33. Il y a donc, en droit musulman, répétons le, pour nous résumer, sept classes d'héritiers ou de successeurs, qui sont:

1. Les Portionnaires;
2. Les Résiduaires;
3. Les Parents éloignés;
4. Les Successeurs par contrat;
5. Les Parents reconnus;
6. Les Légataires universels;
7. Le Trésor public.

Nous passerons en revue les droits particuliers à chacune de ces sept classes d'héritiers ou successeurs.

SECTION I.

DES PORTIONNAIRES.

SOMMAIRE.

34. Les portions sont: d'une moitié;—d'un quart;—d'un huitième;—de deux tiers;—d'un tiers et d'un sixième.

35. Elles peuvent être dévolues à douze classes de personnes.

36. De ces douze classes, quatre se composent exclusivement d'héritiers mâles.—Ce sont.

1. Le Père.
2. Le vrai (1) Grand père;

---

(1) *The true grand father* disent les traducteurs anglais.—

3. Le demi frère par la même mère.

4. Le mari.

Les huit autres comprennent exclusivement des femmes;— ce sont:

5. La femme.

6. La fille.

7. La fille d'un fils quelque éloigné qu'il soit en degré,) c. a. d. la fille d'un fils entièrement lié au *de cujus*, par descendance, au moyen de mâles./.

8. La sœur de sang entier (*germaine*).

9. La sœur par le même père seulement (*consanguine.*)

10. La sœur par la même mère seulement (*utérine.*)

11. La mère.

12. La (vraie) grand'mère. (1)

Les personnes plus haut énumérées ne succèdent pas simultanément;—leurs portions ne sont pas non plus constamment les mêmes.—Au contraire, quelques unes sont, le plus ordinairement, entièrement exclues et, d'autre part, bien que les autres aient toujours droit à des portions, ces portions sont, suivant certaines circonstances, sujettes à réduction.—

ELBERLING ajoute: « C'est l'ancêtre mâle qui, « dans sa ligne de parenté avec le *de cujus* ne laisse « pas de place pour une femme;—le grand père faux « (*false*) est, au contraire, l'ancêtre mâle dans la ligne « de parenté avec le *de cujus* de qui une femme est « interposée.—Ex: Le père du père, son père et ainsi de « suite sont des grands-pères *vrais*; mais le père de la « mère et le père de la mère du père du *de cujus* sont « des grands-pères *faux*.»

(1) *Voir* plus loin sous le n° **47** *à la note.*

29

87. La classe sujette à *réduction* comprend:

1. Le mari;
2. La femme;
3. Le père.
4. La mère;
5. La fille;

88. La classe qui encourt le plus souvent *l'exclusion* comprend les sept autres personnes, c'est à dire:

6. Le (*vrai*) grand père.
7. Le frère utérin.
8. La fille d'un fils (quelque éloigné qu'il soit en degré).
9. La sœur germaine
10. La sœur consaguine.
11. La sœur utérine.
12. La (*vraie*) grand'mère. (1)

89. *L'exclusion* de ces personnes est fondée sur deux principes généraux applicables également aux portionnaires et aux résiduaires.—

Le premier est qu'une personne qui est parente au *de cujus* par le moyen d'un tiers, n'a pas droit à la succession dudit *de cujus* durant la vie de ce tiers; à moins qu'il ne s'a-

(1) Les Portionnaires peuvent être rangés en quatre classes à savoir:

1re *Classe*: Le père, la mère, la fille, le mari et la femme.

2e *Classe*: Le (*vrai*) grand père, la (*vraie*) grand'mère et la fille d'un fils (quelque éloigné qu'il soit en degré.)

3e *Classe*: La sœur germaine et les demi frère et sœur par la même mère seulement (*utérins*.)

4e *Classe*: La demi-sœur par le même père seulement (*consaguine.*)

gisse des demi-frères ou des demi-sœurs par la mère (*utérins* ou *utérines*) qui ne sont pas exclus par celle-ci (la mère.)

Le second principe c'est que la PROXIMITÉ DU DEGRÉ L'EMPORTE OU QUE LE PLUS PROCHE EXCLUT LE PLUS ÉLOIGNÉ.

Ainsi:— Le grand père est exclu par le père, en vertu des deux principes, étant plus éloigné du *de cujus* que le père d'une part; et d'autre côté, parce qu'il se rattache au *de cujus* par la personne de son fils présent, et le petit fils est exclu par le fils en vertu des deux principes lorsque ce fils est son père et, d'après le second principe, lorsqu'il est son oncle paternel (le frère de son père.)

40. Le mari:— Sa part est de la *moitié*.— C'est le principe; mais elle se trouve réduite AU QUART, lorsqu'il y a un enfant ou l'enfant d'un fils, (quelque éloigné qu'il soit en degré), c. a. d. d'un fils entièrement lié au *de cujus* par descendance, au moyen de *mâles*.

Et le mari a *toujours droit* à l'une ou l'autre de ces parts (*moitié ou quart*) étant une des personnes qui ne peuvent jamais être exclues entièrement de la succession.

41. La femme.—Sa portion est la *moitié* de celle du mari, toutes choses égales.—Elle a droit à un *huitième* en concours avec un enfant ou l'enfant d'un fils (quelque éloigné qu'il soit en degré) et un *quart*, lorsqu'il n'y en a point.

Si le *de cujus* laisse plusieurs veuves, elles ont également un *quart* ou un *huitième* (selon qu'il n'y a point ou qu'il y a un enfant ou un enfant de fils) à partager entre elles.—

42. La fille:— La part de la fille—*lorsqu'il n'y en a qu'une*—et qu'il n'y a pas de fils est de la *moitié* de la succession; et la part de deux ou plusieurs filles—dans le même cas (absence de fils) est des *deux tiers* à partager entre elles.

Au cas de la présence d'un fils, les filles perdent leur caractère d'héritières *portionnaires* et deviennent *résiduaires* avec lui, en vertu de ce principe inscrit dans le Koran que « *la portion d'un fils doit être le double de* « *celle d'une fille.*

43. Les filles de fils.— Lorsque le *de cujus* n'a laissé ni fils, ni fille, ni fils de fils, la part dans la succession qui revenait aux filles—passe aux filles de fils, avec cette modalité que, s'il n'y a qu'une fille de fils, elle prend la moitié des biens; et, s'il y en a deux ou plusieurs, elles en prennent les *deux tiers* qu'elles se partagent entre elles.

Lorsqu'au même degré que les fils de fils, il se rencontre dans la succession un ou plusieurs héritiers mâles, comme leur propre frère ou le fils de leur oncle paternel, les filles de fils deviennent héritières *résiduaires* de la même façon que les filles.

Comme les parts des filles s'imputent sur le résidu, lorsqu'il y a un fils, il se peut qu'il ne reste rien pour la classe des héritiers après elle et les filles de fils sont, en conséquence, TOUJOURS EXCLUES PAR LA PRÉSENCE D'UN FILS.

Elles sont également exclues comme portionnaires, lorsque le *de cujus* a laissé deux filles—ou plus—bien qu'il n'y ait pas de fils, par le motif que la totalité des *deux tiers* revenant aux filles est, par voie de conséquence, absorbée par elles mêmes.

Mais lorsqu'il n'y a qu'une fille et pas de fils, le complément des *deux tiers* après déduction de la moitié, c. à. d. un sixième des biens passe au filles de fils. —

Encore que les filles de fils doivent être exclues entièrement comme portionnaires, lorsqu'il y a deux ou plusieurs sœurs, Elles ne sont, néanmoins, jamais admises à prendre part à la succession par l'opération de la loi plus haut rapportée.—Cela arrive lorsqu'il y a un ou plusieurs héritiers mâles, dans le même ou dans un degré inférieur de la classe des résiduaires.

Exemple. Le *de cujus* n'a pas laissé de fils, mais deux ou plusieurs filles et des petits enfants des deux sexes (par le fils.)

Dans ce cas, *deux tiers* étant attribués aux filles, il ne reste plus rien à attribuer aux filles de fils comme portionnaires; mais, s'il n'existe point d'autres portionnaires légaux, le tiers restant est partagé comme résidu entre les petits fils dans la mesure de deux parts pour le garçon et d'une part pour la fille.

Pour parler strictement, l'effet de cette règle doit être réservé pour le cas où l'héritier résiduaire se trouve au même degré que les filles de fils. Mais il semble difficile qu'elles puissent être privées par un parent plus éloigné d'un avantage dont elles bénéficient en concours avec un héritier plus proche et la règle a été en corséquence étendue;—cette extension toutefois est limitée aux cas où la plus large interprétation leur est avantageuse. Pour toutes les fois où elles arrivent en ordre d'être héritières portionnaires, c'est seulement par la présence d'un tiers mâle du même degré, qu'elles peuvent être ramenées à la classe d'héritières résiduaires.

Les mêmes principes sont applicables aux filles de petits-fils et de la même manière.

44. Le père est héritier portionnaire en même temps que résiduaire.—Comme portionnaire, il a droit à un *sixième*. Il n'est que simplement héritier portionnaire ayant droit à un sixième de la succession, quand le *de cujus* a laissé un fils ou un fils de fls;—mais si le *de cujus* n'a laissé que des filles ou des filles de fils, alors il est *à la fois* héritier portionnaire et résiduaire, et simplement résiduaire, lorsqu'il n'y a ni fils ni enfant d'un fils.

45. Le Grand père prend un *sixième* comme le père, mais il est exclu par le père, si ce dernier est vivant. Il est, d'autre part, susceptible d'être atteint par les droits de la mère et de la grand'mère.—Ainsi la grand'mère paternelle, qui est entièrement exclue, par le père, est capable d'hériter en concours avec le grand père;—la mère, qui, lorsqu'il y a un père, et un mari ou une femme, n'a jamais plus que le *tiers* de ce qui reste de la succession après déduction des portions du mari et de la femme, a droit à un *tiers* de la totalité de l'hérédité, si elle est en concours avec le grand père au lieu d'un père.

46. La mère:— Sa portion est d'un *sixième*, quand il y a un enfant vivant ou l'enfant d'un fils (quelque éloigné qu'il soit en degré) ou deux ou plusieurs frères et sœurs, qu'ils soient de sang entier ou de demi sang. Dans les autres cas,—sauf deux exceptions—sa portion est *d'un tiers*.

Voici ces exceptions:

1° Lorsque la *de cujus* a laissé un mari et son père et à sa mère.

2° Lorsque le *de cujus* a laissé une femme, son père et sa mère. Si, dans le premier cas, la mère prenait un *tiers*, la portion du mari étant de *la moitié* le père n'aurait qu'un *sixième*.

Dans le second cas, si elle prend un tiers, la portion de la femme étant d'un quart, il ne resterait plus au père que cinq *douzièmes*;—or, ces deux solutions seraient en désaccord avec ce principe général proclamé par le KORAN que la part d'un homme dans la succession doit être le double de celle d'une femme—lorsqu'ils viennent en concours.

Pour obvier à cette inconvénient, la portion de la mère est réduite au *tiers de ce qui reste,* déduction faite de la portion du mari ou de la femme.—Par ce moyen est maintenu *l'exact rapport* qui doit exister entre les portions du père et de la mère concourant ensemble. Le père, en effet, étant, dans ce cas, héritier résiduaire en même temps que portionnaire, prend *les deux tiers restant,* ce qui lui fait exactement le double de ce qu'a eu la mère.—

Il a été dit plus haut (1) que la portion de la mère, en concours avec deux ou plusieurs

_____

(1) P. 231 n° 46

frères et sœurs est d'un *sixième*; on verra
plus bas (1) que les frères et les sœurs sont
totalement exclus par l'existence du père.
Or, qu'on suppose la mère, le père et des
frères et sœurs du *de cujus* en concours. A
qui attribuera-t-on le sixième qu'à cause de
ces derniers, on enlève à la mère: à eux-mêmes ou au père?—

La question a été gravement débattue.
Abou-Hanifa s'est prononcé en faveur du
père, en s'appuyant sur ce passage du KORAN
que nous avons intégralement rapporté plus
haut p. 216 n° 22.

«— *S'il n'en laisse aucun (il s'agit d'enfant)*
« *et que ses ascendants lui succèdent, la mère*
« *aura un tiers;*— *s'il laisse des frères, la mère*
« *aura un sixième*, après que les legs et les
« dettes du testateur auront été acquittées. (2)
Mais, on ne saurait contester que le père est
héritier résiduaire en même temps que portionnaire; (3) c'est donc comme s'il avait été
écrit dans le passage sus rappelé: « *Et s'il*
« *laisse des frères et que les ascendants lui suc-*
« *cèdent, la mère prendra un sixième et le père*
« *tout le reste.*

47. La Grand'mère:— Sa portion est
un *sixième*. Et s'il y en a plus d'une—au
même degré—cette portion est divisée entre
elles, par moitié. (4)

---

(1) P. 234 n° 48.
(2) *Chap. IV. Vers.* 12.
(3) ELBERLING, *p.* 48. *On inheritance.*
(4) Il s'agit ici de la grand'mère (*vraie*) c'est-à-dire
tout ancêtre direct femme dans la ligne de parenté
de laquelle, une grand'mère (*fausse*) ne peut entrer.

Les grand'mères sont exclues par la présence de la mère et, cela, pour deux raisons:— La première, parcequ'elles sont liées au défunt par elle (la mère);— la seconde, parce qu'elles n'ont qu'un droit commun à la succession, à savoir: la maternité.—Elles excluent les grand'mères paternelles pour la dernière raison seulement. —Elles sont, au contraire, exclues par la présence du père ou du grand père paternel; mais les grand'mères maternelles ne sont pas exclues par ceux-ci.

Entre grand'mères, la plus éloignée est exclue par la plus proche, encore que cette dernière soit incapable de prendre une part dans la succession.— Ainsi: la grand'mère paternelle est exclue par le père, mais elle est néanmoins capable d'exclure la mère de la mère de la mère (*la bisaïcule* maternelle) bien que cette dernière, ne puisse être— comme on sait—exclue même par le père.

Quand une grand'mère est apparentée avec le *de cujus,* des deux côtés, (1) elle prend,

---

Ex: la mère de la mère et la mère du père sont également des grand'mères *vraies*; demême que le père du père est un grand père *vrai* —au lieu que la mère du père de la mère est une grand'mère *fausse*, comme le père de la mère et le père de la mère du père sont des *faux* grands pères.

(1) Voici cette relation traduite en signes visibles.—

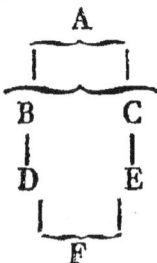

A

F: c'est le *de cujus.*

B   C

D et E, le père et la mère, sont tous deux petits-fils de A. —

D   E

A est conséquemment la grand' mère de F—autant du côté du père que du côté de la mère.

F

30

selon l'imam Mohammed le double de la part attribuée à la grand'mère apparentée seulement d'un seul côté, c. à. d. *deux parts du sixième* revenant aux grand'mères.—Mais, d'après Abou-Yousouf, dont l'opinion est plus généralement adoptée, les grand'mères (sans distinction) partagent également entre elles.

48. Les Sœurs:— Les sœurs par le même père et la même mère (*germaines*) prennent, à défaut d'enfants et d'enfants d'un fils (si éloigné qu'il soit en degré) comme les filles: c'est-à-dire que une *moitié* est la portion légale, quand il n'y en a qu'une; et *deux tiers*, si elles sont deux ou d'avantage.

En concours avec des frères germains, les sœurs deviennent *résiduaires*, par rapport à eux, par la raison de leur égalité de degré de parenté au regard du *de cujus*, mais le mâle a la portion de deux femmes.

Dans tous ces cas, toutefois, la portion des sœurs est susceptible d'être interceptée par le père ou le grand'père, par lesquels elles sont totalement exclues, aussi bien que par un fils ou un fils de fils.

Lorsqu'il se trouve deux filles ou plus, ou des filles de fils (quelque éloigné en degré) mais qu'il n'y a pas de fils ou de fils de fils, de père ou grand'père (*vrai*) pour exclure les sœurs, il serait inéquitable que le restant des biens passât à l'héritier résiduaire moins près parent au *de cujus* que les sœurs.

Le Prophète lui même a obvié à cette injustice, en décidant que les sœurs, dans ce cas, seraient *résiduaires* avec les filles et les filles de fils; et leur portion doit être, soit une *moitié*, soit un *tiers*, selon qu'il y en a une ou plusieurs de vivantes.

De plus, les sœurs germaines ne peuvent primer le mari ou la femme, la mère ou la grand'mère *(vraie)*; ces personnes étant portionnaires légales doivent être satisfaites avant que la moindre parcelle des biens ait passé à un héritier résiduaire.—

Les sœurs consanguines (par le père) viennent aux lieu et place des sœurs germaines, à défaut de ces dernières.—Quand il n'y en a qu'une, sa part est une *moitié;* et si elles sont deux ou plus, *deux tiers*, tandis qu'en concours avec les filles et les filles de fils, elles deviennent résiduaires.

En concours avec une sœur germaine, quand celle-ci a droit à une *moitié*, elles prennent le complément de *deux tiers*, soit *un sixième*; mais la présence de deux ou plusieurs sœurs germaines les exclut complètement, à moins qu'elles ne se trouvent en concours avec un demi frère par le père *(consanguin)* dont la présence les pousse dans la classe des résiduaires, lorsqu'elles deviennent en droit de prendre part au *restant* dans la proportion de deux parts pour l'homme et d'une part pour la femme.

Les demi frères et sœurs par la même mère *(utérins)* sont totalement évincés par l'existence d'un enfant ou de l'enfant d'un fils (quel que soit l'infériorité de son degré) ou d'un père ou d'un grand père *(vrai)*.

Dans tous les autres cas, la part légale de l'un deux est un *sixième;*—et, quand ils sont deux ou plus, un *tiers*. Ici, il n'y a pas de distinction en faveur d'un sexe au détriment de l'autre;— hommes et femmes ayant un même droit de succéder par égale portion.

TABLEAU DE L'EXCLUSION COMPLÈTE ENTRE LES PORTIONNAIRES LÉGAUX.

1ʳᵉ Classe.	PÈRE.	MÈRE.	FILLE.		MARI.	EPOUSE.
2ᵉ Classe.	Vrai grand-père	Vraie grand'mère.	Fille d'un fils si éloigné qu'il soit en degré.		«	«
3ᵉ Classe.	»	»	Sœur germaine.	Frère et sœur utérins.	«	«
4ᵉ Classe.	»	»	Sœur consanguine.	«	«	«

N. B. Les portionnaires de la classe supérieure excluent ceux des inférieures. Le père exclut non seulement le grand-père mais aussi la grand'mère paternelle. Le père ou le grand père exclut également les portionnaires des 3ᵉ et 4ᵉ classes.

Noms des portionnaires.	Circonstances dans lesquelles ils héritent.	Quotité de la part.	Autorité	OBSERVATIONS.
Mari	S'il y a des enfants ou des petits enfants.	1/4	M.C.N. 3	S'il y a plusieurs femmes (épouses) elles doivent se partager en portions égales, la part revenant à une épouse. (Elb. 46.)
	Si aucun d'eux n'existe. . . .	1/2		
Epouse . . .	S'il y a des enfants ou des petits enfants.	1/8	d°	
	Si aucun d'eux n'existe. . . .	1/4		Du vivant des petits fils, les petites filles deviennent héritières portionnaires. (Elb. 46.)
Filles	A défaut de fils, l'une prend :	1/2	M. C. N. 3 et 4.	
	Deux ou plusieurs prennent ensemble.	2/3		
Filles de fils	A défaut de filles et de petits fils par les fils, les petites filles par les fils prennent autant que les filles, c'est-à-dire, l'une (petite fille) a droit à : . . .	1/2	M.C.N.4.	
	Deux ou plusieurs prennent ensemble.	2/3	d°	

Noms des portionnaires.	Circonstances dans lesquelles ils héritent.	Quotité de la part.	Autorité.	OBSERVATIONS.
	S'il n'y a ni fils, ni petits fils par les fils, mais seulement une fille, les petites filles par les fils prennent la différence entre les 2/3 dont hériteront 2 ou plusieurs filles et la 1/2 qu'aura une seule fille, c'est-à-dire	1/6	Elb. 47.	S il y à plusieurs filles, les petites filles par les fils n'auront rien (M. C. N. 4.)
Père	S'il y a des enfants ou des petits enfants par les fils, quelle que soit l'infériorité de leur degré	1/6		A défaut de fils et de petits enfants, le père devient héritier portionnaire (Elb. 47.)
Mère	S'il existe un enfant ou petit enfant par le fils, ou deux ou plusieurs frères et sœurs tant germains que consanguins et utérins, elle aura.	1/6		Si le défunt ou la défunte a laissé une femme ou mari et un père et une mère, la mère aura 1/3 des biens restants après déduction de la part de la femme ou du mari. (Elb. 48.) La loi ne considère point la belle-mère comme mère (M. C. N. 99.)

Noms des portionnaires.	Circonstances dans lesquelles ils héritent.	Quotité de la part.	Autorité.	OBSERVATIONS.
	Dans tous les autres cas...	1/3	M.C.N.6	La mère exclut les grands'mères paternelles et maternelles.
Vrai grand'père ...	A défaut de père, le grand'-père aura la part du père: c. à. d......	1/6	dº	Mais le père exclut seulement la grand'mère paternelle. Avec les frères, les sœurs deviennent héritières portionnaires. — S'il existe quelqu'une des filles ou des petites filles et qu'il n'existe ni fils, ni petit fils, ni père, ni grand'père
Vraie grand'mère	A défaut de mère.....	1/6	dº	ni frère, les sœurs deviennent héritières portionnaires et recevront les
Sœurs germaines..	A défaut d'enfants ou de petits enfants par le fils, de père ou de grand' mère et de frère germain, les sœurs germaines auront autant que les filles, c. à. d. l'une aura. . .		M.C.N.4	biens restants après déduction de la part des filles et des petites filles. S'il n'y a qu'une fille ou petite fille, la portion restante sera la moitié (1/2) et;le tiers (1/3) si elles sont plu-
		1/2	dº	sieurs. — Mais le mari ou la grand' mère maternelle ne sera pas exclu
	Deux ou plusieurs auront ensemble........	2/3		par les sœurs (M. C. N. 5.)

DES SUCCESSIONS.

Noms des portionnaires.	Circonstances dans lesquelles ils héritent.	Quotité de la part.	Autorité.	OBSERVATIONS.
Sœurs consanguines.....	A défaut de sœurs germaines, les sœurs consanguines ont la part des sœurs germaines c. à. d. l'une prend	1/2	M.C.N.5.	
	Deux ou plusieurs auront ensemble.	2/3		
	S'il n'y a qu'une sœur germaine, elles auront le complément entre les 2/3 et la 1/2 c. à. d. . . .	1/6	d°	Dans ce cas, les garçons ont une part égale à celles des filles (M. C. N. 5.)
Frères et sœurs utérins.....	A défaut d'enfants ou de petits enfants par le fils, de père et de grand'père, elles auront s'il n'y en a qu'une	1/6		
	Si elles sont deux ou plusieurs	1/3	d°	

SECTION II.

—«:»—

DES RÉSIDUAIRES.

SOMMAIRE.

49. Qu'est ce que les héritiers *résiduaires*?
50. Comment peut-on les classer?
51. Division des résiduaires *par parenté*.
52. Quels héritiers comprend la première classe: (*ceux qui héritent de leur propre chef*)?—Quels la seconde: (*ceux qui héritent concurremment avec d'autres*)?—Quels la troisième classe: (*ceux qui héritent du chef d'un autre*)?
53. Qu'est ce que l'héritier résiduaire en vertu d'une cause spéciale?

49. Dans la plupart des cas mentionnés à la *Section précédente*, il y a *résidu*, après que les portions dues aux portionnaires légaux ont été, en quelque sorte, séparées de l'actif de la succession.

Ce résidu passe à la classe des personnes appelées *résiduaires* par les jurisconsultes musulmans, lesquelles, dans l'origine, semblent avoir été les seuls héritiers *ab intestat*;

50. Les résiduaires peuvent être classés dans deux catégories.

1° Les résiduaires en vertu de la parenté.

2° Les résiduaires en vertu d'une cause spéciale.

51. Les résiduaires par parenté peuvent être divisés eux-mêmes en trois classes.

A. Ceux qui héritent de leur propre chef.

31

B. Ceux qui héritent concurremment avec d'autres; (1)

C. Ceux qui héritent du chef d'un autre, (2)

52. La première classe (A) comprend tous les héritiers mâles de parenté masculine et non de parenté féminine qui se divisent en:

1° Descendants.

2° Ascendants.

3° Collatéraux.

Les DESCENDANTS sont d'abord le fils du *de cujus*; puis les fils du fils du *decujus;* leurs fils, les fils de leur fils, *in infinitum*, dans la ligne directe masculine. — Le droit de *représentation* n'existant pas, en droit musulman, les petits fils du *de cujus* sont exclus pas ses fils survivants.

Les ASCENDANTS (ancêtres paternels du *de cujus*) sont: le père, le grand'père, l'arrière grand père et ainsi de suite. (3) Le plus proche excluant toujours le plus éloigné.

Parmi les COLLATÉRAUX, les descendants du père viennent les premiers: c. à. d. les frères du *de cujus*, puis leurs fils (si éloignés en de-

---

(1) Ces héritiers sont: les sœurs en concours avec deux ou plusieurs filles ou les filles d'un fils (si éloigné qu'il soit, en degré). —

(2) Ce sont les filles; — les filles de fils; les sœurs germaines et les sœurs consanguines; tous ceux qui perdent leur caractère de portionnaires et deviennent résiduaires, lorsqu'il existe un ou plusieurs héritiers mâles au degré égal ou inférieur.

(3) Les anglais, pour désigner ces ascendants, disent: *the root* — la racine. Le terme est aussi original qu'expressif.

gré que ce soit);—puis viennent les descendants du grand'père: c. à. d. les oncles du
de cujus; puis leurs fils (si éloignés en degré qu'ils soient);—puis les descendants du
bisaieul et leurs fils (si éloignés en degré
qu'ils soient) et ainsi de suite.—(1) Le plus
proche en degré étant toujours préféré au
plus éloigné; et, parmi les parents du même
degré, ceux de sang entier *(germains)* étant
préférés à ceux de demi sang *(consanguins
ou utérins)*.

---

(1) La situation *successorale* des enfants des frères et
sœurs du *de cujus* mérite d'attirer notre atttention.
Dans son arrêt du 21 Mai 1845, émané de M. Bo-
cheron des Portes, son président, la Cour d'appel
de Pondichéry s'exprime ainsi:—« Considérant que
« la législation musulmane, en matière de succes-
« sion, admet les deux principes suivants: le pre-
« mier: que, dans les hérédités dévolues *aux colla-*
« *téraux*, le plus proche, dans chaque ligne, exclut
« le plus éloigné;—le deuxième: QUE LA REPRÉ -
« SENTATION A LIEU au profit des enfants des frè-
« res et sœurs du *de cujus*, par rapport à la succession
« de ce dernier;—»
Est-ce exact?
Avant de répondre, opposons à ce document l'arrêt
suivant de la même Cour, en date du 22 Octobre
1872:—
« Attendu qu'il est constant que Ségadoummalle
« est la sœur de Néna Mougamad'Atchialle;—que les
« intervenants sont seulement les cousins de cette
« dernière;—qu'il n'est pas contesté qu'elle était décé-
« dée, au moment où le procès a été intenté;—qu'il ap-
« paraît, dès lors, que l'appelante agit dans ses droits
« en assignant les détenteurs après le décès de sa sœur;
« —Attendu, en effet, que la loi musulmane, en matière
« de succession, *n'admet pas la représentation;* qu'en

« *ligne collatérale, l'héritier du degré supérieur ex-*
« *clut de la succession l'héritier du degré inférieur;*
« *qu'ainsi la sœur exclut les neveux, et, à plus forte*
« *raison, les cousins;*»

« Attendu que, par le décès de Néna Mougamad'-
« Atchialle, Ségadoummalle, sa sœur, à défaut d'hé-
« ritiers d'un rang égal ou supérieur, lui a succédé;
« que, ne rencontrant devant elle, en l'instance, aucun
« héritier d'un rang supérieur ou égal, elle n'avait
« pas à se pourvoir par pétition d'hérédité, et qu'en
« se qualifiant, d'une manière générale, de propriétaire
« dans l'exploit introductif d'instance, elle n'a pris
« que la qualité qui lui appartient véritablement à
« l'encontre des autres parties en cause;».............

Concilier deux opinions absolument inconciliables...
il n'y faut pas songer.—Mais il est nécessaire d'expliquer la contradiction. Elle est née *d'une erreur de*
doctrine de PHARAON et DULAU que la Cour d'appel de
Pondichéry, en 1845, a reproduite, sans penser à la
contrôler.—LA REPRÉSENTATION EST AUSSI INCONNUE
EN DROIT MUSULMAN DANS LA LIGNE DIRECTE DES-
CENDANTE QUE DANS LA LIGNE COLLATÉRALE. Elle
n'existe dans aucune ligne, ni dans aucun cas, même pas
en matière de HABOUS, où pourtant, il est permis de
stipuler que la *représentation aura lieu.* Il faut en effet
alors, une stipulation expresse.—Nous extrayons, à
l'appui de notre opinion, le passage suivant de SAU-
TEYRA ET CHERBONNEAU: T. II. p. 381, n° 901.

« En ce qui concerne LA REPRÉSENTATION, pas
« de difficultés.— LA REPRÉSENTATION , N'EXISTE
« PAS EN DROIT MUSULMAN :— il n'y a donc pas
« lieu de l'appliquer en matière de HABOUS, *pas plus*
« *qu'en matière de succession.* Et c'est là, en effet, ce
« qu'a décidé la jurisprudence algérienne:— Un sieur
« Abdallah, seul dévolutaire d'un HABOUS avait trois
« filles et un fils: Mohammed.— Ce dernier décéda
« avant son père, laissant pour *aceb* et pour descen-
« dant un seul fils: Sliman. A la mort de Si Abdal-

« lah, Sliman actionna ses trois tantes et demanda à
« être mis en possession de la part du HABOUS qui eût
« été attribuée à son père. La cause fut portée devant
« le Kadi de Constantine, et ce magistrat repoussa la
« demande, par jugement du 25 Mars 1864 portant:
« *Que Sliman était sans droit ni qualité pour la for-*
« *mer*, d'après la doctrine du rite *Malékite* exposée
« par le *Cheikh Kheir-ed-dine-er-Roumelie* en ces
« *termes:*—LA LOI N'ACCORDE AUCUNE PART AUX EN-
« FANTS DU FILS QUI EST MORT DU VIVANT DE SON PÈRE.»

« La question s'est depuis présentée plusieurs fois
« devant les tribunaux; elle y a toujours reçu la même
« solution:—(*Kadi de Constantine*: 16 Mars 1866.
« *Kadi de la 7° circonscription*, 22 Février 1870.
« *Cour d'Alger*; arrêts des 12 Décembre 1866, 23 Mai
« 1870, 11 Février 1874.)»

Que nous profitions de la circonstance pour mettre
le lecteur en garde contre plusieurs erreurs graves qui
se sont glissées dans cette partie de l'enseignement de
M. M. PHARAON ET DULAU: *Droit musulman*. Ed^on 1839.

1re ERREUR:—P. 245. M. M. PHARAON ET DULAU
ont écrit:

«Le plus proche exclut le plus éloigné.— Il y a EX-
« CEPTION, cependant, à l'égard *des petits enfants et
« autres descendants* qui viennent REPRÉSENTER *leurs
« ascendants et les enfants de frère et de sœur qui
« prennent la place de leur père ou mère* dans la suc-
« cession de leur oncle ou tante.».—Il n'y a pas de représentation, en droit musulman. MACNAGHTEN; p. 2.

2e ERREUR:—P. 249. «Si le défunt n'a laissé qu'un
« fils, *le plus proche parent au degré susceptible prend
« un sixième de la succession.*»

Voici la règle véritable:—Le fils n'a pas de part dé-
déterminée.—Il prend tout ce qui reste de l'émolument successoral, après satisfaction des héritiers portionnaires, (sauf s'il y a des filles.) Chaque fille prenant une part égale à la moitié de ce qui est pris par
chacun des fils.—Supposez qu'il y ait comme successeurs: un père, une mère, un mari, une femme et des

filles, le peu qui reste est attribué au fils. Mais lorsqu'il n'y a pas d'héritiers portionnaires, et qu'il n'y a
pas de filles, les fils prennent l'intégralité de la succession./. MACNAGHTEN, p. 2.

Troisième erreur.— P. 249. « Si la mère
« a plusieurs enfants, *le mari n'y peut rien prétendre.*»

C'est le contraire qui est vrai:—

On a pu lire, en effet, plus haut p. 227. N° 40 que
« le mari a toujours droit à l'une ou l'autre de ces
« parts: *moitié ou quart;*—ÉTANT UNE DES PERSONNES QUI
« NE PEUVENT JAMAIS ÊTRE EXCLUES ENTIÈREMENT DE LA
« SUCCESSION.»

Quatrième erreur.— P. 251: « Si le dé-
« funt a laissé une sœur, elle prendra la moitié de la
« succession, s'il en a laissé deux, elles prendront les
« deux tiers. La moitié ou le tiers restant ira aux col-
« latéraux d'un degré plus éloigné; à leur défaut au
« *Beit-ul-mol.*»

Nous avons, plus haut, *p.* 234 n° 48 donné la règle
véritable dans ce cas. Nous nous bornons à y renvoyer.

Cinquième erreur.— P. 252.— A défaut
« de frères et sœurs et de leurs enfants, la succession
« est dévolue aux autres collatéraux, d'après la pro-
« ximité du degré.—»

A la condition de distinguer—ce que l'auteur passe
sous silence—les hommes des femmes.— Nous renvoyons, pour la règle *vraie*, à la page 242 n° 52 de
ces LEÇONS.

Sixième erreur.— P. 253:— « Si le dé-
« funt à un père et une sœur le mari aura les *cinq si-*
« *xièmes* de la succession;—*le sixième* restant appar-
« tiendra au frère et à la sœur, par moitié.»

Nous renvoyons également pour la règle exacte
aux pages 227, n° 40, 230 n° 44 et 234 n° 48 de nos
LEÇONS DE DROIT MUSULMAN.

53. Il nous reste à dire ce que c'est qu'un résiduaire *en vertu d'une cause spéciale:—*

Voici comment ELBERLING s'exprime sur ce point:— « Par résiduaire *en vertu d'une* « *cause spéciale,* il faut entendre l'émanci- « pateur ou *l'émancipatrice* d'un affranchi « mort sans laisser *d'héritiers mâles résidu-* « *aires.*—Dans ce cas les héritiers portionnai-- « res légaux de l'émancipateur, de même « que les héritiers femmes sont exclus de « la succession d'une manière expresse par « le Prophète lui même. » (1)

Section III.

DES PARENTS ÉLOIGNÉS.

SOMMAIRE.

54. Ce qu'il faut entendre par *parents éloignés.*— Leur rang dans l'ordre successoral.—

55. Division des *parents éloignés.*

56. Qu'elle est la règle dans la première classe?—

57. *Quid,* dans la deuxieme classe?

58. Les règles applicables à la première classe régissent la troisième.

59. *Quid,* dans la 4° classe?

54. A défaut d'héritiers portionnaires et résiduaires, la succession passe aux parents éloignés qui comprennent tous les parents

_____

(1) L'abolition de l'esclavage dans nos Possessions françaises, par la loi du 27 avril 1848 (comme chez les anglais par l'acte V de *l'année* 1843) a fait disparaître cette catégorie d'héritiers résiduaires.

autres que les portionnaires et les résiduaires.

55. Les parents éloignés peuvent être
divisés en quatre classes:

1° Les enfants des filles ou des filles de
fils (si éloigné qu'il soit en degré) sans distinction de sexe.

2° Les grands-pères (*faux*) et les grand'
mères (*fausses*) si éloignés en degré qu'ils
soient. (1)

3° Les enfants des sœurs germaines ou
consanguines et les filles de frère germains
ou utérins (si éloignés en degré qu'ils soient).

4° Les sœurs de père, les oncles par la
même mère (c. à. d. les demi frères du
père, du côté de la mère) les oncles maternels, les tantes et leurs enfants, sans distinction de sexe.

56. Dans la première classe, *le plus proche en degré est préféré au plus éloigné.*—Ex: La
fille d'une fille est préférée à la fille d'une
fille de fils. La première étant par rapport
au *de cujus* au 2ᵉ degré et l'autre au troisième.

Parmi des prétendants du même degré,
ceux qui sont apparentés au *de cujus* par le
moyen d'un héritier (portionnaire), qui viennent de son chef sont préférés à ceux qui
ne se trouvent pas dans ce cas.— Ex: La
fille d'une fille de fils est préférée au fils
d'une fille de fille.—Tous deux sont au troisième degré par rapport au défunt, mais
une fille de fille n'est pas une héritière.
La première exclut donc le second. (1)

---

(1) Chacune de ces classes (dit *Sadagopah Charloo*
d'après Macnaghten)—exclut la suivante.—Les règles

Si les prétendants sont au même degré, et dans une situation exactement semblable par rapport à la personne du chef de laquelle ils viennent, (—qu'ils soient tous ou non des descendans d'héritiers,)—mais si les sexes de leurs ascendants diffèrent à quelque degré de la ligne ascendante, la distribution doit être faite, en tenant compte de cette différence de sexe ......*Exemple*:—La fille de la fille d'un fils de fille recevra le double de ce que recevra le fils de la fille d'une fille de fille, parce que l'un des ascendants de la première était un mâle dont la portion est double de celle d'une femme.

La personne qui est apparentée au *de cujus* des deux côtés (—côté paternel et côté maternel)—vient au droit de chacun des ascendants.

Ex: S'il y a un fils d'une fille de fille du *de cujus* et deux filles d'une fille de fille qui sont, en outre, les deux filles d'un fils de fille, les deux filles viendront, d'une part, au droit de leur père et prendront 16 portions et, d'autre part, au droit de leur mère et prendront 6 portions, tandis que le fils ne prendra que 6 portions au droit de sa mère.

des successions dans chacune de ces classes sont extrêmement difficiles et embrouillées.—Il recommande, dans les cas compliqués, de recourir au Kazi.—Encore faudrait-il avoir un Kazi qui justifiât la confiance des magistrats et ce n'est pas malheureusement le cas de nos Etablissements de Pondichéry et de Karikal.— Nous avons essayé de ne pas nous perdre dans ce labyrinthe, en nous aidant de tous les fils conducteurs que nous avons pu nous procurer..... Y sommes nous parvenus?— C'est aux lecteurs d'apprécier.—

32

57 Dans la seconde classe, la succession est également dévolue d'après la proximité, la condition et le sexe de la personne du chef de laquelle la succession est réclamée, quand les prétendants sont des parents du même côté;—mais, si les côtés de parenté sont différents—deux tiers vont à la ligne paternelle et un tiers à la ligne maternelle, sans qu'il y ait lieu de tenir compte du sexe des prétendants.

Exemple: Les prétendants à la succession étant un grand'père maternel et la mère d'un grand'père maternel, le premier étant plus rapproché en degré exclut la dernière; mais si le premier est le père d'un grand père maternel, bien qu'au point de vue de la proximité du degré, les deux prétendants se trouvent égaux, qu'ils soient parents du même côté, qu'ils soient égaux encore par rapport au sexe de la personne du chef de laquelle ils viennent à la succession, la seule méthode à suivre dans le partage de la dite succession, c'est de tenir compte du sexe des prétendants et de donner une double part à l'homme.

58. Les mêmes règles concernant la première classe de parents éloignés sont applicables à la troisième.

Un exemple entre plusieurs. — Supposons que le *de cujus* laisse trois nièces à sa survivance, filles de différentes sortes de frères et trois neveux et trois nièces, enfants de différentes sortes de sœurs: comme il apparaît au tableau suivant:—

Fr.Germ.	Sœur Germ.	Fr.cons	S.Cons.	Fr.uter	Sœur uterine.
Fille.	fils-fille.	fille.	fils,fille	fille	fils-fille

1° Un tiers de la succession doit être dévolu aux descendants des demi-frère et sœur par la mère et divisé également entre eux à raison de la parité de leur origine. La sœur, ayant deux branches, c. à. d. un fils et une fille est comptée pour deux sœurs et sa part est, en conséquence, les deux tiers du tiers, qui conséquemment passent à ses descendants entre lesquels ils sont également partagés et le tiers du tiers restant étant la part du frère, qui a seulement une branche, passe à sa fille.

2° Deux tiers de la totalité des biens restent encore; ils doivent être distribués aux descendants des frères et sœurs germains (*entiers*)—qui excluent absolument les demi-frère et sœur par le père.—La sœur consanguine a, dans l'espèce, également deux branches qui font que sa part est doublée et ramenée au pair de ce qui est attribué a son frère.—Un tiers va donc à la fille du frère germain et l'autre tiers est divisé entre les fils de la sœur germaine dans la proportion de deux parts pour le fils et d'une part pour la fille./.

Autre espèce:— Le *de cujus* a laissé le fils de la fille d'un demi-frère par le père (*consanguin*); deux filles du fils d'une demi sœur par le père (*consaguine*) qui sont également les enfants d'une fille de sœur germaine; et enfin la fille du fils d'une demi-sœur par la mère(*utérine*)comme dans le tableau suivant:

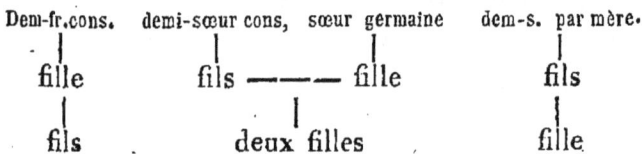

Dem-fr.cons.	demi-sœur cons,	sœur germaine	dem-s. par mère.
fille	fils ——— fille		fils
fils	deux filles		fille

On voit, dans ce cas, que, tout d'abord, les demi-sœurs par la mère prennent un *sixième*;—la sœur germaine, ayant deux branches, est traitée comme deux sœurs germaines et prend deux tiers et le reste: un *sixième* va au demi frère par le père (*consanguin*) à titre de *résiduaire*, puisqu'il y à une sœur qui concourt avec lui;—mais elle a deux branches, dans le cas présent, et sa part doit, en conséquence, être égale à la portion de son frère; c'est-à-dire que chacune prend un *douzième*.— Le *douzième* de la sœur doit encore être partagé entre ses deux petites-filles, qui doivent avoir chacune *un vingt-quatrième*. Le *sixième* de la demi sœur par la mère (*utérine*) passe à sa petite-fille.—Les deux tiers de la demi sœur doivent être partagés en égales portions entre ses petites-filles dont chacune recevra un *vingt-quatrième* de leur autre grand'mère et le *résidu*: un *douzième*, ira au petit-fils du demi-frère par le père.—

59. Dans la *quatrième* classe, ceux de *sang entier* sont préférés à ceux de demi-sang, et ceux qui sont liés par le même père seulement, sont préférés à ceux qui sont liés par la même mère seulement, sans distinction de sexe.—Si la parenté des prétendants à la succession est la même et qu'ils soient de sexe différent, l'homme doit avoir une part double de celle de la femme.

Exemple: Une tante *maternelle* par le même père seulement doit exclure une tante *maternelle* par la même mère seulement.— Mais si les côtés de leur parenté diffèrent, par exemple, si l'un des prétendants est une

tante paternelle par le même père et la même
mère et si l'autre est une tante maternelle
par le même père seulement, il n'y a pas lieu
d'accorder une préférence exclusive à la
première;— mais elle a droit à deux parts,
en vertu de sa parenté paternelle.

La succession des enfants de la classe
précédente, c'est-à-dire des cousins, est régie par les règles suivantes :— La proximité des ascendants est la première règle.
Quand elle est la même, le prétendant qui
vient du chef d'un héritier hérite avant le
prétendant qui vient du chef d'un *non* héritier, sans tenir compte du sexe.

Exemple: Supposez que la fille d'un oncle
paternel, soit en concours avec le fils d'une
tante paternelle—(l'oncle et la tante étant
tous deux de sang entier par rapport au
père du *de cujus*)—la fille de l'oncle paternel
prendra la totalité de l'héritage, étant le descendant d'un résiduaire. Au contraire, que
la tante soit de sang entier et l'oncle seulement de demi-sang, le fils de la tante sera
préféré en raison de la force de la proximité.
Cependant quelques auteurs soutiennent
que la fille de l'oncle paternel— par le
père— doit avoir la préférence sur son
concurrent, par la raison qu'elle est l'enfant d'un héritier résiduaire.—Lorsque deux
prétendants sont au même degré, par rapport au *de cujus*, mais ne sont pas apparen-
tes avec ce dernier du même côté, l'un n'exclut pas l'autre; ils partagent dans la proportion de *deux tiers* pour le prétendant du côté
paternel et d'un *tiers* pour celui du côté maternel.

Dans le partage entre les descendants de cette classe (*la quatrième*) on applique les mêmes règles que pour les descendants de la *première* classe. Ainsi, les deux filles de la fille du fils d'un oncle paternel, doivent recevoir deux fois autant que les deux fils de la fille d'une fille de l'oncle paternel, en supposant la parenté des oncles semblable et dans le cas d'une égalité complète sous les autres rapports, il faut, comme plus haut, tenir compte du sexe des prétendants et accorder la prédominance au sexe masculin.

A défaut de toutes les personnes ci-dessus mentionnées, la succession revient aux oncles et tantes maternels des père et mère du *de cujus*, aux oncles paternels de sa mère, comme aux oncles paternels de son père quoique étant apparentés avec lui (*le de cujus*) par la mère seule—et à leurs enfants.

A défaut de ces parents, la succession passe à la même catégorie d'oncles et de tantes des père et mère des père et mère du *de cujus* et à leurs enfants et... ainsi de suite.

Section IV.

DU RETOUR ET DE L'ACCROISSEMENT.

SOMMAIRE.

60. Ce qu'il faut entendre par *droit de retour*, en droit musulman.

61. Le mari et la femme (veuf et veuve) y ont-ils droit?— Dans quels cas? —

62. *Quid* lorsque, lors du partage d'une succession, il se trouve que la somme des différentes parts excède le total de l'émolument successoral?

60. Quand, lors du partage d'une succession entre les portionnaires légaux, il existe un *surplus*, ce surplus profite aux héritiers résiduaires et, s'il n'existe pas de portionnaires légaux la totalité de l'émolument successoral est attribuée aux résiduaires; mais si, dans le premier cas, il n'y a pas de résiduaires pour recevoir le *surplus*, ce surplus vient se joindre aux parts de ceux des portionnaires légaux *qui sont liés au de cujus par la consanguinité*.

C'est ce qu'on nomme le RETOUR.

61. Le mari et la veuve n'ont jamais de part du *retour*, tant qu'il y a en vie des héritiers de sang; mais lorsque le *de cujus* ne laisse pas de parent dutout, le mari ou la veuve prend la totalité de l'émolument successoral.

S'il n'y a qu'une classe de portionnaires, par exemple que des filles, le *surplus* qui fait *retour* doit être partagé entre elles d'après leur nombre.

Et s'il y a plusieurs classes de portionnaires, chaque classe prend une part proportionnelle.— Expliquons nous:—Supposons que une fille, une fille de fils et une mère dont les portions respectives sont 3/6 1/6 et 1/6 soient en concours; le surplus 1/6 doit être partagé dans le même rapport, ou, ce qui est la même chose, l'émolument successoral tout entier doit être divisé en cinq parties, la fille en prendra trois—la fille de fils et la mère en prendront chacune une.

62. Lorsqu'en procédant au partage d'une succession, on trouve que la somme des différentes parts excède le total de l'émolument successoral, chacune d'elles doit supporter une déduction proportionnelle ou, pour m'exprimer autrement, le nombre des parts doit être *accru*. (1)

---

(1) Monsieur A. EYSSETTE, dans une note d'une clarté parfaite placée au pied de l'arrêt rendu par la Cour d'appel de Pondichéry, à la date du 1ᵉʳ Juin 1872 a posé une espèce de ce genre et a indiqué un calcul qu'il importe de faire connaître.

« Il revient— (dit l'arrétiste savant)—dans la suc-« cession de Zalacabibi, savoir:

« 1° A sa fille Mastanebibi .... 1/2 ou 6/12
« 2° A son père................. 1/6 ou 2/12
« 3ᵉ A sa mère................. 1/6 ou 2/12
« 4⁹ A son mari Kader Méidine.... 1/4 ou 3/12

Total.... 13/12

« L'unité est dépassée. Que doit-on faire? Evidem-« ment procéder à une réduction proportionnelle. « Eh bien, cette réduction coûte fort peu de peine, « grâce à une méthode des plus simples fondée sur « un des principes élémentaires de l'arithmétique.—On « laisse à chaque fraction son numérateur et on lui « donne pour dénominateur la somme des numéra-« teurs de toutes les fractions.— Ainsi, dans le cas « actuel, nous dirons: quelle est la somme des numé-« rateurs? 6 + 2 + 2 + 3=13. Or le dénominateur « est 12, portons le à 13 et, en laissant subsister les « numérateurs respectifs, établissons de nouveau les « droits des parties.

La *fille* au lieu de .... 6/12 aura 6/13
« Le *père* au lieu de...... 2/12 aura 2/13 } 13/13
« La *mère* au lieu de .... 2/12 aura 2/13
« Le *mari* au lieu de ... 3/12 aura 3/13

« Maintenant passons à l'application:
« Somme à partager 200 coling. Or 200 divisé « par 13=15 5/13. Il reviendra donc:

Exemple: Si les héritiers sont: le mari,—
deux sœurs de sang entier (*germaines*),
deux sœurs par la mère seulement (*utérines*), et la mère,—leurs portions légales, dans
l'ordre où ces héritiers sont mentionnés,
sont: 1/2, 2/3, 1/3 et 1/6 qui, additionnées,
forment un total de 10/6;— mais dix parties
ne peuvent pas être payées an moyen de
six seulement, l'émolument successoral
doit être partagé en dix parties; il en revient au mari trois, aux deux sœurs germaines quatre, aux deux sœurs utérines
deux et à la mère, une seule.

« à la *fille*....	15 5/13	× 6=	92 4/13	
« au *père*	15 5/13	× 2=	30 10/13	61 7/13
« à la *mère*...	15 5/13	× 2=	30 10/13	
« au *mari*....	15 5/13	× 3=	46 2/13	

Somme égale...   200   //

REGLE.— *La réduction proportionnelle par la
méthode ci-dessus indiquée a lieu toutes les fois que
les parts légitimes additionnées excèdent l'unité de base
et que cette unité de base est* 6, 12, 24.
L'unité 6 *devient* 7. 8, 9 *ou* 10.
L'unité 12 *devient* 13, 15, 17.
L'unité 24 *devient* 27.

CHAPITRE CINQUIÈME.

SOMMAIRE.

63. Les *Schiites* reconnaissent les mêmes portionnaires légaux, les mêmes parts et les mêmes héritiers que les *Sounites*;—mais ils se séparent de ces derniers dans la distribution du *résidu*.—Les *Sounites* donnent la préférence aux parents *agnats*;—les *Schiites* préfèrent le parent le plus proche, qu'il soit homme ou femme.

Le mari et la femme prennent leurs parts comme chez les *Sounites*, dans tous les cas. Mais la femme, dans les cas semblables, n'a droit qu'à sa portion légale. Le résidu passe au trésor public.—

64. La première classe d'héritiers se compose des père et mère, des enfants, des

petits enfants...*in infinitum*. Les enfants excluent les petits enfants;— les petits enfants
les arrière-petits enfants, sans distinction
de sexe.—Mais les petits enfants ne prennent point leur portion d'après le sexe de
leur souche; c. à. d:— les enfants de *fils*
prennent la portion de *fils* et les enfants de
filles prennent la portion de *filles*.

65. La seconde classe comprend deux
catégories:

1° Le grand'père et la grand'mère et les
autres ascendants—(le plus proche excluant
le plus éloigné.—)

2° Les frères et les sœurs et leurs descendants, si éloignés qu'ils soient en degré.
La première catégorie n'exclut pas l'autre, quelque éloignée qu'elle soit; mais le plus
proche en degré, dans chaque catégorie, exclut le plus éloigné.

66. La troisième classe comprend
les oncles et tantes paternels et maternels
et leurs descendants.—Le plus proche excluant toujours le plus éloigné.— Ceux de
sang entier excluent ceux de demi sang au
même degré et le fils d'un oncle paternel de
sang entier exclut un oncle paternel de
demi sang./.

A défaut de tous les héritiers ci-dessus
énumérés, les oncles et les tantes paternels et maternels du père et de la mère
succèdent, ainsi que leurs descendants
jusqu'à la génération la plus réculée, suivant leur degré de proximité avec le *de cujus*.

A défaut de tous ces héritiers, les oncles
et les tantes paternels et maternels des

grands'père et mère et des arrière grands'-
père et mère héritent suivant leur degré de
proximité avec le *de cujus*.

67. Lors qu'après la partage de la succession entre les portionnaires légaux, il
il reste un surplus, il profite aux héritiers
et s'il n'y a pas d'héritiers, il fait *retour* aux
portionnaires, proportionnellement à leurs
parts.

Le mari à droit à une part dans le *retour*;—
non la femme.

La mère n'a pas droit à une part dans le
retour, s'il y a des frères; et lors qu'il se
trouve une personne possédant une double
parenté avec le *de cujus*; *le surplus* retourne
exclusivement à cette personne.

68. Lorsque le total des parts légales
dépasse l'émolument successoral, le nombre
dès parts n'est pas *accru* comme chez les
Sounites, de manière que chacun des portionnaires souffre une réduction proportionnelle, mais *ce qui manque* est déduit de la
part de celui des héritiers qui pourrait,
d'après certaines circonstances, être privé
d'une part légale,—ou de la part de l'héritier dont la part est susceptible de dimi-
nution.

EXEMPLE: La *de cujus* a laissé son mari,
une fille et sés père et mère. Leurs parts
respectives sont,—on le sait:—1/4, 1/2 et 2/6
ou 13/12. Les *Sounites*, dans ce cas, divisent
la succession en 13 parties et le mari en
prend trois, les père et mère 4 et enfin la
fille 6.— Les *Schiites* eux divisent la succession en 12 parts; le mari en prend trois,
le père et la mère 4; la fille ce qui reste, soit

5 parts—par la raison que sa part est susceptible d'extinction. En effet, supposons qu'il y eût eu un fils, la fille n'aurait pas eu droit à une portion déterminée; elle eût passé dans la classe des résiduaires, tandis que le mari et le père et la mère ne peuvent jamais être privés de leurs parts légales.

69. Répétons que, chez les *Schiites*, il faut que l'homicide ait été *volontaire*, pour être un obstacle à la faculté d'hériter.

70. Enfin, en matière de partage de succession, il n'y a que cette différence, à savoir que l'aîné des fils a droit, s'il est vertueux, a L'ÉPÉE de son père, à son KORAN, a ses VÊTEMENTS et à son ANNEAU.

—«:»—

CHAPITRE SIXIÈME.

DE L'ACCEPTATION ET DE LA RENONCIATION.

AUX SUCCESSIONS.

SOMMAIRE.

71. Règles du droit civil français en matière d'acceptation et de renonciation aux successions.
72. *Quid*, en droit musulman? L'héritier peut-il être tenu *ultra vires hereditatis*?
73 Tempérament apporté par les Tribunaux de l'Inde à la règle que le musulman ne peut être jamais tenu *qu'intra vires successionis*.
74. Autre cas où l'héritier musulman peut être tenu *ultra vires hereditatis*.
75. L'héritier musulman peut il renoncer à une succession?
76. Où et comment se fait cette renonciation.

71. D'après le droit civil français, une succession peut être acceptée *purement et simplement* ou *sous bénéfice d'inventaire*.—

Dans le premier cas, l'héritier est tenu *etiam ultra vires hereditatis*.

Dans le second, l'héritier se fait le simple liquidateur de l'hérédité:— Il n'est tenu des dettes que *intra vires hereditatis;*

Une conséquence de l'acceptation, soit pure et simple, soit sous bénéfice d'inventaire, est de fermer la voie à la renonciation. «—*Semel heres, semper heres.*» (1)

72. En droit musulman, l'héritier n'est jamais tenu envers les créanciers *ultra vires;* il succède aux biens plutôt qu'à la personne—comme ledit fort judicieusement M. A. EYSSETTE.—En un mot, il n'accepte, quoiqu'il arrive, que *sous bénéfice d'inventaire.*

73. La Cour et les Tribunaux de l'Inde française ont apporté un équitable tempérament à ce qu'il peut y avoir d'absolu et de rigoureux dans cette règle, en déclarant que: « Si les héritiers musulmans ne sont pas te-

---

(1) La Cour d'appel de Pondichéry faisait l'application de ce principe, quand elle décidait dans son arrêt du 6 Mai 1854 en ces termes:«—Attendu, quant « à la renonciation à la succession de Bibiammalle et « à celle de Saheb Mogamadou, faite par les appe- « lants, suivant acte reçu par le Kazi, le 10 Mai 1853, « qu'elle n'aurait de valeur qu'autant que les renon- « cants ne se seraient pas immiscés dans les biens de « l'hérédité, et *qu'ils ont fait acte d'héritier* ainsi qu'il « est établi au jugement dont est appel...»

« nus *ultra vires*, il ne suffit pas à un hé-
« ritier actionné en paiement d'une obli-
« gation souscrite par son père, d'alléguer
« que celui-ci est mort sans laisser de biens;
« que cette allégation doit être justifiée.»
Ce qui a permis à M. EYSSETTE, dans la rubrique dont il fait précéder le 36° arrêt de
SON RECUEIL DE JUR. ET DOCT. DE LA COUR D'AP.
DE POND. EN DR. MUSULMAN, de formuler la règle
suivante:« *Les héritiers musulmans ne sont pas*
« *tenus des dettes* ULTRA VIRES, *mais à la condi-*
« *tion qu'ils auront fait procéder à l'inventaire*
« *des biens de la succession par le ministère du*
« *Kazi, immédiatement après le décès du* DE
« CUJUS. » (1).

---

(1) Voici d'ailleurs le jugement de M. NOELLAT Président du Tribunal de Karikal,15 Oct. 62 et le considérant par le quel la Cour en a adopté les dispositions:

Jugement du Tribunal:—«Attendu que
« les défendeurs ne méconnaissent point la signature
« de leur auteur;--qu'ils soutiennent seulement que,
« cet auteur étant mort sans laisser aucun bien, et
« la loi musulmane ne contraignant jamais l'héritier
« à payer les dettes des auteurs sur ses biens person-
« nels, ils ne sauraient être tenus des causes de cette
« obligation.»

« Attendu qu'en effet, les héritiers musulmans ne
« ne sont pas tenus *ultra vires*;—que c'est là un point
« incontestable, mais qu'il ne suffit pas à un héritier
« actionné en payement d'une obligation souscrite
« par son père, d'alléguer que celui-ci est mort sans
« laisser de biens;—que cette allégation doit être jus-
« tifiée;»

« Attendu qu'elle ne l'est nullement en l'espèce;»

« Que les défendeurs objectent à tort que c'est au
« créancier de prouver que son débiteur est mort

74. Il est un autre cas ou l'héritier musulman est tenu d'acquitter les dettes de la succession *ultra vires*, c'est lorsqu'il s'est rendu coupable de *recel* ou de *détournement frauduleux* des biens de l'hérédité.

C'est, du moins, la sanction que la Cour de Pondichéry a édictée contre l'héritier *indelicat et improbe*, en son arrêt en date du 27 Juillet 1878. (1)

Mais M. A. Eyssette qui présidait la Cour, lorsque cet arrêt fut rendu (2) commentant son œuvre, ajoute:—«Même dans « ce cas, il n'y a rien d'absolu.—Il répugne

---

« solvable;—qu'au contraire, c'est à eux de prouver « qu'il est mort insolvable, étant de principe général « que la preuve de la libération incombe à celui qui « est tenu du lien, fût-ce par voie d'hérédité.»

« Par ces motifs, le tribunal jugeant en matière « civile et en dernier ressort, condamne les défen- « deurs en qualité d'héritiers de Vapoutchy Lévé à « payer à la demanderesse, le montant de l'obligation « du 28 Septembre 1851; les condamne en tous les « dépens, dont distraction etc.»

Arrêt confirmatif de la Cour d'appel de Pondichéry. «Adoptant les motifs du premier juge et considérant en outre, que les appelants «n'ont fait aucune diligence pour liquider la succes-«sion de leur auteur, ainsi qu'ils en sont tenus par la «législation musulmane; qu'ils doivent compte au cré-«ancier des biens qu'ils ont recueillis, ou, tout au moins, «justifier que le *de cujus* ne possédait aucun bien;

« Par ces motifs, la COUR... (29 Xbre 1863) «.....................................»

(1) Nous reproduisons le texte entier de cet arrêt plus loin.

(2) A. Eyssette T. II, p. 260.

« à la loi musulmane de condamner *ultra*
« *vires*;—on ordonne généralement que l'hé-
« ritier convaincu de soustraction ou de
« recel rapportera à la masse une somme
« déterminée, à laquelle le tribunal arbitre
« le montant des détournements, quand il
« est impossible de les constater avec exac-
« titude.» (1)

75. Peut-il renoncer à la succession?
Oui évidemment,—pourvu qu'il n'ait pas
fait acte d'héritier.—) (2)

---

(1) *Ibidem*:— p. 261.
(2)Un arrêt de la Cour d'appel de Pondichéry,*en ma-*
tière de renonciation aux successions en droit musul-
man, pose ce principe et en rappelle d'autres que
nous avons nous même signalés plus bas.—Il nous
a paru indispensable de le citer *in extenso*:—
« Attendu qu'en droit musulman la renonciation à
« une succession se fait devant le Kazi et même de-
« vant témoins;»
« Qu'elle a simplement pour effet d'épargner à
« l'héritier qui renonce les ennuis d'une liquidation;
« que, s'il ne renonce pas, il n'est point tenu, comme
« en droit français, d'acquitter les dettes du défunt
« au delà des forces de la succession, à moins qu'il
« ne se soit rendu coupable de recel ou de détourne-
« ment frauduleux des biens de l'hérédité,»
« Qu'en l'espèce, les appelants s'étant laissé con-
« damner par la justice anglaise ne pouvaient plus re-
« noncer;—que l'acte de renonciation qu'ils ont fait au
« greffe du tribunal civil de Mahé, le 2 Juin 1875, est
« de nulle valeur et ne saurait être opposé aux tiers,
« mais que les tiers ne peuvent pas non plus les pour-
« suivre sur leurs biens personnels, sauf le cas ci-
« dessus indiqué;»

34

1° Soit pour éviter les ennuis et les responsabilités d'une liquidation longue et difficile, si l'héritage est grevé de dettes.—

2° Soit pour avantager ses co—héritiers.

76. Où et comment se fait l'acte de renonciation?

Par devant le Kazi.

M. EYSETTE ajoute cette remarque:—« Ordinairement, c'est devant le Kazi du lieu « *où s'est ouverte la succession* mais, si l'étranger se trouve en cours de voyage, ou « bien en pays etranger, il peut faire dresser l'acte devant le Kazi de la localité « qu'il traverse ou celuide sa résidence. LE « CROYANT EST PARTOUT CHEZ LUI.»

Il est admis, en droit musulman, que la renonciation peut être faite aussi devant témoins.

Un musulman pourrait il renoncer au greffe de première instance, conformément à l'article 784 du Code civil?—M. A. EYSETTE n'hésite pas à se prononcer pour l'affirmaaive et l'on ne voit pas l'objection qui pourrtit être faite à cette opinion. Le conciliant arrétiste ajoute:—« Rien au surplus, n'em- «pêche de renoncer *à la fois* au greffe et de-

---

« PAR CES MOTIFS, et sans adopter ceux du premier
« juge, la COUR après en avoir délibéré, eonfirme le
« jugement dont est appel, rendu par le tribunal de
« première instance de Mahé, le 3 Mai 1876; annule,
« en conséquence, la renonciation attaquée;—déboute
« les parties du surplus de leurs moyens, fins et pré-
« tentions contraires; ordonne la confiscation de l'a-
« mende consignée, et condamne les appelants aux
« dépens, dont distraction, etc.»

« vant le Kazi.»— Il est évident que deux
sûretés valent mieux qu'une; mais,—en procédure, il faut éviter de faire des frais
inutiles et nous tenons que la renonciation
soit devant le Kazi— soit devant témoins—
soit au greffe du Tribunal—serait absolument
valable.

CHAPITRE SEPTIÈME.

DU PARTAGE DES SUCCESSIONS.

SOMMAIRE.

77. Ordre des opérations en matière de *partage*
des successions.

78. Jusqu'au partage légal, l'hérédité est considérée comme appartenant toujours au *de cujus.*—Conséquence.

79. Mode de procéder,—pour les opérations du
partage,—quand plusieurs portionnaires se présentent
en concours.— Cas divers.

80. Comment on procède, lorsque le partage a
lieu après la mort de quelques héritiers:

81. Comment se fait le partage, lorqu'un des héritiers cède sa part à un autre héritier et lorsque le
mari abandonne sa part dans la succession de sa femme
en paiement de son *maher.*—

82. *Quid,* lorsque le *de cujus* laisse une veuve *enceinte* et d'autres héritiers—Hypothèses diverses.

83. Mode d'opérer, quand il y a un héritier absent.

84. Règle particulière au partage du produit des
rentes constituées au profit des descendants.

77. Après le paiement des frais funéraires, des dettes et des legs, le *résidu* est
distribué entre les héritiers d'après les règles posées ci-dessus.

78. En attendant le partage légal, la succession est considérée comme appartenant au *de cujus*, de sorte que si quelque accroissement survenait à sa fortune après sa mort, cet accroissement serait considéré comme faisant partie de sa succession et servirait à l'acquittement des dettes et des legs et des autres charges de l'hérédité.

79. Les premiers héritiers sont les héritiers *portionnaires*. — Plusieurs d'entr'eux peuvent se présenter à la fois. — Pour éviter des *fractions* dans le partage, on divise la succession, dans la pratique, en un certain nombre de parties et chacun des portionnaires en reçoit une quantité proportionnée à ses droits.

Supposons les portionnaires légaux suivants en présence: une veuve et deux filles. La part de la veuve est 1/8; — celles des deux filles sont 2/3; — qui, ajoutées ensemble, font 19/24. — Pour éviter ces fractions, la succession est partagée en 24 parties. — Le numérateur de la première fraction 1/8 étant multiplié par 3, dénominateur de la deuxième fraction: 2/3, donne trois parties pour la femme. — Et le numérateur de la deuxième fraction: 2/3 étant multiplié par 8, dénominateur de la première fraction 1/8, donne 16 parties pour les deux filles — soit 8 pour chacune d'elles. Le restant (c. à. d. 5 parties) passe aux résiduaires. — On voit que, pour trouver le nombre des parties dont ont doit diviser la succession, il suffit de recourir aux règles ordinaires de l'arithmétique en matière *d'addition des fractions*.

Si les dénominateurs sont des *facteurs* premiers, multipliez — les l'un par l'autre; —

s'ils sont composés, multipliez le *commun dénominateur* d'une fraction par l'autre;—et le produit sera le nombre cherché. Si quelqu'une des parts ou le *résidu* doit être partagé entre plusieurs personnes, multipliez le nombre représentant cette part ou ce *résidu*, ou son facteur *premier* par le produit déjà trouvé.

Exemple: Supposez que les héritiers soient le père, la mère et 10 filles.— Leurs parts sont 1/6, 1/6 et 2/3.—Dans ce cas, la succession doit être partagée en six parts.—Le père en prend une, la mère une et les dix filles les quatre autres;—mais, comme les quatre parts ne peuvent être divisées en dix sans arriver à une fraction, on multiplie ces quatre parts par cinq; (après avoir séparé les parts revenant au père et à la mère) chaque fille prendra deux portions du reste divisé en vingt parts.—On pouvait encore diviser la totalité de la succession en *trente* parts, dont le père aurait pris cinq—la mère cinq—et chacune des dix filles, deux.—

Un autre cas:—Les héritiers sont : deux veuves, six ascendants (femmes) dix filles et sept oncles paternels;—on sait que la part des deux femmes est 1/8;—des six ascendants (femmes) 1/6;—des dix filles, 2/3;—les oncles étant des résiduaires. On prend les dénominateurs: 8. 6. 3. On cherche leur dénominateur *commun*, c'est-à-dire un nombre qui puisse être divisé sans reste par chacun des trois dénominateurs;—le nombre sera dans l'espèce 24.— Divisez le par chacun des dénominateurs et multipliez les deux termes de chaque fraction par le quotient;—les opérations donnent: 3/24, 4/24 16/24,=23/24.

Les résiduaires auront une part c'est-à-dire 1/24.—Pour diviser ces parts entre toutes les parties, prenez les différents nombres: 2. 6. 10 et 7;—cherchez leur *plus petit commun multiple* qui est 210 (1) multipliez par les parts précédemment établies vous aurez: 3×210; 4×210, 16; $\times 210$ et 1×210. Divisez le produit par le nombre de personnes. Vous aurez: $\dfrac{3 \times 210}{2}$, $\dfrac{4 \times 210}{6}$, $\dfrac{16 \times 210}{10}$; $\dfrac{1 \times 210}{7}$.—Or 210 multiplié par 3 donne

---

(1) Peut être n'est-il pas inutile de rappeler que: *pour trouver le* PLUS PETIT COMMUN MULTIPLE *de deux ou plusieurs nombres, on décompose d'abord ces nombres en facteurs premiers; puis, on forme un produit de tous les facteurs différents de ces nombres en donnant à chacun sont plus fort exposant.*

Soit à chercher (comme dans l'espèce dont s'agit) le plus petit commun multiple des nombres 2, 6, 10 et 7.

6	2		10	2
3	3		5	5
1			1	

2 et 7 sont des facteurs 1ers.

On a: $6 = 2 \times 3$
$10 = 2 \times 5$
$2 = 2$
$7 = 7$

Le produit des 4 facteurs est 840 qui divisé par 2 donne 420, lequel nombre, divisé par 2 encore, donne finalement 210 dernier chiffre divisible par 2,6,10 et 7.—Donc 210 est le plus petit commun multiple de ces quatre nombres 2, 6, 10 et 7.

630;—et divisé par 2 donne 315.

Chacune des veuves aura donc 315 parts.—
210 multiplié par 4 donne 840;—et divisé
par 6 donne 140.—Chaque ascendant mâle
aura donc 140 parts.—210 multiplié par 16
donne 3360;—et divisé par 10 donne 336.
Chaque fille aura donc 336 parts.—Enfin 210
multiplié par 1 donne 210 et divisé par 7
donne 30, ce qui sera la part de chacun des
oncles.—La succession entière a donc dû
être divisée, en l'espèce, en 24×210, ou
5040 parts.

80. Lorsque le premier partage a lieu
après la mort de quelques héritiers, il faut
procéder à autant de partages qu'il y a d'héritiers décédés.—*Par exemple:* Supposez que
A soit mort laissant deux veuves: B et C,
quatre fils: D. E. F. G. et deux filles: H. I.—
Mais le partage n'a eu lieu qu'après la mort
des deux veuves et d'une des filles.—De sa
première femme B, le *de cujus* n'avait eu
qu'un fils: D.;— et de sa seconde femme:
C, également un seul fils et deux filles H
et I;—ses autres deux filles: F. G. étaient
issues d'une autre femme.)—Le décès de sa
première femme a eu lieu avant celui de la
seconde et le décès de celle-ci avant le décès
de sa fille qui laisse un mari: K.

Voici comment il faudra procéder:—

D'abord, on partagera la succession de A
entre ses deux veuves, ses quatre fils et
ses deux filles.—Les veuves auront 1/8; les
quatre fils et les deux filles sont des héritiers résiduaires et prendront la différence,
soit: 7/8. Maintenant, comme la part d'un
fils est le double de la part d'une fille, la

part des quatre fils et des deux filles sera égale aux parts de dix filles.—On partagera, en conséquence, la succession en 80 parts (8 ⚹ 10) chaque veuve prendra 5 ;—chaque fils 14—et chaque fille 7 parts.

A la mort de la veuve B, son héritier unique est son fils D;—les autres enfants sont seulement ses beaux-fils ou belles filles, qui, en réalité, n'ont avec elle aucune relation de parenté.—Les cinq parts revenant à B iront donc exclusivement à D, dont les parts s'élèveront à 19 (14 + 5.)

Mais à la mort de la seconde veuve C, ses cinq parts seront attribuées à son fils E et ses deux filles H et I.—Les autres enfants D. F. G, étant seulement ses beaux-fils et ses belles-filles.—Les parts d'un fils et de deux filles étant égales aux parts de quatre filles, les cinq parts de la veuve C. seront multipliées par 4 et du produit (soit 20 parts,) E (le fils) en prendra 10;— H et I les filles en prendront chacune 5.—

Enfin, à sa mort, la fille H laisse pour héritiers son mari: K.—son frère germain E. et sa demi-sœur (consanguine) I.—(D. F. et G. sont des demi-frères consanguins par le père; ils sont exclus par l'existence du père de sang entier.)—Comme H ne laisse pas d'enfant, son mari prend la moitié des parts lui revenant et E et I l'autre moitié, en observant que le garçon a droit au double de la part d'une fille.—Les parts de H seront donc multipliées par 6; le mari K en prendra 3, le frère E deux, et la sœur I une seule.—

Le partage entier devra donc être établi de la manière que voici:

1° B. 5;—C. 5;—D. 14;—E. 14;—F. 14;—
G. 14;— H. 7 et I. 7 de 80 parts.

2° C. 5;—D. 19;—E. 14;—F. 14;—G. 14;—
H. 7;— et I. 7 de 80 parts.

3° *Pour le partage qui suit, le total des parts
doit être multiplié par 4.*— On aura donc:
C. 20;—D. 76;—E. 56;—F. 56;— G. 56;—
H. 28;— I. 28 de 320 parts *et les parts seront
ainsi établies:*—
D. 76;—E. 56;—F. 56;—G, 56;—H. 33;—
I. 33;— de 320 parts.

4° *Pour le partage qui suit, le total des parts
doit être multiplié par 6.*
D. 456;— E. 336;— F. 336;— G. 336;—
H. 198;— I. 198 de 1920 parts.

Et les parts doivent être ainsi établies:
D. 456;— E. 462; F. 336;—G. 336;—
H. 231 et enfin K. 99 de 1920 parts.

81. Lorsqu'un des héritiers compose
avec un autre, pour sa part de l'hérédité,
en acceptant, à la place de cette part, une
somme d'argent ou des articles spécifiés, le
restant doit être partagé entre les autres
héritiers proportionnellement à leurs parts
respectives;—il en est de même, lorsque le
mari abandonne sa part de la succession de
sa femme, à la place de son *Maher*;—ce qui
en reste non payé constitue une créance de
la dite succession à son encontre.

82. Lorsque le *de cujus* laisse une femme
enceinte—et qu'il a des fils,—la part d'un
fils doit être réservée, pour le cas où la dite
veuve accoucherait d'un garçon;—s'il n'a pas
de fils, mais seulement des parents qui ne
doivent être appelés à la succession qu'au

cas de la non existence d'un fils, (comme un frère ou une sœur par exemple,) il faut différer l'époque du partage.—Au contraire, si les autres parents sont appelés à hériter d'une portion quelconque,— quoi qu'il puisse arriver, (comme une mère par exemple),—le partage peut avoir lieu immédiatement et la mère obtenir un *sixième*: part à laquelle elle a *nécessairement* droit; et, plus tard, si l'enfant ne nait pas vivant, sa portion devra être élevé au tiers.

83. Lorsqu'un des héritiers est *manquant*, ce qui a lieu, lorsqu'il est absent et qu'on ignore s'il est encore vivant ou non, on doit le considérer *comme vivant*, par rapport à ses propres biens et *comme mort*, par rapport aux biens des autres.— Expliquons nous:— Si l'absent avait des biens à l'époque de sa disparition, ou, si, à cette époque, il avait droit à une part dans un propriété indivise, nul ne pourrait hériter de cette fortune, avant que sa mort ne fût prouvée, ou encore tant qu'il ne serait point parvenu à l'âge de 90 ans. (1) Tout devrait demeurer en l'état *jusqu'à ce temps*;—on ne devrait *qu'à ce temps* partager ses biens entre ses héritiers.— Au contraire, que l'un des parents d'un absent, dont celui-ci serait héritier, vienne à décéder, l'absent devra être considéré *comme vivant* et sa part lui être assignée.—Seulement, cette part n'est pas réservée en dépôt

---

(1) Il est nécessaire de rapprocher ces explications de celles que nous avons données, dans ces LEÇONS, p. p. 208 et 214, Nᵒˢ 15 et 21. (*Successions.*)

pour lui ou ses héritiers;—elle est délivrée aux autres héritiers auxquels elle aurait dû revenir, si le dit absent était mort.—S'il revient après, il a droit à sa part,—on la lui rend; s'il ne revient pas, elle est dévolue aux héritiers qui sont entrés en possession, lors du premier partage et non aux héritiers de l'absent.—

84. Le produit des *rentes* constituées au profit et en faveur des descendants ne doit pas être partagé conformément aux règles communes, mais *en autant de parts égales* qu'il y a de descendants.—Si l'un d'eux meurt sans héritiers, la part du décédé *accroît* aux autres; si, au contraire, un d'eux meurt laissant des héritiers, ces héritiers se divisent également entre eux sa part. (1)

CHAPITRE HUITIÈME.

DES SUCCESSIONS VACANTES.

SOMMAIRE.

85. Le BEIT-UL-MOL recueille l'hérédité, à défaut d'héritiers ou de successeurs chez les musulmans.—Ce que c'est que le BEIT-UL-MOL.

---

(1) On *Inheritance*, p. 63, n° 138, Elberling enseigne que *l'office de Mootvulee*, c. à. d. la supérintendance des affaires *spirituelles* d'une rente n'est pas héréditaire et ne peut jamais être confié à une femme;—au contraire, le *Guddee* ou le *Sujjada Nisheen*, qui est la superintendance des affaires *temporelles*, est héréditaire et peut être confié à une femme.

86. Les successions vacantes des Indous et des musulmans sont appréhendées—(comme celles des Européens)—par la Curatelle aux biens vacants.

87. Observations critiques sur la constitution de la curatelle dans les Etablissements français de l'Inde.

88. Efforts infructueux tentés par le Département pour rendre applicable à cette colonies le décret du 27 Janvier 1855.

89. Texte de ce décret.

90. Conclusion.

85. A défaut d'héritiers ou de successeurs, l'hérédité d'un musulman passe au BEIT-UL-MOL.

« Dans son acception la plus absolue, en-
« seignent M. M. SAUTEYRA et CHERBONNEAU
« (d'après M. SOLVET)—le BEIT-UL-MOL est
« synonime de l'ETAT; mais, dans une ac-
« ception plus restreinte, le BEIT-UL-MOL
« est le nom de l'administration musulmane
« qui recueille toutes les *Successions va-*
« *cantes.*— Elle conserve aussi en dépôt et
« elle administre les biens des absents qui
« n'ont pas laissé de représentants chargés
« de leur procuration.»

Nous renvoyons les personnes curieuses d'étudier l'organisation de cette administration musulmane au long et interessant chapitre que lui ont consacré M. M. SAUTEYRA et CHERBONNEAU. (1) Nous nous contenterons de dire que le *Beit-ul-mol* n'existe pas dans nos *Possessions* et y est remplacé par la CURATELLE AUX BIENS VACANTS.

---

(1) *Droit musulman* T. II. *Chap.* XXIII p. 171.

86. Mais, qu'il nous soit permis de profiter de cette occasion—(bien que ce ne soit pas là une matière de droit musulman)—pour exposer sur la constitution de la CURATELLE dans l'Inde, quelques observations pratiques que nous ne croyons pas indignes de l'intérêt de nos lecteurs. (1)

Nous avons déjà, en 1884, dans nos LEÇONS DE DROIT INDOU, manifesté le regret de voir que l'Inde française, en ce qui concerne les **Successions Vacantes,** fût si en retard, par rapport aux colonies de la Martinique, de la Guadeloupe et de la Réunion.

87. Nous demeurons, en effet, régis par l'arrêté du 29 Avril 1844 de M. DU CAMPER, en dépit d'une tentative louable de M. le Gouverneur BONTEMPS, qui se produisit et échoua en l'année 1865. (2)

88. Elle tendait à faire examiner—«S'il n'y « avait pas lieu d'adopter, comme base de « comptabilité de la curatelle, l'arrêté du « 20 Juin 1864, et, si, dans ce cas, il ne con-« viendrait pas de réviser les dispositions « de l'arrêté local du 29 Avril 1844, *qui ne* « *sont plus en rapport avec l'esprit et le ré-* « *gime de l'institution, telle qu'elle fonctionne* « *partout ailleurs.* »

Le Département de la métropole, cependant n'a pas cessé de poursuivre son ferme

(1) C'est au moins de la *législation locale*; à ce titre, j'ai cru pouvoir intercaler dans ces LEÇONS ce *desideratum* en matière de *Successions vacantes.*

(2) *Voir* LEÇONS DU DROIT INDOU, p. p. 328, 329, 330.

dessein d'assimiler l'Inde aux grandes
Colonies de la Martinique, de la Guadeloupe et de la Réunion, en ce qui concerne le regime de la Curatelle aux successions vacantes. — Le 13 Septembre 1878,
il adressait, en effet, au Gouverneur de l'Inde,.
la dépêche suivante: (1)

Direction
des Colonies n° 181
3° bureau.

Paris, le 21 Août 1878.
Brindisi, 13 Septembre 1878.

Monsieur le Gouverneur,.
L'examen du rapport de l'inspection mobile de cette année fait ressortir, en ce qui tou-

---

(1) Entre temps, il avait envoyé au Gouvernement de l'Inde la dépêche suivante, portant instructions au sujet des états périodiques de *Successions
vacantes:*

(Direction des Colonies. 3° bureau.)
Paris, 26 Avril 1866.

« Monsieur le Gouverneur,
« Une dépêche, en date du 25 Juin 1844, a prescrit
« à l'Administration des Etablissements français dans
« l'Inde, l'envoi à mon département d'états périodi-
« ques destinés à faire connaître le nombre, l'impor-
« tance et les mouvements de fonds des successions
« tombées à la vacance dans la Colonie.
« J'ai pensé qu'il y avait lieu d'apporter quelques
« modifications à cet égard, et d'établir, en même
« temps, une méthode uniforme dans toutes les Co-
« lonies, pour la production de ces documents.
« J'ai, en conséquence, l'honneur de vous trans-
« mettre, ci-joint, trois modèles *d'états* destinés à me
« fournir régulièrement les renseignements suivants:
« ETAT N° 1. *Etat des successions appréhendées cha-*
que trimestre.

che le service de la Curatelle aux biens vacants, diverses irrégularités qu'il serait bon
de prévenir, à l'avenir.

J'estime qu'il serait utile de rendre applicable dans nos Etablissements de l'Inde
les dispositions du décret du 27 Janvier 1855,
et il meme paraît pas nécessaire de
subordonner cette promulgation à
l'organisation du service de l'enregistrement.

Sans doute, l'article premier du décret
porte que les fonctions de curateur sont
remplies par un *receveur de l'enregistrement* désigné par le Ministre de la Marine
et des Colonies, mais, bien que l'enregistrement ne fonctionne pas encore dans l'Inde,
comme dans la plupart de nos autres Colonies,
il s'y trouve cependant un service des *Contributions*, des *Hypothèques* et des *Domaines*
dont les receveurs peuvent, sans inconvénient, cumuler les fonctions avec la Curatelle aux successions vacantes.

« Etat n° 2. *État des successions définitivement
« liquidées dans l'année.* »
« Cet état devra mentionner, dans la colonne des
« observations, les successions qui auront été remises
« directement aux héritiers présents dans la colonie
« ou dont le produit net aura été envoyé en France,
« pour être tenu à la disposition des héritiers métro-
« politains.
« Etat n° 3. *État des successions non réclamées
« faisant connaître chaque année: 1° les successions
« remises provisoirement au domaine colonial au bout
« de cinq ans; 2° les successions définitivement ac-
« quises au Trésor local, par suite de prescription.* »
« Ces états devront m'être envoyés séparément
« pour chaque comptoir. »

L'esprit du décret de 1855 n'est pas faussé par le fait que ces receveurs *sont nommés par vous*, au lieu d'être à la nomination de mon département; et bien qu'ils servent *au titre colonial*, rien ne s'oppose à ce qu'ils soient soumis aux obligations qui leur sont imposées par la législation sur la CURATELLE aux successions et biens vacants. Cette situation est d'ailleurs prévue par les articles 162 et 165 du décret du 26 Septembre 1855 sur le service financier des Colonies.

En conséquence, je vous prie de donner des ordres pour que *l'administration locale se conforme désormais aux dispositions du*

« Lorsqu'une succession sera tombée à la vacance, « le curateur lui donnera un numéro d'ordre, sur un « registre à ce destiné, et ce numéro sera reproduit « toutes les fois que la succession fugurera sur les « états ci-dessus mentionnés. »

« Ces documents devront m'être adressés, savoir: « L'état n° 1, dans le mois qui suivra le trimestre « écoulé.

« Et les états 2 et 3, dans les deux mois qui sui-« vront l'année écoulée.

« Je vous serai obligé, en outre, Monsieur le Gou-« verneur, de me faire parvenir avec l'état n° 1, l'état « nominatif *des Européens non attachés au service*, « *décédés dans le même trimestre*, afin qu'en don-« nant avis du décès de ces personnes, je puisse aussi « fournir, s'il y a lieu, des renseignements sur leur « succession. »

« Les états 1, 2 et 3. devront m'être toujours régu-« lièrement adressés, même quand il n'y aurait aucun « renseignement à fournir au département. Dans ce « cas, il porteront la mention: NÉANT.

« Je ne crois pas devoir entrer dans le plus amples « détails sur l'établissement de ces divers documents.

décret du 27 Janvier 1855, de l'arrêté et de l'instruction ministérielle du 20 Juin 1864.

L'exécution de ces prescriptions mettra fin aux irrégularités signalées par l'inspection mobile, savoir:

1° Défaut de tenue *d'un sommier de consistance* à Pondichéry (art 29 du décret.)

2° Défaut de *cautionnement* du curateur à la même ville.

« Les modèles ci joints vous fourniront, à cet égard, « toutes les indications nécessaires, et vous voudrez « bien vous y conformer entièrement.»

« Il ne me reste plus, Monsieur le Gouverneur, « qu'à vous prier d'inviter les autorités adminis- « tratives et judiciaires de la colonie à surveiller de « près le service de la CURATELLE. Il serait même utile, « que vous me transmissiez, chaque année, ainsi que « cela se fait dans les Colonies où le service de l'en- « registrement est régulièrement organisé, un RAP- « PORT sur la tenue du service.

« Vous voudrez bien joindre à cet envoi, sous le « timbre de la présente dépêche, et à part des docu- « ments destinés aux archives coloniales, les DOUBLES « MINUTES des jugements intervenus, chaque année, « dans la question des biens vacants.

« Telles sont Monsieur le Gouverneur, LES DISPOSI- « TIONS ADOPTÉES DANS LES AUTRES COLONIES, ET QUE « J'AI CRU DEVOIR ÉTENDRE A LA COLONIE QUE VOUS AD- « MINISTREZ.—Je désire que ces instructions reçoivent « leur exécution, dans la Colonie, à partir de l'exer- « cice courant, et je vous prie de donner des ordres « en conséquence.»

« Vous voudrez bien m'accuser réception de la pré- « sente circulaire,

Recevez, etc.

Le Ministre de la Marine et des Colonies,

Signé: P. DE CHASSELOUP-LAUBAT.

35

3° Inconvénient de conserver dans la caisse du receveur de Pondichéry la somme de 45,729 fr. 54 cent. provenant de la succession Souprayapoullé, alors que cette somme devait être versée au trésor, conformément à l'article 30 du décret de 1855.

4° Nécessité de verser au compte: «Successions en déshérence», les bijoux provenant des successions ouvertes avant 1850, qui seront encore en la possession du curateur.

J'ajoute que l'administration locale devra se conformer, à l'avenir, aux instructions contenues dans la dépêche ministérielle du 9 Septembre 1866 sur les Successions des étrangers insérée au B. O. sous le n° 31, année 1866.

Je vous prie de m'accuser réception de la présente dépêche et de me rendre compte des mesures que vous aurez prescrites pour assurer le fonctionnement régulier du service de la curatelle.

Le Vice-Amiral Sénateur,
Ministre de la Marine et des Colonies.

Signé: A. POTHUAU.

_____

Cette dépêche provoqua la réponse suivante de l'administration locale.

Du 16 Octobre 1878,

« Monsieur le Ministre, J'ai l'honneur d'accuser réception de la dépêche du 21 Aout 1878, n° 181, au sujet des irrégularités signalées par le rapport de l'inspection mobile de cette année, en ce qui touche le service de la curatelle aux biens vacants. »

« L'Administration avait été au devant des ordres du Département et. déjà, elle avait donné des instructions pour faire disparaître sur les quelques points de détail signalés, les incorrections existant encore dans un service qui, je dois le dire, fonctionne *avec irrégularité.* »

«'Ainsi, j'avais pris un arrêté pour fixer à 500 francs le *cautionnement* du curateur de Pondichéry;—depuis, j'ai, par un nouvel arrêté, déterminé le *cautionnement* des curateurs dans les Etablissements secondaires dont le *quantum* a été fixé à 200 francs pour Karikal et Chandernagor et à 100 francs pour Mahé et Yanaon.—Ces chiffres m'ont paru suffisants pour garantir la gestion des quelques successions appréhendées dans ces localités, successions rares et sans importance. »

«Des ordres sont donnés pour la tenue du *sommier de consistance* prévu par l'article 29 du Décret du 27 Janvier 1855 et pour le versement au Cte: *Produits des déshérences, épaves etc.*, de la valeur de quelque bijoux trouvés sur des cadavres d'inconnus et dont la vente a été prescrite. »

«Depuis que l'inspection de 1874 avait relevé la nécessité de se conformer aux dispositions de la dépêche du 9 Septembre 1866, l'Administration ne s'est pas écartée des prescriptions qu'elle édicte.—De nouvelles recommandations ont été faites, en tant que de besoin, mais notre proximité des autorités anglaises et les conditions de courtoisie et de réciprocité dans lesquelles nous devons nous maintenir nécessiteront tou-

jours de certains ménagements dans l'application des principes que rappelle cette
dépêche.

Les sommes en *excédant* des besoins cou-
rants de la gestion de la succession Souprayapoullé avaient été déjà versées au Trésor
(quand est parvenue la dépêche du 22 Août
dernier à laquelle je réponds) au profit du
service local et non à titre de produit de
succession vacante, car il s'agissait, en effet,
d'un bien en litige à l'administration duquel
avait été spécialement commis par ordonnance du juge, le receveur du premier bureau des contributions. C'est ce qui explique
la présence momentanée d'une somme aussi
forte dans la caisse du Receveur et il n'y
avait pas là dérogation à l'article 30 du
Décret du 27 Janvier 1855. Aujourd'hui, que
le montant de cette succession a été définitivement acquis à la Colonie, tous les fonds
ont été versés au Trésor.

Le décret du 27 Janvier 1855 est, en effet,
la règle que suit, dans l'application, l'Administration locale, pour la gestion des successions vacantes et aujourd'hui que les diverses lacunes encore existantes ont été com-
blées, le service de la curatelle est assuré
dans des conditions *parfaitement normales*.

Je suis etc.......

Le Gouverneur,

Signé: TRILLARD.

———

L'assimilation de l'Inde avec les grandes
Colonies de la Martinique de la Guadeloupe
et de la Réunion, en matière de curatelle,
était ainsi enterrée et l'arrêté de M. Du

CAMPER devait continuer, avec de nombreuses modifications, à régir les Successions vacantes de l'Inde française.

Et cependant, le décret du 27 Janvier 1855 offre, dans son économie entière, bien peu de dispositions inapplicables à nos possessions.

Toute personne de bonne foi sera obligée de le reconnaitre, par la seule lecture de ce document dont nous avons tenu, pour ce motif, à donner, ici, la teneur, *in extenso*: (1)

DÉCRET IMPÉRIAL, PORTANT RÈGLEMENT D'ADMINISTRATION PUBLIQUE SUR LES CURATELLES AUX SUCCESSIONS ET BIENS VACANTS A LA MARTINIQUE, A LA GUADELOUPE ET A LA RÉUNION.

Titre Premier.

DE L'ADMINISTRATION DES SUCCESSIONS ET BIENS VACANTS; ET DES DEVOIRS DES OFFICIERS PUBLICS EN CE QUI CONCERNE CETTE ADMINISTRATION.

CHAPITRE 1er.

DES CURATEURS D'OFFICE ET DE LEURS ATTRIBUTIONS.

Art. 1er. Dans les colonies de la Martinique, de la Guadeloupe et de la Réunion, les fonctions de curateur d'office

---

(1) Pour démontrer notre proposition, nous nous sommes attaché, dans des notes, à indiquer les modifications très simples—presque de forme—qu'il suffirait d'introduire dans l'économie de ce décret pour le rendre applicable à nos Etablissements. — Ajoutons, tout de suite, que toutes celles qui ne sont pas absolument incompatibles avec l'arrêté de M. DU CAMPER y ont été incorporées depuis 1866./.

sont remplies, dans chaque arrondissement judiciaire, *par un receveur de l'enregistrement* désigné par le Ministre de la Marine et des Colonies.

Le receveur de l'île Saint-Martin (Guadeloupe) est investi des mêmes fonctions dans cette dépendance.

Art. 2. Ces receveurs exercent toutes les attributions conférées par la législation coloniale aux curateurs d'office. (1)

En conséquence, ils ont l'administration de tous les intérêts et de tous les biens attribués à la curatelle par cette législation.

Ils exercent et poursuivent les droits des parties intéressées qu'ils représentent.

Ils répondent aux demandes formées contre elle.

Le tout, à la charge de rendre compte à qui il appartiendra.

Art. 3. Les receveurs investis de la curatelle fournissent un *cautionnement* de garantie de leur gestion envers les ayants-droit (2)

---

(1) Qu'est ce qui empêcherait de remplacer ces dispositions par les suivantes, cadrant avec les institutions de l'Inde française: « Dans les Etablissement français » de l'Inde, les fonctions de curateur d'office sont « remplies par les Receveurs du Domaine chargés de « la conservation des hypothèques.

« Art. 2.— Ces fonctionnaires exercent toutes les « attributions conférées par la législation coloniale « aux curateurs d'office......

(2) En ce qui touche le *cautionnement des curateurs*, voici ce qu'on lit dans la dépêche du 10 Octobre 1878 de M. le Directeur des contributions d'alors à M. le Directeur de l'Intérieur:—«Cette question est déjà règlée « pour Pondichéry.—Dans les Etablissements secon- « daires, les opérations de la curatelle sont très peu « importantes. Il convient cependant, par mesure « d'ordre et en prévision des futurs contingents de « régler ainsi le cautionnement du curateur de ces « établissements et je suis d'avis de le fixer comme « suit:

Ce cautionnement peut être fourni en numéraire ou en immeubles. — La quotité en est déterminée par arrêté du Gouverneur, sous l'approbation de notre Ministre de la Marine et des colonies.

Le cautionnement en immeubles doit être d'une valeur double du cautionnement en argent.

Sont applicables aux cautionnements fournis en numéraire et en immeubles par les curateurs, les règles et formalités prescrites en matière de *cautionnement pour les receveurs de l'enregistrement et* les conservateurs des hypothèques. (1)

Art. 4. Le cautionnement subsiste et conserve son affectation jusqu'à la décision qui décharge définitivement le curateur de sa gestion.

Art. 5. Le curateur ne peut se dispenser de poursuivre la rentrée des sommes dues aux personnes qu'il représente et aux successions remises en ses mains, qu'en justifiant de l'insolvabilité des débiteurs ou des autres causes qui s'opposent aux poursuites.

Toutefois avant d'engager aucune action en justice, il doit se faire autoriser par le conseil de curatelle institué par le présent décret. (2)

Cette autorisation n'est pas nécessaire à l'égard des actes purement conservatoires.

Art. 6. Lorsque le curateur agit sans l'autorisation du conseil de curatelle dans les cas indiqués au second paragraphe de l'article précédent, les frais qui retomberaient à la charge de la succession ou des parties qu'il représente, soit par suite de condamnations prononcées contre elles, soit par suite de l'insolvabilité de la partie adverse, peuvent être mis à la charge personnelle de cet administrateur.

« Chandernagor et Karikal......... 200 francs»
« Mahé et Yanaon............... 100 «

(1) Il suffirait d'ôter de cet article les mots: «*les re-Receveurs de l'enregistrement et*......»

(2) Rien n'est plus facile, comme on le verra plus loin, que de composer ce conseil de curatelle, dans nos cinq Établissements.

Art. 7. Lorque la valeur des biens gérés par le curateur ne s'élève pas au delà de *deux cents francs,* il ne lui est rien alloué (1) à titre de vacations ou d'indemnité.

Lorsque cette valeur excède *deux cents francs* (2) il est alloué au curateur, indépendamment de ses déboursés, pour tous droits vacations et indemnités, une remise dont le taux est réglé d'après l'importance des intérêts qu'il a gérés et eu égard aux soins que la curatelle a exigés.

Ces honoraires sont taxés par le jugement ou l'arrêt annuel d'apurement dont il sera parlé plus bas.

Art. 8. Dans toutes les opérations où sa présence et nécessaire, le curateur peut se faire représenter par un commis dont il demeure responsable.

Le curateur et le commis prêtent serment devant le Tribunal de première instance.

Art. 9. Le curateur est responsable des fautes qu'il commet dans son administration. Cette responsabilité se détermine d'après les règles posées au titre XIII, chapitre II, du livre III du code *Napoléon.* (2)

Toutefois, il ne répond que des actes de sa gestion personnellement ou de celle de son commis.

Art. 10. La gestion du curateur prend fin:

1° Par la remise de la succession, soit aux héritiers dont les droits ont été reconnus, soit au domaine.

2° Par la liquidation entièrement effectuée de l'actif de la succession;

3° Par la remise aux ayants—droits des biens et valeurs qu'il a administrés en leur nom.

---

(1) *et* (2)— Etant donnée la minime importance de la plupart des successions appréhendées par les curateurs, il faudrait fixer *à cent francs* le chiffre à partir duquel il leur est alloué une indemnité./.

(1) On écrit *Civil* aujourd'hui.

CHAPITRE II.

Obligations des curateurs lors de l'ou-verture d'une succession.

Art. 11. Aussitôt que le curateur a eu connaissance d'un décès autre que celui d'un fonctionnaire ou agent civil ou militaire, et qu'il ne se présente ni héritier, ni légataire universel, ni exécuteur testamentaire, il provoque immédiatement l'apposition des scellés, si elle n'a déjà été opérée.

Art. 12. L'ouverture de toute succession présumée vacante est publiée, sans frais, dans le journal officiel de la colonie, à la diligence du curateur, dans l'un des premiers numéros qui paraissent après son ouverture.

La même publication invite les créanciers de la succession à produire leurs titres, soit au curateur, soit au notaire chargé de dresser l'inventaire des biens.

Art. 13. Dans les huit jours de l'apposition des scellés, le curateur fait procéder à leur levée et à la constatation, par un inventaire, de l'état de la succession.

S'il y a lieu de présumer, avant la levée des scellés, que la succession consiste uniquement en valeurs mobilières et que ces valeurs ne s'élèvent pas à 1,000 francs, il en est dressé, par le juge de paix, un état descripif qui tient lieu d'inventaire et l'estimation des objets décrits dans ce procès verval est faite par le greffier, qui assiste à l'opération.

Art. 14. Tout inventaire commence par l'examen des papiers, à l'effet de connaître les héritiers absents, s'il y en a, d'avoir des renseignements sur le lieu de leur résidence et principalement de constater s'il existe ou n'existe pas de testament.—Le résultat de ces recherches est constaté dans l'inventaire, qui doit contenir, en outre, l'indication et l'évaluation esti-

36

mative des biens situés dans la colonie, et les autres
mentions et formalités exigées par la loi.

Art. 15. Lorsque les papiers du défunt contiennent des renseignements sur les héritiers, le curateur, sans attendre la fin des opérations d'inventaire, leur donne immédiatement avis, par lettre transcrite sur son registre de correspondance, de l'ouverture, et, autant que possible, des forces et charges de la succession.

Art. 16. Dans les quinze jours de la clôture de l'inventaire, le curateur adresse au Directeur de l'Intérieur un état contenant:

1° La date et l'indication du lieu du décès;

2° Les nom, prénoms, et qualités du décédé;

3° Le lieu de sa naissance (commune et département);

4° Les noms, prénoms et demeures des héritiers absents, ou les renseignements recueillis à cet égard;

5° Les noms, prénoms et demeures des co-associés du défunt, si celui-ci était, de son vivant, en société, avec indication du genre de société;

6° Les noms et demeures des enfants et du conjoint survivant;

7° Les noms et demeures de l'exécuteur testamentaire;

8° Les noms et demeures des légataires universels;

9° La date du testament;

10° La date de l'inventaire ou de l'état descriptif;

11° Le montant de l'actif de la succession, avec l'indication des valeurs mobilières et la désignation et l'évaluation des immeubles:

12° Le montant du passif;

13° Les observations sur la nature de l'actif, faisant connaître si les créances actives paraissent susceptibles de recouvrement;

Cet état est transmis au Ministre de la Marine et des colonies, par les soins duquel un extrait en est inséré au *Moniteur* et communiqué au Ministre de la justice, afin qu'une semblable insertion soit faite, à la diligence du Procureur Général, dans le journal du département où l'on présume que pourraient se trouver les héritiers.

CHAPITRE III.

VENTE DU MOBILIER ET DES IMMEUBLES.

Art. 17. Le curateur peut faire procéder à la vente des effets mobiliers susceptibles de dépérir ou dispendieux à conserver, même avant la clôture de l'inventaire, après y avoir été autorisé par ordonnance du juge.

La vente est faite dans les formes usitées pour les ventes du mobilier de l'Etat.

Les effets mobiliers des personnes décédées à la campagne peuvent être transportés et vendus au lieu de la résidence du curateur, ou au chef-lieu de la commune du lieu du décès, sauf, dans ce cas, à faire désigner le lieu de la vente par le juge.

Art. 18. La faculté réservée au curateur par l'article précédent, en ce qui concerne les effets mobiliers, ne s'étend pas aux bestiaux, instruments et ustensiles mobiliers servant à l'exploitation d'un domaine rural ou d'une manufacture, aux matières d'or et d'argent et aux valeurs désignées en l'article 529 du code Napoléon. (*Civil.*)

Art. 19. Si les intérêts de la succession exigent que les immeubles soient mis en vente, en tout ou en partie, cette vente ne peut avoir lieu que par autorisation de justice, rendue contradictoirement avec le ministère public et portant désignation expresse de ces immeubles.

Les mêmes formalités sont observées lorsqu'il y a lieu de procéder à la vente de titres ou valeurs négociables.

Ces titres et valeurs ne peuvent être vendus que par le ministère d'un agent de change (1) et aux cours de la place.

Art. 20. Les propriétés d'une valeur inférieure à *trois mille francs* peuvent être vendues aux conditions et dans les formes réglées par le juge.

_____

(1) Il faudrait dire, dans l'Inde, par le *Commissaire-Priseur*, la colonie n'ayant pas d'agent de change./

Art. 21. Il est interdit au curateur de se rendre adjudicataire, directement ou indirectement, d'aucuns meubles ou immeubles et d'aucunes valeurs dépendant des biens qu'il administre, à peine de restitution des objets illégalement acquis, et, s'il y a lieu, de tous dommages-intérêts.

CHAPITRE IV.

Obligations des divers fonctionnaires
en ce qui concerne les successions
vacantes.

Art. 22. En recevant la déclaration de tout décès, l'officier de l'état civil est tenu de s'informer si les héritiers du défunt sont présents ou connus.

En conséquence, les aubergistes, hoteliers, locataires et toutes autres personnes chez lesquelles est décédé un individu dont les héritiers sont absents ou inconnus, doivent, à peine de tous depens et dommages-intérêts envers qui de droit, fournir, à cet égard, à l'officier de l'état civil tous renseignements qui peuvent être à leur connaissance et lui déclarer en même temps si le défunt a laissé ou non des sommes d'argent, des effets mobiliers ou des papiers dans la maison mortuaire.

Art. 23. S'il résulte des informations recueillies que les héritiers du décédé ne sont ni présents ni connus, l'officier de l'état civil en donne sur le champ avis au Procureur Impérial (1) au juge de paix du canton et au curateur du lieu de décès.

Il leur transmet en même temps les indications qui ont pu lui être fournies sur les objets délaissés par le défunt.

Art. 24. Si le décès a eu lieu dans un hôpital, le directeur de cet établissement doit, sous la même

----

(1) de la République.

responsabilité, en transmettre l'avis, avec les renseignements et déclaration ci-dessus indiqués, à l'officier de l'état civil et au curateur.

Art. 25. Si le décédé est un fonctionnaire ou un agent civil ou militaire, toute personne chez laquelle le décès a eu lieu, tout directeur d'hôpital, doivent transmettre les avis, renseignements et déclaration mentionnés en l'article 22 à l'officier de l'état civil et à l'officier d'administration de la marine chargé des *Revues*, lequel procède à l'apposition des scellés et administre la succession suivant les formes et règles spéciales déterminées par les lois et ordonnances de la Marine.

CHAPITRE V.

REMISE DES SUCCESSIONS AU DOMAINE
ET VENTES DES BIENS NON RÉCLAMÉS
QUI EN DÉPENDENT.

Art. 26. A l'expiration de la cinquième année de l'administration du curateur, s'il ne s'est présenté aucun ayant droit, l'administration du domaine *entre en possession provisoire des successions gérées par la Curatelle*. (1)

---

(1) Rappelons qu'un mal entendu des plus graves s'était produit, sur ce point, sous l'empire de l'arrêté de 1844. L'Administration domaniale de l'Inde se bornait, jusqu'en 1882, à *posséder* les successions vacantes non réclamées après la cinquième année de la gestion du curateur, sans songer *à se faire envoyer en possession* par justice, dans les formes déterminées par l'art. 770 du Code civil.

Ce qui parait le plus étrange dans ce malentendu, c'est que l'administration domaniale de l'Inde ne se rendait pas le moindre compte de son erreur, à preuve le document suivant:

Art. 27. Dans les quatre premiers mois de chaque année , le curateur dresse l'état de situation de toutes les successions non liquidées dont l'ouverture remonte à cinq années, et qui n'ont été réclamées par aucun-ayant droit ni par le domaine.

N° 140.— Dépêche ministérielle portant instruction sur l'entrée en possesssion du domaine au bout de 30 ans, en matière de successions vacantes.

(Direction des Colonies; 3ᵉ bureau: Justice; Régime pénitentiaire.)

Paris, le 18 Août 1866.

Monsieur le Gouverneur,

Une circulaire de mon département, en date du 14 Décembre 1864, a prescrit aux administrations coloniales de faire connaître le mode suivi par chacune d'elles pour faire attribuer, d'une manière définitive, au domaine, les biens non réclamés des successions vacantes depuis trente ans, et spécialement d'indiquer si, par analogie avec ce qui se pratique en France, à l'égard de l'Etat, *le domaine colonial se fait régulièrement envoyer par les Tribunaux en possession* du réliquat de toute succession non revendiquée par les héritiers, avant l'expiration de l'administration du curateur.

En réponse à la circulaire précitée, vous m'avez fait connaître, Monsieur le Gouverneur, par lettre du 1ᵉʳ Novembre 1864, que, *dans l'Inde*, où l'Administration des successions vacantes est régie par un arrêté local du 29 Avril 1844, le *le domaine colonial se fait régulièrement envoyer en posssession de toute succession non réclamée* à l'expiration de la cinquième année de la gestion du curateur; par suite de cette mesure l'échéance du délai de la prescription fait acquérir définitivement au domaine colonial les biens de la succession.

Ce mode de procéder est régulier, et je ne peux que l'approuver. En l'absence de dispositions spéciales, il convient, comme vous l'avez fait, d'appliquer à l'espèce les règles du droit commun, et, comme le code

Cet état est adressé par le curateur au Procureur Impérial (*de la République*) et au Chef de l'Administration intérieure. Il contient:

1° Les nom, prénoms, profession et demeure du défunt;

2° La date du décès;

3° Le montant des recettes réalisées;

4° Le montant des dépenses;

5° Le détail des créances à recouvrer, avec indication du nom des débiteurs;

6° La désignation détaillée des immeubles invendus avec indication de leur valeur.

7° Le montant des dettes et charges de la succession

Art. 28. Sur la demande du curateur, s'il est encore saisi, le tribunal autorise, s'il y a lieu, la vente, par adjudication publique, des biens meubles et immeubles, créances et valeurs de toute nature appartenant aux successions ouvertes depuis plus de cinq ans et non liquidées ni réclamées.

Napoléon(*civil*)a été rendu appliable dans nos Etablissements de l'Inde, par arrêté local du 6 Janvier 1819, ce sont les prescriptions de ce code sur l'envoi en possession des successeurs irréguliers qui doivent être suivis dans cette colonie comme elles le sont en France.

Je crois seulement utile de vous faire remarquer qu'en vertu d'une jurisprudence consacrée par arrêt de la Cour de cassation, en date du 13 Juin 1855, ce délai de la prescription court du jour de l'ouverture de la succession, quelleque soit l'époque de l'envoi en possession.

Quant aux publications qui, aux termes de l'article 770 précité, doivent précéder *le jugement d'envoi en possession*, il suffira qu'elles soient faites dans le journal officiel de la colonie.

Je vous prie de m'accuser réception de la présente dépêche. Recevez, etc.

Le Ministre de la Marine et des Colonies,
Pour le Ministre et par son ordre :
Le Directeur des colonies,
Signé: CH. ZOEPFFEL.

Titre II.

COMPTABILITÉ DES SUCCESSIONS ET BIENS
VACANTS.

CHAPITRE 1er:

REGISTRE ET SOMMIERS. — VERSEMENTS
AU TRÉSOR ET PAIEMENT DES DÉPENSES.

Art. 29. Le curateur doit tenir les registres ci-
après désignés:

1° Un sommier de consistance:

2° Un registre journal de recette et de dépense;

3° Un sommier ou grand-livre de compte ouvert.

Ces registres sont côtés et paraphés par le Président du Tribunal de première instance de l'arrondissement.

Dans la partie française de l'île Saint-Martin, cette
formalité est remplie par le juge de paix. (1)

Art. 30. A la fin de chaque mois, le curateur fait
dépôt à la caisse du Trésorier de la Colonies du montant intégral des recettes qu'il a effectuées pendant le
mois.

Art. 31. Les paiements à faire par le curateur à
la décharge des liquidations qu'il administre sont
opérés, savoir: s'il s'agit de dépenses courantes, sur
états ou mémoires des parties prenantes certifiés par
le curateur et taxés par le juge de paix du lieu; s'il
s'agit de dettes passives, sur la production des titres.

Lorsqu'il y a lieu à distribution par ordre ou contribution, le curateur ne paie que sur bordereaux de
collocation ou mandements régulièrement délivrés.

Art. 32. Il est interdit, au curateur, sous peine de
devenir personnellement responsable des sommes en-
gagées, de faire aux liquidations qui n'ont pas de fonds
réalisés des avances sur les fonds des autres liquidations.

---

(1) Remplacer cette disposition par la suivante: «A
« Mahé et Yanaon cette formalité est remplie par le
« Juge de paix à compétence étendue.—»

Il est pourvu à celles de ces dépenses qui sont reconnues indispensables, conformément aux dispositions du Chapitre IV du présent titre.

Art. 33. Aucun envoi en France de fonds appartenant à une succession ne peut être fait pendant la durée de l'administration du curateur, si ce n'est en vertu d'autorisation de justice. Aucune partie de ces mêmes fonds n'est remise aux héritiers présents ou représentés, avant qu'ils aient repris la succession des mains du curateur.

Lorsque le curateur se trouve déchargé, aux termes de l'article 10, par la liquidation entièrement effectuée de l'actif d'une succession, les fonds déposés à la caisse du trésorier de la colonie peuvent, sur la demande des familles domiciliées en Europe, et en vertu des ordres du Ministre de la Marine, être remis en France à la caisse des dépôts et consignations.

Art. 34. La forme de la tenue des registres du curateur et le mode de comptabilité de la curatelle avec le Trésor colonial sont réglés par un arrêté du Ministre de la Marine et des Colonies.

CHAPITRE II.

SURVEILLANCE ADMINISTRATIVE ET APUREMENT DES COMPTES DES CURATEURS.

Art. 35. Les employés supérieurs de l'enregistrement vérifient, chaque année, dans toutes ses parties, la gestion du curateur. (1) Un extrait de leur rapport est transmis au Procureur Général.

Art. 36. Le Procureur Général et le Procureur Impérial (*de la République*) sont spécialement chargés de la surveil-

_____

(1) En l'absence du service de l'enregistrement dans l'Inde, ne pourrait-on pas disposer ainsi:—«L'inspec- « teur des services administratifs et financiers de la « Marine et des colonies vérifiera chaque année, dans « toutes ses parties, la gestion du curateur?»

37

lance de la curatelle. A cet effet, ils peuvent se faire représenter, sur récépissé, toutes pièces et tous registres,
et se transporter, au besoin, dans les bureaux du curateur et s'y livrer à toutes les investigations qu'ils
jugent convenables.

Art. 37. Dans les trois premiers mois de chaque
année, le curateur présente au Tribunal de première
instance son compte de gestion pour l'année précédente. (1)

Ce compte est déposé au greffe du Tribunal et accompagné d'un inventaire sommaire, en double ex-

---

(1) Rappelons que cet article fait disparaître une
des anomalies que renferme l'article 23 de l'arrêté de
M. Du Camper, lequel donne mission et compétence
à la Cour d'appel de Pondichéry à l'effet de régler et
d'apurer les comptes de la CURATELLE AUX SUC-
CESSIONS VACANTES...... par le motif que. — « Si,
« d'après la nouvelle organisation du Tribunal de
« première instance de Pondichéry, il est naturel de
« lui renvoyer tout ce qui est du ressort des Tribu-
« naux de première instance *et qui ne se trouvait dans*
« *les attributions de la Cour Royale que par suite*
« *d'une organisation spéciale qui n'existe plus*, il faut
« faire, à cet égard, une exception *pour ce qui*
« *concerne* la CURATELLE AUX BIENS VACANTS, —
« Considérant que l'ordonnance des SUCCESSIONS
« VACANTES ne saurait être environnée de trop
« fortes garanties et que la meilleure qu'on puisse lui
« donner est de la placer sous l'influence immédiate
« de la haute magistrature locale;—ARRÊTE que les at-
« tributions conférées à l'ancienne Cour Royale de
« Pondichéry, par le règlement du 30 Avril 1823, re-
« latif à la curatelle des biens vacants, sont MAIN-
« TENUES A LA NOUVELLE COUR. »— Ce qui n'empêche pas le même arrêté de disposer que, dans les
Établissements secondaires, le Tribunal de première
instance, *outre ses fonctions habituelles*, y remplira les
attributions de la Cour Royale, *pour le règlement des*
comptes annuels de la curatelle.— O Logique!...

pédition, des pièces produites et sur l'un desquels le greffier donne son reçu. Mention de cette remise est faite, à sa date, sur un registre d'ordre tenu au greffe à cet effet.

En cas de négligence dans la remise au greffe des comptes d'une ou de plusieurs liquidations, dont le curateur est saisi, celui-ci peut être condamné à une amende de 100 francs à 500 francs.

L'amende est prononcée par le Tribunal chargé de l'apurement des comptes, soit d'office, soit sur la réquisition du ministère public.

Art. 38. Indépendemment des pièces indiquées à l'article précédent, l'extrait du rapport mentionné à l'article 35 est produit au Tribunal chargé d'apurer les comptes du curateur.

Art. 39. Le Tribunal statue sur ces comptes, dans les deux mois du dépôt fait au greffe.

Le jugement est rendu au rapport d'un juge et sur les conclusions du ministère public.

Le curateur peut, dans les trois mois, se pourvoir par requête devant la Cour Impériale (*d'appel*) qui prononce en la même forme et dans le même délai.

Les comptes du curateur apurés par les tribunaux ne peuvent être attaqués par les ayants-droits et par le directeur de l'administration intérieure que pour erreur de calcul, omission, faux, ou double emploi.

Art. 40. Lorsqu'il est statué par un jugement collectif sur plusieurs comptes, le jugement fixe, d'une manière distincte, pour chacun d'eux, le montant de la recette et de la dépense et la situation du curateur vis-à-vis des ayants-droit.

Art. 41. Les décisions annuelles qui statuent sur les comptes du curateur en exercice se bornent à fixer la situation du comptable, à la fin de l'année.

Celles qui interviennent, lorsque la gestion a pris fin, soit comme il est dit en l'artcle 10, soit par cesssation de fonctions, prononcent seules la décharge définitive du curateur.

Le jugement annuel statue, s'il y a lieu, sur les honoraires acquis au curateur pour les affaires courantes, et le jugement définitif pour celles terminées; le tout sous la réserve portée en l'article 7 ci-dessus.

Art. 42. Toute décision qui rejette comme non justifiées des dépenses portées aux comptes du curateur peut, si les justifications sont ultérieurement produites, être, de sa part, l'objet d'un pourvoi en révision de comptes devant le Tribunal qui a rendu la décision.

Ce pourvoi est formé par requête déposée au greffe, à laquelle sont jointes les pièces à l'appui. Il est statué conformément à l'article 39.

Art. 43. Les prescriptions relatives à la présenta-tion des comptes ne peuvent, en aucun cas, être op-posées aux ayants-droit ou à leurs représentants. Le curateur est tenu de leur rendre compte à la première réquisition.

CHAPITRE III.

CONSEIL DE CURATELLE. (1)

Art. 44. Il est formé, dans chaque arrondissement judiciaire (2), un conseil de curatelle composé ainsi qu'il suit :

Au chef-lieu judiciaire de la colonie, d'un conseiller à la Cour Impériale, (*d'appel*) Président, du Procureur Impérial (*de la République*) et d'un délégué du chef de l'administration intérieure;

Dans les autres arrondissements, (3) du Procureur Im-périal, (*de la République*) Président, d'un juge et d'un fonctionnaire désigné par le Gouverneur; à l'île Saint-

---

(1) Ce chapitre, comme tous les autres, peut être appli-qué à l'Inde, avec les quelques modifications qui suivent:-

(2) Remplacer cette première partie de l'article 44 comme suit: « Il est formé dans chacun des cinq Eta-« blissements de l'Inde française».......

(3) Au lieu de: «Dans les autres arrondissements etc.. il faudrait dire:— « A Karikal et à Chandernagor, du Procureur de la Réqublique, Président, d'un juge et d'un fonctionnaire désigné par le Gouverneur. »

Martin, le juge de paix exerce les attributions du conseil de curatelle. (1)

Le conseiller et le juge faisant partie du conseil de curatelle sont désignés, au commencement de chaque année judiciaire, par les présidents de la Cour et du Tribunal.

Art. 45. Le conseil de curatelle est chargé d'examiner les questions relatives aux actions à introduire en justice, dans les cas prévus par le deuxième paragraphe de l'article 5 du présent décret.

Ses décisions sont motivées et rendues en forme d'avis. Leur notification au curateur est faite par le Président.

Art. 46. Le conseil de curatelle se réunit toutes les fois que le besoin l'exige, sur la convocation du président et du secrétaire.

Les procès-verbaux de ses séances sont consignés sur un registre spécial signé du président.

Les fonctions de secrétaire du conseil sont remplies par un commis greffier.

CHAPITRE IV.

FONDS DE PRÉVOYANCE.

Art. 47. Lorsqu'une succession n'a pas de fonds réalisés pour faire face aux dépenses indispensables de son administration ou aux frais de justice, il y est pourvu par le curateur, à l'aide d'un fonds de prévoyance, dans les limites ci-après indiquées.

Des arrêtés du Gouverneur, rendus sur l'avis du conseil de curatelle, fixent à chaque trimestre, et plus souvent, s'il est nécessaire, le montant du fonds de prévoyance à mettre à la disposition du curateur.

(1) On dirait au lieu de: «A l'île St-Martin...:—«A Mahé et à Yanaon, le juge de paix à compétence étendue exerce les attributions du Conseil de Curatelle.»

Art. 48. Sur le vu de l'arrêté du Gouverneur, les fonds sont délivrés par la caisse coloniale, au fur et à mesure des demandes, et contre des mandats du curateur, visés par le président du conseil de curatelle, d'après la justification de l'utilité de la dépense, et, en outre, par le fonctionnaire chargé de l'ordonnancement des dépenses du service intérieur.

Art. 49. Les avances faites aux successions par le fonds de prévoyance sont remboursées au trésor par le curateur, sur les premières rentrées de chacune des liquidations auxquelles elles ont été appliquées.

L'excédent des dépenses sur les recettes, s'il y en a, est passé au débit des comptes particuliers que ces dépenses concernent, et reste provisoirement, et sous toutes les réserves de recouvrement ultérieur, à la charge de la caisse coloniale qui profite de la déshérence.

Art. 50. Le curateur tient un compte spécial des dépenses avancées sur le fonds de prévoyance et restant, à la fin de chaque année, à la charge du trésor colonial. Ce compte est annexé au compte général indiqué au chapitre II du présent titre et apuré dans les mêmes formes.

Art. 51. Pour toutes les liquidations de succession mentionnées au § 1er de l'art. 7 la procédure à lieu sans frais.

DISPOSITIONS GÉNÉRALES: *Art.* 52. Sont abrogées etc.
. . . . , ...

90. Conclusion.—La lecture du texte du décret du 27 Janvier 1855 aura permis de juger si le service de la Curatelle de l'Inde est assuré dans des conditions *parfaitement normales,* ainsi que l'affirmait le Gouverneur de 1878.

Il est vrai que les Curateurs fournissent un *cautionnement* et tiennent le *sommier de consistance* prévu par l'article 29 du sus dit décret, qu'ils dressent régulièrement les *états* 1. 2 et 3 exigés par les articles 16 et 27 du même décret.

Mais c'est tout.—Les Curateurs, dans l'Inde, ne se conforment pas à la procédure qui est tracée *lors de l'ouverture des successions*, par le Chapitre II du dit décret; aux règles prescrites par le Chapitre III, *en ce qui concerne la vente du mobilier et des immeubles*. Le Chapitre IV n'est également pas suivi dans la pratique.

Si l'article 28 du décret est exécuté. (*Vente, « sur autorisation du Tribunal, par adjudication « publique des biens meubles, immeubles, créances « et valeurs etc.* ») il n'est pas inutile de noter que cette exécution a lieu au mépris de l'article 23 de l'arrêté de 1844, lequel donne *mission* et *compétence* à la COUR D'APPEL DE PONDICHÉRY. *a l'effet de régler et apurer les comptes de la Curatelle. au chef-lieu.* C'est à l'autorité qui apure un compte, en effet, qu'il doit appartenir d'accorder ou de refuser les voies et moyens pour arriver à cet apurement.—Cette anomalie crée naturellement des conflits, dans la pratique. LA COUR invite, par exemple, le curateur à vendre des effets appartenant à une succession; le curateur présente requête au *Président du Tribunal* (en vertu de l'article 28 du décret de 1855) et ce magistrat refuse d'octroyer l'autorisation de vendre, parce que la mesure ne lui parait pas opportune.—Que fera le curateur?

Cette anomalie disparaitrait, si le Tribunal recouvrait ses attributions d'apurement que lui donne l'article 39 du décret de 1855, la Cour demeurant, en cette matière, comme en toutes les autres, juridiction d'appel.

Signalons encore une modification urgente qui rend indispensable la promulgation de ce décret. Il s'agit du *conseil de Curatelle.* Le rapprochement des textes suffit pour démontrer la nécessité de le composer conformément aux articles 44 et suivants. Il offrira seulement alors *toutes les conditions de garantie désirables.*

Enfin, tout le chapitre dernier « FONDS DE PRÉVOYANCE» s'impose....

Il faut donc abandonner purement et simplement l'arrêté de M. DUCAMPER qui a fait son temps, au lieu de s'ingénier à y opérer des *ajouts* et des amputations.—Le système d'addition et de retranchement suivi jusqu'aujourd'hui nous a doté d'une législation *bâtarde,* en matière de curatelle, qu'il faut se hâter, déférant enfin au vœu du Gouvernement de la métropole, de remplacer par les dispositions du décret du 27 Janvier 1855 qui régit la Curatelle dans toutes nos Colonies.

FIN

DES SUCCESSIONS.

DES

DONATIONS ENTRE-VIFS

CHAPITRE PREMIER.

DISPOSITIONS GÉNÉRALES.

SOMMAIRE.

1. Origine des principes qui régissent les donations en droit musulman.

2. Caractère de la donation.—Elle doit être absolument gratuite.

3. La prise de possession immédiate de la chose donnée est requise, à peine de nullité de la donation.

4. Motifs de cette règle rigoureuse.

5. Applications de cette règle par la Cour et les Tribunaux de l'Inde française.

6. La prise de possession peut cependant avoir lieu plus tard, pourvu que ce soit du consentement du donateur.— Arrêt de la Cour d'appel de Pondichéry, en ce sens.—

7. Si le donateur reste en possession de la chose donnée et meurt avant de l'avoir délivrée au donataire, la donation est considérée comme non existante.

8. Mais la prise de possession peut ne durer qu'un temps fort limité.— Exemples.—

9. Toute donation conditionnelle est conséquemment proscrite par le droit musulman.— Distinction à faire en ce qui concerne les conditions qui peuvent se rencontrer dans une donation, en droit musulman.

10. Est absolument nulle, d'après la loi musulmane, toute donation qui ne doit produire effet qu'après la mort du donateur.

38

11. De même, est nulle la donation de la nu-propriété d'un immeuble avec réserve d'usufruit même partielle, au profit du donateur. *Quid* de la donation d'un usufruit?

12. Est valable la donation d'un immeuble hypothèqué, pourvu que le donataire, en se mettant en possession du dit immeuble, le libère de l'hypothèque qui le grevait.

13. Le donateur n'est pas tenu à la garantie.

14. A moins que la donation n'ait été faite avec l'intention de causer un dommage au donataire.

15. Le donataire de bonne foi n'est pas comptable des profits qu'il a tirés de la chose donnée, pendant le temps de sa possession; mais il peut répéter, en cas d'annulation, ses impenses.

1. La législation que suivaient les tribus juives de l'Arabie a inspiré aux jurisconsultes musulmans la plupart des règles relatives aux DONATIONS ENTRE-VIFS. (1)

2. L'HÉDAYA définit la *Donation* une cession de propriété faite sans aucun avantage en retour.—

D'où, cette conséquence, que le *Maher*, par exemple, n'est pas une donation.—C'est, en effet, un prix payé ou qu'on promet de payer, en retour de la consommation du mariage.—Il importe peu que le contrat de *Maher* porte le nom de *Donation*. Jamais une cession faite pour tenir place du *Maher* ne sera autre chose que le paiement d'une dette. Autre conséquence:—la prise de possession, dans ce cas, n'est pas nécessaire.

La gratuité est donc la caractèristique essentielle de la Donation et si le donataire

---

verse quelque somme en retour, mais non le prix entier de l'objet donné, le contrat sera en partie, une donation, et, en partie, une vente. Tel est du moins principe la loi naturelle.—Mais les règles de la loi musulmane, en cette matière, sont plus rigoureuses:—une valeur quelconque, si peu considérable qu'elle soit, remise en retour d'une chose donnée transforme immédiatement la donation en vente.

—A fortiori, si la valeur entière de l'objet donné est remise, le contrat est une vente et doit être considéré comme tel, et,ce, bien qu'on ait qualifié le contrat de donation.— C'est ainsi qu'un *Hiba-bil-Iwuz* est, en fait, une vente—et, conséquemment, valable en droit musulman, encore que la prise de possession n'ait pas eu lieu. (1)

3. La donation, d'après le droit naturel, (comme l'observe ELBERLING,) est rendue valable par l'offre et l'acceptation, ainsi que les autres contrats. La *délivrance* peut avoir lieu immédiatement; elle peut être renvoyée à une époque future, ou encore subordonnée à certaines conditions.— S'il n'a été stipulé ni terme, ni condition dans le contrat de donation, la délivrance par le donateur et la prise de possession par le donataire suivent immédiatement, en général, l'accepta-

---

(1) Le *Hiba-bil-Iwuz* exige, en effet, que le donateur reçoive, en retour de la chose donnée, une chose de valeur à peu prés égale. — Dès lors, ce contrat devient immuable et, il faut alors, pour le résilier, la volonté réciproque des parties N. DE TORNAUW p. 182./.

tion; mais si les choses ne se sont pas ainsi passées, la délivrance peut être exigée plus-tard, à la condition toutefois que l'existence du contrat soit nettement établie. — Le dé-faut de délivrance à l'époque où elle a gé-néralement lieu servirait à prouver, soit qu'il n'y a pas eu de donation, soit que la donation a été faite sous condition.

Mais ces règles ne sont pas applicables au droit musulman qui n'admet la validité d'une donation qu'autant que le donataire ait immédiatement pris possession de l'objet donné.—Les auteurs musulmans donnent deux raisons de cette règle restrictive.

4. La première est que le Prophète a dit: *Une donation n'est pas valable, sans prise de pos-session.*

La seconde est que la donation est un acte volontaire, dont l'exécution ne peut pas être forcée. — La prise de possession doit donc suivre immédiatement l'acceptation.

Et ce, alors même qu'il s'agirait d'une donation *en vue d'un mariage.*

5. C'est ce que la Cour d'appel de Pon-dichéry a décidé dans les termes suivants, par son arrêt en date du 29 Avril 1862:—

« Attendu que la donation, même en vue d'un ma-
« riage, est soumise, en droit musulman, aux conditions
« suivantes prescrites à peine de nullité: 1° que la do-
« nation *ait effet immédiatement et ne soit pas dé-*
« *pendante d'un évènement incertain* ou de la *volonté*
« *du donateur;* 2° que *l'objet donné existe*; 3° qu'il y
« ait eu *prise de possession du donataire,* A MOINS QUE
« LE DONATEUR N'AIT FIXÉ LA DÉLIVRANCE A UNE ÉPOQUE
« ULTÉRIEURE ET DÉTERMINÉE;»

« Attendu que le contrat de mariage du 11 Août
« 1851 renferme deux disposition distinctes: *donation*

« à la future épouse et au futur époux de bijoux et
« d'une somme d'argent;— *engagement de donner,*
« dans le délai d'un an, une portion d'immeuble,
« objet du litige et d'y élever des constructions.»

« Attendu que les termes du contrat de mariage
« ne laissent subsister aucun doute sur l'intention du
« donateur; qu'il déclare qu'il *donnera* à la future
« épouse et qu'il *fera construire,* etc; que, d'après
« ces expressions, la donation (de l'immeuble) était
« subordonnée à la volonté du donateur et ne réu-
« nissait pas les conditions prescrites par la loi musulmane;

« Attendu que la donation étant nulle, la vente de
« l'immeuble faisant l'objet de cette donation est va-
« lable;»

« Par ces motifs, LA COUR, après en avoir délibéré,
« donne itérativement défaut définitif contre Bagdadi
« dûment réassigné, infirme le jugement rendu par le
« Tribunal de première instance de Karikal, le 16 No-
« vembre 1859; etc.......»

6. Toutefois, si la prise de possession n'a
lieu que plus tard, *mais avec le consentement
du donateur,* la donation est considérée comme
valable. (1)

La Cour l'a décidé récemment dans une
espèce semblable à celle plus haut exposée,
mais dans laquelle les héritiers du donateur
avaient ratifié l'engagement pris par leur
auteur de construire une maison pour les
futurs époux, en la construisant et en y
laissant demeurer ces derniers, pendant un
certain temps.

Cet arrêt, qui est du 21 Novembre 1885,
est ainsi conçu:—

---

(1) Voir ELBERLING, *on Gifts.* p. 120.

« Attendu qu'il résulte des pièces du procès et qu'il
« n'est point contesté par les parties en cause que, le
« dix-neuf Octobre mil huit cent soixante dix-sept,
« lors du mariage de la fille Amidou-Soultanebiby
« avec Mougaïdinepitché, Ossanesahëbmarécar, dans
« le contrat dressé à cette occasion, a déclaré don-
« ner à la dite Amidou-Soultanebiby, sa petite-fille,
« des bijoux de la valeur de cent pagodes *et s'est*
« *engagé* à lui construire à Néravy, dépendance de
« Karikal, une maison dotale, dans le délai de deux
« ans et, à défaut de le faire, à lui payer au comptant
« une somme de sept cent cinquante roupies;»

« Attendu que le donateur Ossanesaïbmarécar est
« décédé à Néravy, l'année suivante, le six Novembre
« mil huit cent soixante dix-huit, sans construire la dite
« maison;»

« Mais attendu que ses fils et héritiers ont cons-
« truit, après le décès du donateur, une maison à
« Néravy, rue de la mosquée, où se sont installés,
« pendant un certain temps, les époux Mougaïdine-
« pitché et Amidousoultanebiby, lesquels y ont même
« laissé des meubles d'une certaine importance;»

« Attendu, qu'en cet état, Amidousoultanebiby,
« autorisée de son mari, a, le trois Juillet mil huit cent
« quatre vingt-trois, ajourné la veuve et les fils, hé-
« ritiers du donateur Ossanesahëbmarécar, devant le
« Tribunal de première instance de Karikal, pour voir
« dire et déclarer que l'immeuble dont il a été parlé
« ci-dessus était sa propriété et que la veuve et les fils
« du dit Ossanesahëbmarécar ne sauraient élever au-
« cun droit sur le dit immeuble et sur les biens meu-
« bles de la valeur de mille roupies s'y trouvant et
« appartenant à elle (Amidousoultanebiby) et à son
« mari;»

« Attendu que, par conclusions modificatives et
« au cours de l'instance, la demanderesse Amidou-
« soultanebiby, abandonnant tous ses moyens, s'est
« bornée à déférer aux défendeurs le serment décisoire
« sur le point de savoir « si la maison construite à Né-
« ravy ne l'a pas été en vue de la donation faite par

« Oussanesaëbmarécar et s'il n'y a pas eu prise de
« possession et jouissance immédiate de la dite maison
« par la demanderesse;»

« Attendu que, par jugement contradictoire en date
« du vingt Ooctobre mil huit cent quatre-vingt-trois,
« le Tribunnal de première instance de Karikal a ac-
« cueilli cette demande et ordonné que le Chef de la
« famille des défendeurs prêterait le serment déféré
« par Amidousoultanebiby, en donnant acte aux dé-
« fendeurs de ce qu'ils se déclarent prêts à restituer à
« la demanderesse les meubles qu'elle prétend avoir
« laissés dans la maison dont s'agit et en déboutant
« la demanderesse de ses conclusions à fin d'enquête
« pour établir que la valeur des dits meubles s'éleverait
« à mille roupies;»

« Attendu qu'à la date du vingt-six Octobre mil
« huit cent quatre-vint trois, Mougamadoumougaïdine,
« fils et héritier d'Oussanesaëbmarécar, a relevé ap-
« pel de ce jugement et, qu'au cours de l'instance
« d'appel, Vassoundoliammalle veuve du dit Ooussa-
« nesaïbmarécar étant décédée (vingt-deux Juillet mil
« huit cent quatre vingt-quatre) l'instance a été re-
« prise régulièrement par ses enfants et héritiers;»

« Attendu que là procédure étant régulière, il y a
« lieu de statuer contradictoirement entre toutes les
« parties sur le mérite de l'appel du vingt-six Octo-
« bre mil huit cent quatre-vingt-trois;»

« Attendu qu'il est incontestable, en droit musul-
« man, que la donation, même en vue d'un mariage,
« *doit avoir un effet immédiat*, ne pas dépendre d'un
« *évènement incertain* ou de la *volonte du testateur*, et
« doit être *suivie de la prise de possession immédiate*
« *du donataire*, à moins que le donateur n'ait fixé la
« délivrance à une époque ultérieure et déterminée;»

« Attendu qu'il est certain aussi, que ces conditions
« ne se rencontrent pas dans la donation dont se pré-
« vaut l'intimée Amidousoultanebiby, mais que cette
« dernière prétend que *la nullité initiale dont elle était*
« *frappée a été couverte, de la part des héritiers du do-*

« *nateur par une ratification* et *une exécution posté-*
« *rieures* de l'engagement pris, de son vivant, par leur
« auteur;»

« Attendu que le Tribunal a pensé également que
« cette nullité avait pu être couverte et, par ce motif,
« autorisé le serment déféré par la demanderesse en
« première instance;»

« Attendu que cette prétention et cette décision ne
« sont pas contraires aux principes de la loi musul-
« mane, en matière de donation; qu'en effet, si, en
« droit musulman la prise de possession est absolu-
« ment nécessaire à la validité d'une donation, le
« motif en est 1° que le Prophète a dit: *Une donation*
« *n'est pas valable sans prise de possession*; 2° que la
« donation est un acte volontaire dont l'exécution ne
« peut être obtenue par voie de contrainte; que les au-
« teurs enseignent encore que la prise de possession
« doit suivre immédiatement l'acceptation, mais qu'ils
« se hâtent d'ajouter que si la prise de possession a eu
« lieu *plus tard, avec le consentement du donateur*, la
« donation est considérée comme valable (citation du
« Hédaya, vol. III p. 293 faite par Elberling, *On gifts*,
« p. 120.)»

« Attendu, en outre, que le même auteur (El-
« berling) enseigne aussi que si le donataire a pris
« possession, pendant un certain temps seulement, la
« donation reste valable, bien qu'il n'ait pas continué
« de posséder; situation particulière de l'intimée Ami-
« dousoultanebiby;)»

« Attendu que cet auteur ne prescrit nullement pour
« la validité de la donation, par *exécution postérieure*,
« la confection d'un second acte; que la nécessité de
« ce nouvel acte de donation serait exclusive d'ailleurs
« de la ratification de la première donation résultant de
« l'exécution agréée par le donateur;»

« Attendu, en conséquence, que le serment déféré
« dans la cause, intervenu sur des faits susceptibles de
« former l'objet d'une transaction et personnels à
« celui auquel il a été déféré, doit être déclaré légal »

«Par ces motifs et ceux du premier juge.»
«LA COUR.»

« Reçoit, en la forme seulement, l'appel de Mou-
« gamadoumougaïdine, à l'encontre du jugement du
« Tribunal civil de première instance de Karikal en
« date du 20 Octobre mil huit cent quatre-vingt-trois
« au fond, l'en déboute; *confirme*, en conséquence,
« etc.»

7. Empressons nous d'ajouter—(car il
importe, en une matière aussi délicate, d'é-
viter toute méprise qui conduirait à des re-
sultats dangereux)—que le principe que *la
prise de possession immédiate par le donataire
est nécessaire pour assurer la validité de la donation* ne cesse de trouver son application
qu'au cas où le donateur ou ses héritiers,
exécutant postérieurement l'engagement de
leur auteur, mettent, de leur plein gré—volontairement—le donataire en possession. (1)

---

(1) Telle est la doctrine formelle de la Cour de
Pondichéry et sa jurisprudence n'a jamais varié sur cette
question.—SAUTEYRA et CHERBONNEAU, cependant, admettent au principe que le *donataire doit prendre
possession des biens donnés* LES DEUX EXCEPTIONS suivantes, introduites:

La première, en faveur des dons consentis par les
parents *à l'occasion du mariage* de leurs enfants:

La seconde, au profit du donataire et de ses héritiers
qui *n'ont pu entrer* en jouissance.

«Le don *ou Nahla* que le père du mari fait à son fils, di-
« sent MOHAMED ASSEM, EL et TÉOUDI et que le père de la
« femme fait à sa fille, *à l'occasion de leur mariage* et
« comme condition imposée, *n'est pas assujetti pour
« être valable*, à la prise de possession. Le donateur
« est obligé de livrer ce don; et, s'il meurt sans avoir

C'est donc avec raison que la Cour d'appel de Pondichéry a décidé, par son arrêt du 26 Novembre 1878, que lorsque le donateur *reste en possession* des immeubles donnés et qu'il décède, sans avoir fait la délivrance au donataire, la donation est nulle;—elle est censée n'avoir jamais existé.

« rempli son obligation, ses héritiers en seront tenus.
« C'est là l'opinion la plus suivie.

Ibn Salamoune dit aussi:—«Si la mariage a été con-
// tracté *sous la condition* que le père des deux époux,
// ou celui de l'un d'eux seulement, livrera un don,
// *la prise de possession n'est pas nécessaire* pour valider
// l'acte, car, dans ces conditions, le don est moins
// une donation *qu'une obligation.*»

Les auteurs musulmans vont plus loin encore:—
// Si une chose indivise est donnée à un frère mineur
// et à un frère majeur *qui se marie*, l'acte qui inter-
// vient est une donation pour le mineur et un *Nahla*
// vis-à-vis du majeur;— mais le caractère du *Nahla*
// l'emporte et la donation, à cause de *l'indivisibilité de*
// *la chose donnée*, SERA AFFRANCHIE DE LA NÉCESSITÉ DE
// LA PRISE EN POSSESSION.— Le juriste EL MÉCHOUAR
// dit, en effet:«—*La donation est valable pour le tout,*
// *parce que l'acte de mariage, en rendant obligatoire*
// *une partie, produit le même résultat que s'il y avait*
// *eu prise de possession pour le tout. C'est comme si la*
// *donation avait été fait conjointement et solidairement*
// au majeur et au mineur.»

La seconde exception (disent Sauteyra et Cherbonneau) est faite au profit du donataire et de ses héritiers:

1° Lorsqu'il est établi qu'il *n'ont pas connu* la donation;

2° Lorsqu'il est établi que—s'ils l'ont connue—le donateur *s'est refusé* de les mettre en possession.

Sidi Khalil dit, en effet:—// La donation est valable
// lorsque le donataire a fait ses efforts pour prendre

Voici les termes de cet arrêt:—

« Attendu que Mougamadou Abdelcadersaëbma-
« récar, dans le contrat de mariage de sa fille Ma-
« voulaoumalle avec Neina Mougamadousahëb dit
« aussi Sinatambymarécar, passé ledit contrat devant
« le Cazy de Karikal, le 28 Février 1867, *donna et*
« *constitua en dot* à la future épouse deux magasins
« lui appartenant, situés tous deux à Karikal, l'un à
« la rue du jardin Parissé, l'autre à la rue du maga-
« sin de Cassamarécar, pour en jouir en toute pro-
« priété;»

« Attendu que le donateur, après la célébration du
« mariage, au lieu de mettre la donataire en posses-
« sion des biens donnés, a continué à les posséder
« lui-même et que ni sa fille ni son gendre ne l'ont
« troublé dans cette jouissance.»

« Attendu qu'en droit musulman le donataire doit
« *être mis immédiatement en possession* de l'immeuble
« ou des immeubles, objet de la donation: faute de
« quoi la donation est nulle; que, si la doctrine admet
« l'efficacité d'une mise en possession plus ou moins
« différée, c'est à la condition expresse qu'elle aura
« lieu par voie amiable ou judiciaire, avant la mort
« ou la déconfiture du donateur;»

« Attendu qu'en l'espèce le donateur est décédé
« sans avoir délivré à sa fille les deux magasins qu'il
« lui avait donnés par contrat de mariage; que la do-
« nation est donc radicalement nulle et doit être con-
« sidérée comme n'ayant jamais existé;»

« Que la possession pleine et entière exercée par
« le donateur jusqu'au jour de sa mort est un fait de
« notoriété publique, nn fait qui ne saurait être mé-
« connu par aucune des parties, suivant les expres-

// possession et qu'il n'a pu y parvenir, avant le dé-
// cès du donateur.— Elle est également valable,
// lorsque le donataire est décédé avant de connaître
// la libéralité dont il était l'objet. // ((*T II. p.* 358.)

« sions mêmes de l'intimée, consignées dans son ex-
« ploit introductif d'instance de 1er Mars 1878;»

« Que, dans de telles conditions, sa demande a été
« mal à propos accueillie par le premier juge;»

« Attendu que les clients de Me Ponnoutamby dé-
« clarent s'en rapporter à justice, comme ils s'y
« étaient rapportés en première instance, et concluent
« à ce qu'il plaise à la Cour condamner la partie suc-
« combante aux dépens envers eux;»

Par ces motifs, LA COUR, après en avoir délibéré, re-
« çoit Agamadoumarécar, appelant du jugement rendu
« entre les parties par le Tribunal de première ins-
« tance de Karikal le 27 Avril 1878; infirme ce ju-
« gement et le met à néant, décharge en conséquence,
« l'appelant des condamnations contre lui prononcées;
« déclare Mavoulaoumalle autant non recevable que
« mal fondée en ses demandes, fins et conclusions,
« l'en déboute; etc....»

8. La prise de possession par le donataire est donc indispensable pour rendre
valable la donation (1) mais elle peut ne durer qu'un très court moment; il n'est pas nécessaire qu'il *continue à posséder*. *Exemple*:
Si une femme fait donation à son mari de
la propriété d'un terrain et que ce dernier,
après en avoir pris possession, ne le cultive,
en son nom, qu'un certain temps—même
très court,—la donation est valable et la fem-

---

(1) Cette condition est exigée avec tant de rigueur
par loi musulmane, dit M. A. EYSSETTE (T. II. p. 257),
«—que, malgré l'insertion dans l'acte d'une *clause*
« *spéciale*, par laquelle le donataire *se déclare en pos-*
« *session*, toute partie intéressée peut contester le fait,
« et, s'il est reconnu faux, obtenir l'annulation de la
« donation.— Il est évident que la clause serait de-
« venue de style, si les juges s'étaient contentés d'une
« mention souvent mensongère».—

me ne pourraît la faire révoquer, sous le prétexte qu'elle l'aurait ensuite cultivé en son nom à elle.

9. Toute donation conditionnelle est dès lors, proscrite par la loi musulmane.— Si la prise de possession a eu lieu, la condition disparaît, et la donation ne peut être retractée pour cause de non accomplissement de la condition.— Si la prise de possession n'a pas eu lieu, la donation est nulle.— Ainsi, dans une donation faite *à la condition que le donataire entretiendra le donateur, sa vie durant,* la donation est valable; mais la condition est réputée non écrite.— Ce qui a été donné ne peut jamais être repris, au cas de non accomplissement de la condition; l'accomplissement de la condition ne peut non plus jamais être exigé./.

Si l'objet de la donation ne doit être *délivré* qu'après l'accomplissement d'une condition, et que le donataire, d'après cette condition, doit donner ou faire quelque chose; *par exemple,* si, d'après un contrat passé entre A et B, il est convenu que A prendra la propriété de B après sa mort, pourvu que A entretienne B sa vie durant, le contrat n'est pas une donation, mais en réalité une vente, où tout au moins une sorte *d'échange* dont l'exécution peut être exigée après l'accomplissement de la condition.

10. Une donation qui ne doit produire son effet qu'après la mort du donateur est donc nulle—d'une part, en raison des paroles du Prophète plus haut rapportées; de l'autre, parce que *la suspension du transport* *de la propriété donnée* rend le contrat douteux et incertain et conséquemment nul. (1)

11. Par voie de conséquence, est nulle la donation de la *nu-propriété* d'un immeuble, avec réserve d'usufruit, même partiel, au profit du donateur—la prise de possession ne pouvant avoir lieu qu'à la mort du donateur.—Mais, comme le fait remarquer très justement M. A. Eyssette, *l'usufruit* d'un immeuble pourrait être efficacement donné pour un temps plus ou moins long, pour la vie même du donataire:—la prise de possession du domaine pouvant et devant suivre immédiatement la donation.

12. Lorsque, par un acte de donation, des choses *distinctes* sont données et que la donation de quelques unes d'elles est valable alors que la donation de quelques autres ne l'est point, la donation entière n'est pas détruite par le fait de la nullité de certaines parties de la donation.— La partie de la donation valable produit tout son effet. C'est ce qui arrive lorsqu'une personne fait donation à un tiers d'une propriété *antichrèsée,* sans qu'il soit fait mention, dans l'acte de donation, des circonstances de *l'anti-*

---

(1) Elberling, *on gifts*, p. 121.— On lit, cependant, au T. II. de M. A. Eyssette—*Dr. musulman* à la table, p. p. 290, 291.*»*—Qu'une donation *à cause de* » *mort* ne serait pas nulle, en droit musulman; qu'elle » vaudrait *comme testament* et *jusqu'à concurrence du* » *tiers* des biens du donateur, pourvu que la dispo» » sition ne fût pas *en faveur d'un héritier.*»—Cette théorie parait en contradiction avec le principe posé par Elberling.

chrèse—le donataire n'en a pas moins le droit de se mettre en possession de l'immeuble *antichrèsé* en le libérant de *l'antichrèse* qui le grevait.

13. En droit musulman,— comme en droit français,—le donateur n'est pas obligé à la garantie. C'est la conséquence naturelle de la gratuité de la donation. Par exemple, si une personne vous fait présent d'une montre en or, qui aurait été volée, et que cette montre vienne a être retrouvée— et reprise par son légitime propriétaire, entre vos mains, il va sans dire que vous ne pourrez réclamer au donateur le prix de la montre./.

Autre exemple:— Un cheval vous est donné; mais vous découvrez qu'il est atteint d'un vice rédhibitoire;—vous n'avez pas le droit de réclamer des dommages intérêts, *de ce chef*, au donateur.

14. Cependant, si la donation avait été faite avec l'intention préconsue, de la part du donateur de causer un dommage au donataire, le donateur serait passible de dommages-intérêts—*non à raison de la donation elle-même*,—mais à raison du dommage vovontaire qu'il aurait causé au donataire. (1)

15. D'autre part, le donataire ne peut jamais être recherché pour les profits qu'il a tirés de la chose donnée pendant sa possession, non plus que pour les détériorations survenues; mais il a droit, au cas d'annula-

(1) ELBERLING. *On gifts* p. 138. *Timeo Danaos et dona ferentes.*

tion de la donation de répéter ses impenses, car sa possession reposait sur un titre qu'il supposait régulier et légitime. Au contraire, s'il a participé à la fraude, sa possession s'est trouvée, entachée d'un vice qui le rend responsable de tous les profits qu'il à tirés de la donation et des altérations survenues à l'objet donné./·

16. Nous avons fini avec les *Dispositions générales*; nous allons, maintenant, accéder aux questions de détail.—Pour traiter complètement toutes les difficultés qu'offre l'étude des *Donations entre-vifs*, en droit musulman, nous examinerons successivement:

1° Quelles personnes peuvent faire des donations.

2° Quelles personnes peuvent en recevoir.

3° Quelles choses peuvent faire l'objet de donations.

4° La quotité disponible et la réduction des donations.

5° La forme des donations.

6° Enfin, la révocabilité des donations en droit musulman (*au moins dans la secte Hanafite*) et les exceptions apportées à ce principe. ———

CHAPITRE DEUXIÈME.

DE LA CAPACITÉ DE DISPOSER ET DE RECEVOIR PAR ACTE ENTRE-VIFS.

SECTION I.

QUI PEUT FAIRE DES DONATIONS.

SOMMAIRE.

17. Toute personne capable de contracter peut faire une donation.

18. *Quid* des mineurs, des personnes non saines d'esprit?

19. *Quid* des malades?— Donations faites *au lit de mort*.— Leur sort.— Controverse.— Discussion.—

20. La femme mariée peut-elle, en droit musulman, disposer par donation?

17. D'une façon générale, on peut dire que toute personne capable de *contracter* peut faire une donation.

18. Le *Hédaya* enseigne qu'un mineur, une personne non saine d'esprit n'ont pas *capacité* pour donner.

19. En ce qui concerne les personnes *malades*, voici ce qu'édicte le droit musulman: « *Toute donation faite au lit de mort* (c. à. d. *durant la maladie à la suite de laquelle le donateur est décédé*) *est considéré comme un legs*. »

C'est du moins ce qu'on lit dans ELBERLING. (*On gifts*, p. 112, *à la note*), avec indication de la source de doctrine qui émane du HÉDAYA, *vol III. p.* 162 *vol. IV, p.* 503.— C'est ce qu'on lit également dans MACNAGTHEN, p. 51.— Ce dernier auteur s'exprime ainsi:—«*A gift on a death—bed is viewed in the « light of a legacy, and cannot take effect for « more than a third of the property; consequently « no person can make a gift of any part of his « property on his death—bed, to one of his heirs, « it not being lawful for one heir to take a le- « gacy, without the consent of the rest.*»—Traduction littérale:—« Une donation faite sur « un lit de mort EST CONSIDÉRÉE COMME LEGS « ET NE PEUT DÉPASSER UN TIERS de la suc- « cession.— Personne ne peut, par con- « séquent, faire donation d'une part quel- « conque de ses biens, sur son lit de mort, « A UN DE SES HÉRITIERS; cet héritier ne pou-

« vant pas légalement accepter un legs
« sans le consentement des autres héritiers.»

D'ou vient donc que, sur ce point, M. A.
Eyssette s'exprime ainsi?

« Nous abordons une des plus graves dif-
« ficultés de la législation musulmane...Po-
« sons les principes.—La donation entre-
« vifs faite par un malade est NULLE, s'il
« succombe à la maladie dont il est at-
« teint.—» (1)

« Le testament fait par le même est va-
« lable, si la maladie du testateur lui laisse
« l'exercice de sa raison. Ainsi, le poitri-
« trinaire, quand la phthisie prend le ca-
« rectère aigu; le podagre, quand sa goutte
« remonte; la femme qui, devenue mère
« avant le terme, s'éteint dans l'anémie sur
« son lit de douleur, quoi qu'ils soient ra-
« pidement emportés, conservent jusqu'au
« moment fatal toute leur connaissance et
« par suite la capacité de tester. Les *Scha-*
« *fiites* admettent même comme légaux les
« testaments faits par des malades qui ont
« perdu la parole, mais peuvent manifester
« leur volonté par des signes. Les *Hanafites*
« rejettent une telle doctrine, à cause des
« abus manifestes qu'elle entraînerait. »

« *En résumé, une donation ne peut être faite*
« *dans le cours de la dernière maladie.* IL Y A

_____

(1) *Dr. musulman p.* 196 *à la note;*—M. A. Eyssette a suivi, *à la lettre,* cette déclaration de Sauteyra
et Cherbonneau T. II. p. 349. « *Une donation est*
« révoquée *(porte le texte de* Sidi Khalil)—par la*
« folie ou la *maladie suivie de mort survenue au do-*
« *nateur, avant la tradition* de la chose donnée.»

« PEINE DE NULLITÉ, *quelleque soit la lucidité d'es-*
« *prit du donateur.* Le droit de disposer par
« testament subsiste, au contraire, dans sa
« plénitude, pourvu que le testateur jouisse
« de ses facultés intellectuelles.»

« On nous demandera pourquoi le législa-
« lateur musulman a établi une différence si
« extraordinaire entre la valeur du testament
« et celle de la donation, lorsque ces actes
« sont faits au lit de mort. En cherchant,
« nous trouverions peut être une raison....
« serait-elle la bonne?»

« M. M. SAUTAYRA et CHERBONNEAU T. II,
« p. 302, citent un arrêt de la COUR D'ALGER,
« du 15 Avril 1872, où la question de droit
« est nettement résolue.»

« Attendu, (dit la Cour,) que la loi musulmane pro-
« nonce d'une manière incontestable LA NULLITÉ AB-
« SOLUE d'un *Habou*s ou d'une donation que fait un
« musulman, quand il est atteint de la maladie dont
« il meurt;»

« Qu'il en est autrement en matière de legs;
« qu'aucun texte ne prononce la nullité, dans cette
« circonstance;

« Que l'on comprend d'autant plus facilement la
« distinction apportée par la loi musulmane, que les
« dispositions testamentaires sont autorisées en vue
« même de la mort qui doit frapper le croyant, et que
« la seule condition exigée pour la validité ne pouvait
« être qu'une disposition d'esprit pouvant laisser au
« testateur toute son intelligence. »

« PAR CES MOTIFS, etc. »

Nous ferons observer que ces principes sont admis
« et pratiqués dans tous les rites. »

Nous avons tenu à reproduire, *in extenso,*
la note de M. A. EYSSETTE et l'opinion de
la Cour d'Alger qui semblent en complète
contradiction avec la doctrine D'ELBERLING

et de MACNAGHTEN.--Elles me paraissent devoir être entendues avec le tempérament suivant:—

LA DONATION ENTRE-VIFS FAITE PAR UN MALADE AU LIT DE MORT EST NULLE, SI ELLE A ÉTÉ FAITE A UN HÉRITIER—HORS DU CONSENTEMENT DES AUTRES HÉRITIERS. — Elle vaut autrement dans la limite *du tiers de l'émolument successoral*.

Je suis heureux de citer, à l'appui de cette doctrine, le passage suivant de N. DE TORNAUW: «—Quand le *donateur* fait un contrat de do-« nation pendant une maladie, cet acte « conserve toute sa validité après la guérison, « *mais si le donateur meurt de la maladie dans le* « *cours de laquelle il a consenti le contrat*, les « héritiers ont le droit de garder, au moins, « DEUX TIERS de la succession et d'en lais-« ser au donataire, au plus, *un tiers*. »

Donc, la donation faite par le malade pendant la maladie dont il est mort N'EST PAS FRAPPÉE D'UNE NULLITÉ ABSOLUE; elle est simplement réductible. —

Il était important de présenter cette question sous son véritable jour. — La confusion n'est plus possible maintenant. — Nous l'espérons du moins./.

24. Une femme mariée, d'après la loi musulmane, a la liberté de disposer de ses biens par donation, sans l'autorisation de son mari. Quant à la question de savoir si ce droit est absolu, nous y répondrons, au chapitre où nous traiterons de la *quotité disponible et de la réduction* des DONATIONS ENTRE-VIFS.

D'ailleurs, la loi favorise les donations à la femme, aux enfants, aux parents, parcequ'elles ne peuvent qu'accroître l'affection.

Il est même permis—quoique la chose ne paraisse pas louable—d'avantager un enfant au détriment d'un autre. Une pareille donation reste valable, lors même que, plus tard, il apparaitrait qu'elle lèse les intérêts des créanciers du donateur;—pourvu qu'il soit constant que ce dernier était de bonne foi, lorsqu'il l'a faite et que son *but* n'était point de frauder leurs droits.

SECTION II.

QUI PEUT RECEVOIR DES DONATIONS?

SOMMAIRE.

21. Toute personne non déclarée incapable par loi peut recevoir des donations.

22. *Quid*,—en ce qui touche le mode de prise de possession,—quand le père ou la mère, ou un tuteur font une donation à leur enfant ou pupille?

23. Il a été jugé qu'un étranger, dans la maison duquel réside un mineur, peut accepter une donation pour ce mineur.

21. Toute personne saine d'esprit peut recevoir une donation, quelque soit son âge: un mineur, par conséquent—à la condition toutefois qu'il puisse déclarer qu'il accepte. Et même, comme il s'agit d'un contrat de bienfaisance, le père et la mère peuvent accepter pour leurs enfants; le tuteur pour son pupille, s'ils sont incapables de donner leur consentement.

22. Le père ou la mère peuvent notamment, *en droit musulman*, faire donation à leur enfant de choses en leur possession.

Le père ou la mère prennent possession de l'objet donné, en qualité de tuteurs. *(1)* Mais ils devront, à l'époque de la majorité du mineur, le mettre en *possession effective*; à défaut de cette mise en possession volontaire, le mineur pourrait s'y faire mettre par voie de justice.

23. Enfin, il vient d'être jugé qu'un étranger dans la maison duquel habite un mineur peut accepter une donation pour le mineur, alors même que le père serait vivant. (*Banoo-Bibi et Fuckerooden Houssein.*) (2)

CHAPITRE TROISIÈME.

QUELLES CHOSES PEUVENT FAIRE L'OBJET DE DONATIONS.

SOMMAIRE.

27. Ce qui peut faire l'objet des donations.
28. On ne peut donner plus qu'on ne possède.

---

(1) M. A. EYSSETTE, T. II. p. 225, commente, avec sa précision ordinaire, cette situation: « Que faudra-t-il décider, (se demande-t-il), si la donation était consentie par le tuteur lui même à son mineur?— « Il n'y a pas de *formalité* à remplir.—Le donateur et « le tuteur constituent en effet *une seule* personne « *physique* mais *deux personnes légales*, dont la pre- « *mière*, par une opération de *l'esprit*, met la *seconde* « en possession pour le compte du pupille.— C'est « un peu subtil, mais parfaitement juridique. Les « mêmes principes s'appliqueraient au cas où la do- « nation serait faite par un père à son enfant mineur. »
(2) ELBERLING p. 126. *On gifts.*

29. *Quid*, de la donation de sa fortune entière?

30.—De la donation des choses futures?

31.—De ce qui n'est pas en la possession du donateur?

32.—Des choses incorporelles?

33.—Des biens dits *Habous*.

34. *Quid*, des donations ayant pour objet des *biens
indivis?*

35. Cas particulier où la règle souffre exception.

36. *Quid*, de la donation à plusieurs personnes
de portions d'un bien partageable, mais non encore partagé?

37. Deux exceptions à cette règle.

38. *Quid*, de la donation d'une maison à deux personnes?

39. *Quid* de la donation d'un domaine, s'il se rencontre qu'un tiers se trouve avoir droit—à l'insu du
donateur,—à une portion de ce domaine?

24. Il est permis de dire que tout ce qui
peut faire l'objet d'un contrat est susceptible d'être donné.

Et ce n'est pas seulement *la chose* elle-
même que l'on peut donner, mais son usage
ou sa jouissance.

25. Mais une personne ne peut pas donner plus qu'il ne lui revient.—Cependant,
une donation faite par un co-héritier de plus
que sa part et portion n'est pas nulle; elle
ne vaut que pour cette part et portion.—

26. La donation de sa fortune entière,
quand on n'a pas de descendant mâle est
valable. (1)

---

(1) Hédaya. *Vol IV. p.* 593.—

Pharaon et Dulau, à ce sujet, s'expriment ainsi:—
« Dans certains pays de l'Islamisme, on *restreint* la
« faculté de donner par acte entre-vifs, dans les li-

27. Inutile de dire que la donation de choses futures (dont la prise de possession est matériellement impossible) n'est point valable en droit musulman. (1)

28. N'est conséquemment pas valable, en droit musulman, la donation de toute chose qui n'est pas en la possession du donateur. (*Voir toutefois ce que nous avons dit au sujet de la donation d'un immeuble antichrésé* p. 318 *n°* 12. (2)

29. Les choses incorporelles peuvent-elles faire l'objet d'une donation, en droit musulman?—Oui,—mais à condition que ces choses soient telles que la prise de possession en soit possible:— Une créance, par exemple, peut être donnée par le *transport* qui en serait fait au donataire. (3)

« mites des testaments, *lorsque le donateur a des pa-*« *rents au degré susceptible.*— Dans ce cas là, on « ne peut donner qu'un tiers de ses biens; mais, gé-« néralement, la faculté de donner ne peut être pa-« ralysée que par l'interdiction. »—Nous reviendrons sur ce point, au *Chapitre* IV des DONATIONS./.

(1) Hédaya. *Vol.* III. p. 295.— En conséquence, une donation de ce que l'on possède dans le présent et de ce que l'on possédera dans l'avenir n'est valable que pour *la première partie.*

(2) Par une application rigoureuse de ce principe, serait NULLE d'après (M. A. EYSSETTE *à lanote* T. II, p. 257.)—le donation d'une maison donnée en *antichrèse* ouvendue à réméré, vu l'impossibilité pour le donateur de mettre réellement son donataire en possession de ce qui est au pouvoir d'autrui. La question me paraît douteuse. IV. Ch. IV des Donations.

(3) M. A. EYSSETTE semble contredire ce point.—On lit, en effet, dans la note placée à la même page 257 de son T. II, que « *la donation d'une créance ne peut* « *avoir lieu qu'au profit du débiteur.*» Je me suis

30. La donation d'un bien possédé indivisément avec d'autres personnes est valable, d'après la loi naturelle, au même titre que la donation d'un bien possédé séparément; mais non d'après le droit musulman, qui fait, on le sait, de la délivrance immédiate de la chose donnée par le donateur et de sa prise de possession effective par le donataire, les conditions nécessaires à la validité de la donation. — Or, la délivrance et la prise de possession sont incompatibles avec une donation d'un objet possédé indivisément avec d'autres personnes. —Il est indispensable qu'un partage préalable ait déterminé et fixé la chose faisant l'objet de la donation. Conséquence:—La donation par un co-héritier de sa part à un de ses co-héritiers ou à un étranger est nulle, si un partage antérieur ne l'a point précédé. (1)

La Cour d'appel de Pondichéry et les Tribunaux de l'Inde ont eu souvent l'occa-

---

inspiré d'Elberling qui dit—sans faire la moindre distinction:—« *Under the Mahomedan Law, it is ne-*« *cessary that the sigt should be of such a nature that a* « *delivery can take place.* A bond, *for instance,* can be « given away by the conveyance of it to the « donee. »

(1) Les *Schiites* distinguent entre les biens immeubles et les biens meubles. Chez eux, la donation d'une part d'un bien immeuble et indivis est valable, sans un partage antérieur, parce que le droit de propriété dont le donataire est, dans ce cas, investi, procède de l'abandon qu'en fait le donateur. — Mais la donation de choses mobilières et indivises est nulle parce que le droit de propriété de ces choses ne passe au donataire que par la délivrance et la tradition.

41

sion de faire l'application de ce principe.
Citons, entre autres décisions, l'arrêt de la
dite Cour du 3 Novembre 1877:—

« Attendu que la seule question à résoudre est une
« question de droit musulman; qu'elle ne se compli-
« que d'aucune question de fait, et qu'elle se réduit
« à savoir si la donation d'une part abstraite dans
« des biens indivis, faite par Raviamalle au profit de
« ses filles, suivant actes authentiques des 6 et 31 Août
« 1875, doit être maintenue ou annulée;»

« Attendu que, dans la législation musulmane, toute
« donation est soumise aux conditions suivantes,
« prescrites à peine de nullité;—il faut: 1° que la do-
« nation ait son effet immédiat; 2° que l'objet donné
« existe matériellement et non intellectuellement;
« 3° qu'il y ait mise en possession effective et actuelle
« du donataire;

« Qu'ainsi, et par une application rigoureuse de ces
« principes, il a été jugé qu'une donation d'immeubles
« indivis entre le donateur et des tiers est viciée dans
« son essence, et, que, pour la rendre valable, il aurait
« fallu déterminer, à l'avance, les abornements et l'é-
« tendue des biens donnés (WILLIAM SLOAN, *Dig. des*
« *prin. de la loi Mahom, page* 52 n° 5);»

« Qu'il a été jugé de même, dit PERRON (*Jurisp.*
« *musulman.* tom. 2 p. p. 70 et 77) que la donation
« est nulle, lorsque la prise de possession est différée;
« spécialement, que la donation périme, si le donateur
« meurt avant la prise de possession de la chose don-
« née; qu'en effet, (ajoute l'auteur,) la cause de la
« péremption, c'est que le donateur n'est point entré
« en jouissance, condition indispensable pour établir
« l'appropriation;»

« Qu'à ces autorités, on peut joindre celle de ARTHUR
« HOURTON, (*Manuel de droit indou et mahométan,*
« *page* 103,) où il est dit: « Le partage doit précéder
« la donation; la délivrance doit être instantanée et
« complète, d'où il suit qu'une donation n'existe pas
« sans délivrance immédiate;

« Attendu, en fait, que la donation consentie par
« Raviamalle à ses filles ne possède aucune des con-
« ditions imposées par la loi musulmane;—qu'elle a
« pour objet *une quotité de biens indivis*, quotité dont
« il est physiquement impossible de préciser la sur-
« face et d'indiquer les tenants et aboutissants;—qu'un
« partage ultérieur pourrait seul les faire connaître,
« et que, jusqu'alors, toute prise de possession se trouve
« ajournée, d'où résulte une situation essentiellement
« précaire, à laquelle le prédécès de la donatrice ne
« permet plus de remédier.»
« *Par ces motifs*, LA COUR, après en avoir délibéré,
« reçoit en la forme l'appel de Miran Lévé et, statuant
« au fond, infirme le jugement rendu par le tribunal
« de première instance de Karikal, le 10 Juin 1876,
« en tant qu'il reconnaît comme valable la donation
« dont il s'agit; la déclare, au contraire, nulle et de
« nul effet; ce faisant, ordonne le partage, conformé-
« ment à la loi musulmane, des successions indivises
« entre les parties etc.......»

31. Cependant, si un co-héritier fait donation de sa part à son *unique* co-héritier,
un partage antérieur n'est pas nécessaire;
aucune incertitude sur la chose donnée
n'existant, dans ce cas./.

32. La donation faite par un unique héritier de portions d'une propriété divisible
comme d'un terrain, à diverses personnes—
(à moins d'un partage antérieur)—est nulle,
alors même que le donateur aurait autorisé
les donataires à en opérer le partage et que
ce partage aurait suivi immédiatement la
donation.

33. Toutefois, si les donataires sont *pauvres*, une telle donation étant regardée comme faite en considération de la divinité, est

valable, sans partage antérieur, (la divinité
étant *une et indivisible*.)

Par application du même principe, la donation d'une part non encore déterminée
d'un bien partageable faite pour *l'entretien*
du donataire est considérée comme valable.

34. Mais un bien impartageable *comme
une maison*, par exemple, ne peut être donnée
à deux ou plusieurs personnes—*en parts
distinctes*—à cause de la confusion des droits
de propriété qui s'en suivrait.—Expliquons
nous: Supposé que le contrat de donation
porte: Je donne *une moitié* de ma maison
à Primus et *l'autre moitié* à Secondus—la
donation est nulle;—mais, si le contrat est
ainsi libellé:— *Je donne ma maison à Primus
et à Secondus*, la donation est, au contraire,
valable.—Chacun prend, il est vrai, une moitié, mais, comme l'enseignent *Abou Yousouf* et
les *foutouas*, il n'y a, dans ce cas, qu'une seule
et unique délivrance.

35. Le droit musulman est muet sur la
question de savoir si une donation qui serait
entièrement nulle, au cas ou un certain fait
aurait été connu à l'époque où la donation
a eu lieu, ne serait pas néanmoins valable,
dans le cas où ce fait n'aurait été découvert
qu'ultérieurement.—Par exemple:— Lorsqu'il s'agit de la donation d'un *domaine* et
qu'il se rencontre qu'un tiers se trouve avoir
droit—ultérieurement—à une part de ce domaine, il n'est pas douteux que la donation
est valable, en ce qui concerne la part à laquelle le donateur a droit.—S'il avait été
connu au moment de la donation que le do-

nateur n'avait droit qu'à une part de ce domaine la donation eût été absolument nulle, comme portant sur une chose indivise;— mais comme c'est *après* la donation que cette circonstance a été découverte, le donataire à le droit de garder la part revenant au donateur./.

CHAPITRE QUATRIÈME.

DE LA QUOTITÉ DISPONIBLE ET DE LA RÉDUC-

TION DES DONATIONS.

SOMMAIRE.

40. Droit absolu, pour le musulman, de disposer, par actes entre-vifs, de ses biens, comme il l'entend. —Controverse.

41. Solution proposée.

42. *Quid*, en ce qui concerne la *donatrice?*

40. Nous avons dit, *p.* 217 de ces *Leçons* que « — La loi musulmane qui ne permet « pas que le fils ni aucun autre héritier soit « exhérédé, qui n'admet même pas qu'un hé- « ritier soit favorisé au détriment d'un au- « tre, n'a mis aucune entrave au droit qu'a « tout musulman, durant sa vie, de disposer « de ses biens comme il l'entend. (1)

(1) C'est la doctrine enseignée par SAUTEYRA ET CHERBONNEAU T. II, p. 353, n° 861.) *Voici le texte :* « Mais peut-on, par donation, disposer de la totalité « de ses biens?—Oui certainement. Sidi Khalil et Abou « Chodja ne posent aucune limite au droit du donateur, « et Ibrahim Halébi le déclare en termes formels: « Le

Nous avons p. 327 de ces mêmes *Leçons*, sous la garantie de graves autorités, notamment du *Hédaya*, cité par ELBERLING, rappelé le même principe, avec ce tempérament, toutefois, que « *la validité de la dona-* » *tion faite par un musulman de sa fortune en-* » *tière n'est valable que s'il ne laisse pas* DE » DESCENDANT MALE. »

Nous avons ajouté, en note, que PHARAON ET DULAU, sur ce point, rappelaient que, » dans certains pays de l'Islamisme, on *res-* » *treignait* la faculté de donner entre-vifs » *dans les limites des testaments,* lorsque le » donateur avait des *parents au degré succes-* » *sible;*—que, dans ce cas là, on ne pouvait » donner qu'un tiers de ses biens; mais

---

« propriétaire d'un bien quelconque, dit-il, peut en « disposer, de son vivant, en faveur de qui bon lui « semble. Chacun est maître de faire donation de ce « qu'il possède, *même de la totalité de ses biens*. Et « la Cour d'Alger l'a consacré par son arrêt du 16 Oc- « tobre 1861.—Nous ne siurions donc approuver un « arrêt de cette même Cour du 30 Juillet 1862 por- « tant « *qu'aux termes de la loi musulmane, la dona-* « *tion de la totalité des biens n'est pas seulement ré-* « *ductible,* MAIS NULLE POUR LE TOUT.—Une semblable « disposition n'existe pas; il est seulement admis que « les tribunaux ont le pouvoir d'annuler les donations « lorsqu'ils constatent qu'elles ont été le résultat de la « *captation* où quelles n'ont été faites que dans le but « de *frustrer* les héritiers légitimes. Et c'est ainsi qu'a « toujours procédé la jurisprudence algérienne (Tri- « bunal de Constantine: jugements du 25 Janvier 1865 « et du 16 Janvier 1871; Cour d'Alger: arrêts des 26 Fé- « vrier 1865, 25 Mars 1868, 31 Janvier 1871). »

" que généralement, *la faculté de donner ne*
" *pouvait être paralysée que par l'interdiction.*"

41. Que conclure de cette contrariété
d'opinions?— Qu'il n'y a point de principe
absolu, en droit musulman, sur cette question; qu'elle doit être décidée, d'après les
usages des localités. Cependant, à défaut
d'une coutume bien fixée, d'une tradition
bien certaine, dans nos Etablissements, il
faudrait pencher pour cette opinion qui est,
du reste, nous l'avons vu plus haut, (p. 333 *à*
la note,) celle de Sidi Khalil, Abou Chodja,
Ibrahim Halébi) que la donation entre-vifs,
par une personne *de la totalité de ses biens*
 est absolument valable, aucun texte n'ayant
posé de limite au droit du donateur.

42. Il semblerait qu'on dût ajouter
" non plus qu'au droit de la donatrice,"
étant admises la fermeté et la généralité de
la règle plus haut rapportée.

Eh bien non, paraît-il.—M. A. Eyssette
l'enseigne formellement: (1) la femme mariée ne peut, par donation entre-vifs, dis-

___

(1) T. II. p. 298 *à la table,* sous le mot quotité
disponible.— Il est vrai que le même arrétiste,
page 205 du même Tome, *à la note,* s'exprime ainsi:
"— La femme peut disposer par donation entre-vifs
" de tout ou partie de ses biens et conséquemment
" de son *Maher,* en faveur de son mari, de son fils,
" de sa fille, de qui bon lui semble. Il n'y a d'ex-
" ception que si la donation est faite *au lit de mort.*"—
Il y a là (*me judice*) erreur ou confusion évidentes; l'espèce rapportée par Sauteyra et Cherbonneau est gé-
nérale et non *restreinte* au cas de donation au lit de
mort, comme on peut le voir, à la page suivante.

poser deplus que du tiers de ses biens. Et il cite à l'appui de cette opinion le passage suivant de M. M. Sauteyra et Cherbonneau:—

« Elle— (la femme)«— est maîtresse de « ses biens comme le mari l'est des siens « propres, et elle les administre à son gré, « en pleine liberté d'action, *sauf au mari* « *à faire prononcer son interdiction*, en cas de « prodigalité ou d'incapacité notoire. »

« La règle est strictement suivie pour tous « les actes à titre onéreux; mais, pour les ac-« tes à titre gratuit, la loi a apporté un tempé-« rament nécessaire; *elle a limité au tiers de* « *sa fortune* les dispositions que la femme « pouvait faire. Si donc, la femme a des biens « personnels s'élevant à 10,000 francs, par « exemple et une dot de 2,000 francs, ensem-« ble 12,000 francs, elle pourrait employer, « en donations ou en cautionnements, la to-« talité de sa dot, parce que, dans l'espèce, « les 2,000 francs de dot ne présentent pas le « tiers de ce qu'elle possède; mais si, au con-« traire, la dot est de 3,000 francs et les « biens personnels de 3,000 francs, ensemble « 6,000 francs, la femme ne pourrait disposer « à titre gratuit, sans le consentement de son « mari, que de 2,000 francs, soit 1,000 francs « de moins que le montant de la dot, parce « que ces 2,000 francs forment le tiers de sa « fortune. »

Voilà,—(il faut le reconnaître),—une ques-tion dont la solution est peu certaine et dont on est en droit de dire « *Adhuc sub judice lis est.* »

CHAPITRE CINQUIÈME.

DE LA FORME DES DONATIONS.

SOMMAIRE.

43. Les auteurs enseignent qu'aucune *forme particulière* n'est prescrite pour la constatation des Donations, en droit musulman.

44. Modèle d'un acte de donation, dans le rite *hanafite*.

45. La déclaration du donateur doit être *libre*.

46. Comment s'établit *l'acceptation* du donataire?

47. Preuve de la prise de possession.

48. De deux donations successives de la même chose, laquelle est préférable?

49. Nécessité de désigner nettement et clairement l'objet donné.

43. PHARAON ET DULAU, qui n'ont consacré que quelques lignes à la matière des donations entre-vifs, en droit musulman, s'expriment ainsi, en ce qui concerne leur forme:—«Aucune forme particulière n'est prescrite pour la constatation des donations. « Elles s'établissent par écrit comme par témoins. »

NICOLAS DE TORNAUW ajoute: « On ne rédige *par écrit* que les donations ayant « pour objet des choses d'une sensible valeur;—pour les autres, il suffit d'une convention labiale, mais faite en présence de « témoins. »

44. Voici le modèle d'un acte de donation dans le rite *hanafite*, d'après SAUTEYRA « ET CHERBONNEAU.»

« Louange à Dieu unique!

« Sur les ordres du Kadi, les deux adouls soussignés, se sont présentés auprès de la dame Rouza,

42

« fille de Allel ben Mohammed ben el Guerbi, dans
« les Oulad Ali Sliman, et l'ayant appelée vers eux,
« elle a invoqué sur sa propre personne leur témoi-
« gnage, en ce qu'elle faisait donation à son fils, Sidi
« Mahammed ben Khelil, de la totalité de la part qui
« qui lui revenait par droit d'hérédité, du chef de son
« pére, dans la Zaouia de Sidi Emmhammed sur les
« terrains de plaine comme sur les terrains de mon-
« tagne, donation complète et définitive faite sur ce
« qui appartenait à la donatrice et qu'elle transmet
« au donataire, qui le possédera à l'avenir comme
« chose lui appartenant et l'administrera à son gré
« comme il lui plaira. »

« Le donataire a accepté la donation qui lui était
« faite par sa mère et il en a été satisfait; il a pris
« possession du terrain donné et s'est mis au lieu et
« place de sa mère. »

Fait à la date du 9 Janvier 1867. »

On voit que les trois clauses essentielles nécessaires à la validité d'une donation se rencontrent dans cet acte:—1° la déclaration du donateur;—2° l'acceptation du donataire;—3° la prise de possession.

45. La déclaration du donateur doit être libre.—Il y aurait lieu d'annuler toute donation obtenue par captation.

46. L'acceptation du donataire, ordinairement constatée dans l'acte, peut être établie par la prise de possession des biens donnés.

47. Quant à la prise de possession, elle doit être établie par des preuves certaines *ne laissant place à aucun doute*.

48. Par voie de conséquence, entre deux donations successives des mêmes objets à deux donataires différents, la donation suivie de la prise de possession est la seule qui puisse être reconnue par les Tribunaux.

49. C'est donc une nécessité—(nous ne saurions trop insister sur ce point essentiel en droit musulman)—que l'objet donné soit nettement et clairement désigné.— S'il s'agit d'un terrain, par exemple, il est indispensible d'indiquer clairement son nom, sa situation, ses limites.—Toutefois, il ne faut point pousser cette règle à l'extrême.—Lorsque, par exemple, la propriété donnée est suffisamment reconnaissable par son nom et sa situation; que ses bornes ne sont pas discutées; l'omission de l'indication de ces bornes ne saurait entraîner la nullité de la donation.—Et si la donation comprend la propriété entière du donateur, une spécification n'en est pas indispensable.—Toute clause incertaine dans une donation doit être interprétée contre le donataire— en raison de la gratuité du contrat.

CHAPITRE SIXIÈME.

DE LA RÉVOCABILITÉ DES DONATIONS PARMI LES MUSULMANS DE LA SECTE HANAFITE ET DES EXCEPTIONS APPORTÉES A CETTE RÈGLE.— DES RAPPORTS DES DONATIONS ENTRE-VIFS.

SOMMAIRE.

52. *Quid* des donations entre parents?

53.—Des donations de bijoux du mari à sa femme pendant le mariage

54. Décisions qui proclament l'irrévocabilité de cette sorte de donations.

55. *Quid* de la donation faite par un père à son fils.

56.—Des donations pieuses.

57. La donation, en droit musulman, est-elle sujette à rapport?

58. Arrêt de la Cour d'appel décidant l'affirmative.

59. Opinion de M. A. Eyssette.

60. Avis du Kazy de Pondichéry sur la question.

61. Conclusion.

50. Au rebours de ce qui se passe en droit français, *la révocabilité* des donations est la règle et l'irrévocabilité l'exception—chez les hanafites, du moins,—car la donation est *irrévocable* chez les malékites. «— Elle fournit— « dans cette dernière secte—(comme le disent Sauteyra et Chérbonneau)— au père « de famille un moyen de soustraire ses « biens à la dévolution successorale, telle « qu'elle est établie par le koran, d'établir « le partage *égal* entre ses fils et ses filles « et d'avantager un de ses héritiers au pré- « judice des autres etc.....»

Il n'en est pas de même, nous l'avons dit en commençant, chez les hanafites, (—mais chez eux seulement).— M. A. Eyssette, sur ce point, ajoute: « Le donateur—(chez « les hanafites)—peut révoquer, par un sim- « ple acte de sa volonté et lorsque bon lui « semble, la donation qu'il a faite.— Une « disposition *aussi extraordinaire*, remarque-t- « il, n'a pas été édictée sans motif.— C'est

« une mesure que l'on a prise, *en vue de*
« *l'ingratitude habituelle* des donataires; on
« a voulu les maintenir dans des sentimens
« de respect et de reconnaissance envers
« leurs bienfaiteurs, en les plaçant sous la
« menace permanente d'une dépossession…»

51. Mais M. A. EYSSETTE s'empresse
de reconnaître que—« le moyen employé
″ par le législateur blesse trop ouverte-
″ ment les principes et que la doctrine et
″ la jurisprudence ont apporté de sages
″ tempéraments à la faculté révocatoire. »—

Ainsi, elle ne peut s'exercer:—1° lorsque
quelque chose est donné en retour de la
donation; (1) 2° lorsque le donataire a aliéné
la chose donnée, l'a bonifiée ou altérée; par
exemple, a planté des arbres dans le terrain donné; y a construit une maison etc…;
—3° lorsque le donataire est mort;—4° lorsque l'objet donné a été détruit.

52. Les donations entre parents, celles
du mari à sa femme et réciproquement (2)
durant le mariage, ne peuvent être non plus
révoquées, d'après le droit musulman, par
le motif qu'elles ont pour but d'augmenter
l'affection.

---

(1) Les principes généraux de la législation re-
prennent (dans ce cas) leur force. Nous ne nous trou-
vons plus, à proprement parler, en présence d'une
disposition exceptionnelle, une donation de ce genre
est altérée dans son principe même qui est la *gratuité*.
V. Supr p. 306 n° 2.
(2) On sait que l'article 1090 du Code civil français consacre le principe absolument contraire.

53. Par application de ce principe et aussi des règles tracées dans l'ouvrage musulman dit *Patcoulmonim*, le Tribunal de Karikal, à la date du 22 Avril 1865 et la Cour d'appel de Pondichéry, à la date du 31 Août 1867, ont jugé que la donation de *bijoux* faite par un mari à sa femme, pendant le mariage, était irrévocable.

54. Voici les termes de ces décisions.

« Attendu que Caderbibi est décédée, laissant pour
« héritiers, d'un côté, son mari Haçan Abdel Cader,
« de l'autre, son père Vapou Marécar et ses sœurs
« Pattouma'Atchialle, Sahëb Canny, Sellatchy et Ou-
« massa ; »

« Attendu que les demandeurs au procès, Vapou
« Marécar, Pattouman'Atchialle, Sahëb Canny et Sel-
« latchy, ces trois dernières autorisées des maris,
« prétendent que, lors du mariage de la dite Cader-
« bibi avec Haçan Abdelcader, elle a reçu en dot,
« ainsi que cela résulte d'un contrat de mariage en
« date du 13 Juillet 1851, savoir: de son mari une
« somme de 200 chacras, soit 843 Roupies; et de sa
« mère Sivatamalle: 1° des bijoux de la valeur de
« cent pagodes, soit 280 Roupies; deux chambres
« avec leurs dépendances faisant partie d'une maison
« sise à Nagour, au nord de la rue où est la maison
« de Ségou Mougamadou Nagoudach, et au sud du
« jardin de la maison de Ségou Mougayadine; »

« Attendu qu'ils ajoutent,—en produisant à l'appui
« de ce ce aire deux lettres qui auraient été écrites
« par Haçan Abdel Cader, en date du 1er Mai et 4 Juin
« 1854,—qu'outre ces biens, Sivatamalle a encore
« donné à Caderbibi des bijoux de la valeur de 920 Rou-
« pies; »

« Attendu que, par exploit en date du 24 Novem-
« bre 1864, ils ont fait assigner Haçan Abdel Cader
« et Oumassa, celle-ci autorisée de son mari, devant
« le Tribunal, à l'effet de faire ordonner le partage
« de tous les biens laissés par Caderbibi; la moitié

« suivant la loi mahométane, devant revenir à Haçan
« Abdel Cader, et l'autre moitié devant être partagée
« entre les autres héritiers, en suivant le principe que
« *le mâle à une portion double de celle de la femme;*»
« Attendu, d'un autre côté, que le dit Haçan Ab-
« del Cader, tout en déclarant consentir, de la ma-
« nière demandée, au partage des biens portés au
« contrat de mariage sus visé et daté, soutient que les
« bijoux, de la valeur de 920 Roupies dont parlent
« les demandeurs, ne peuvent être mis dans la masse
« partageable; que ces bijoux, à la vérité, on été en
« la possession de Caderbibi mais donnés par lui
« et repris à la mort de sa femme, comme le lui per-
« mettait la loi musulmane;»

« Attendu, en effet, que les deux lettres produites
« ne donnent nullement la preuve que Caderbibi ait
« reçu de sa mère, en dehors des objets portés au
« contrat, des bijoux valant 920 Roupies;»

« Mais attendu qu'il résulte de l'aveu même d'Ha-
« çan Abdel Cader, aveu faisant foi contre lui (Code
« civil, article 1356) que les dits bijoux avaient ré-
« ellement appartenu à Caderbi, donnés par lui et
« et plus tard repris;»

« Attendu, dans ces circonstances, que la seule ques-
« tion est de savoir si un mari a le droit, à la mort de
« sa femme, de reprendre les bijoux ou autres objets
« qu'il lui a donnés;»

// Attendu qu'il résulte d'un extrait délivré par le
// Cazy de Karikal, à la date du 6 Avril courant, et
// que ce dernier déclare avoir tiré d'un ouvrage mu-
// sulman, connu sous le titre de *Patcoulmonïm*, que,
// lorsqu'un mari donne des bijoux à sa femme et que
// celle-ci les accepte, ces bijoux deviennent propres
// par le seul fait de l'offre et de l'acceptation; qu'il
// résulte d'un autre extrait, délivré également par le
// Cazy, à la même date, et tiré d'un ouvrage intitulé:
// *Jéna*, que le mari n'a nullement le droit de reprendre
// les bijoux par lui donnés à sa femme; que la raison
// en est qu'il ne convient pas à un honnête homme
// de donner quelque chose à quelqu'un à titre gratuit

« et de le reprendre ensuite; qu'on ajoute que lorsque
« la femme vient à mourir, les dits bijoux font par-
« tie de ses biens particuliers; qu'il en est de même,
« au surplus, du *maher* à elle dû par le mari et des
« objets que lui donnent ses parents·»

« Attendu qu'il y a lieu pour le Tribunal, devant
« l'insuffisance des textes, de recourir à ces extraits;
« qu'au surplus, ces principes, reposant sur la raison
« et l'équité, sont conformes à ceux de notre législation
« métropolitaine;

« Attendu, sur un autre point, que la succession de
« Caderbibi est à partager entre des co-héritiers, su-
« jets étrangers et français, et que parmi les biens
« de cette succession se trouve une maison, sise à
« Nagour; qu'il y a lieu, en l'état, de permettre aux
« héritiers, sujets français, ainsi qu'ils le demandent,
« de prélever sur les biens qui se trouvent sur le ter-
« ritoire français une portion égale à la valeur de la
« maison de Nagour, occupée par le dit Hassan Ab-
« delcader;»

« Attendu, au surplus, que cette demande n'est pas
« contestée par ce dernier; qu'il ne conteste pas non
« plus que la valeur de la maison soit de 600 Rou-
« pies;»

« Attendu, en ce qui concerne Oumassa, qu'elle se
« contente de déclarer dans ses conclusions que la
« demande en partage introduite par Vapou Marécar
« et consorts, est fondée en droit musulman et doit
« être accueillie par la justice;»

« *Par ces motifs*, LE TRIBUNAL, jugeant en matière
« civile et en premier ressort, déclare Haçan Abdel
« Cader, héritier pour moitié de la succession de Ca-
« derbibi, sa femme, et Vapou Marécar, Pattou-
« man'Atchialle, Sahëb Canny, Sellatchy et Oumassa,
« héritiers pour l'autre moitié, en suivant le principe
« que le mâle a une portion double de celle des
« femmes;»

« Condamne Haçan Abdel Cader par toutes les
« voies de droit et même par corps; vu sa qualité d'é-
« tranger, à rapporter à la masse partageable: 1° les

« 200 chacras soit 843 Roupies montant du *maher* de
« Caderbibi; 2° les bijoux de la valeur de 920 Rou-
« pies qu'il lui a encore donnés au moment du mariage;
« 3° les bijoux de la valeur de 100 pagodes soit
« 280 Roupies à elle donnés encore au moment du
« mariage par sa mère Sévattamalle; 4° 600 Rou-
« pies valeur de la maison de Nagour donnée encore
« à Caderbibi par ladite Sévattamalle; »

« Renvoie les parties devant Me Mourgapoullé, ta-
« bellion à Karikal, pour le partage de ces biens dans
« la proportion ci-dessus indiquée; »

« Ordonne que les héritiers sujets français, prélève-
« ront sur la part revenant à Haçan Abdel Cader
« une portion égale à la valeur de la part à eux reve-
« nant sur la maison de Nagour; »

« Déclare ledit Haçan Abdel Cader non recevable,
« en tous cas mal fondé, dans toutes ses demandes,
« fins et conclusions, l'en déboute et le condamne
« aux dépens, dont distraction à Me François Gau-
« dart, qui l'a requise aux offes de droit.

« BOULLEY-DUPARC, *juge Imp.*

« Appel fut relevé de ce jugement par Haçan Abdel
« Cader; et, à l'audience du 31 Aout 1867, LA COUR
« de Pondichéry, *adoptant les motifs du premier juge,*
« statua de la sorte: »

« Attendu, en outre, que la loi musulmane contient,
« en ce qui touche les *donations entre époux,* le pas-
« sage suivant: » *La donation faite par un mari à sa*
« *femme ou par une femme à son mari, ne peut être*
« *révoquée, parce qu'elle a pour but d'augmenter l'af-*
« *fection entre eux; le mari ne peut même, en cas*
« *de divorce de son chef, révoquer la donation.* (HÉ-
« DAYA, *tom. III, page* 302); »

« Après en avoir délibéré, statuant sur l'appel in-
« terjeté par Haçan Abdel Cader Marécar, du juge-
« ment du Tribunal de Karikal, du 22 Avril 1865,
« confirme ledit jugement pour sortir son entier effet,
« etc. »

Prés: LAUDE. —

55. Mais, une donation faite à un fils peut être révoquée—à une époque quelconque—parce que le père a tout pouvoir sur les biens de son fils.— (1)

Les donations *pieuses* sont absolument irrévocables— parce qu'elle sont faites en considération de la divinité.

56. Le second caractère de la donation en droit musulman est de n'être pas sujette *à rapport.*—C'est la conséquence naturelle du droit signalé plus haut (page 333 n° 40 et suiv.) qu'a le père, en droit musulman, d'avantager un ou plusieurs de ses enfants au détriment des autres, par donation entre-vifs.

57. Nous n'ignorons pas que la Cour d'appel de Pondichéry a décidé le contraire dans son arrêt du 22 Septembre 1857.— Mais s'est-elle inspirée des vrais principes? —Qu'on en juge.

Voici cet arrêt dans ses *considérants* nécessaires (au moins.)

Au fond;

// Attendu que l'exhérédation des enfants ou de l'un
// d'eux ne saurait être sanctionnée par les tribunaux
// qu'autant qu'une disposition formelle de la loi ci-
// vile ou politique l'autorisàt, et qu'il est de prin-
// cipe que nul ne peut faire par voie détournée ce
// qu'il ne pourrait faire directement;//

---

(1) A l'égard des enfants, enseigne M. A. Eyssette: *Dr. Musulman,* *T. II, p.* 267, *à la note,*—// les donations à eux faites par leur père sont révocables— // *tant qu'ils restent à sa charge et sous sa dépendance;* elles ne le *seraient* plus après. // Les termes *at any time* ne s'opposent-ils pas à cette interprétation? Et M. A. Eyssette ne fait il pas ici l'office du préteur à Rome?—

« Attendu qu'il suit de là que la donation du
« 1er Décembre 1855 dont se prévaut l'intimé ne sau-
« rait être validée dans toutes ses dispositions qu'au-
« tant qu'elle ne contiendrait aucune infraction à ces
« principes; »
« Attendu que la loi musulmane, loin de permettre à
« un père de famille l'exhérédation de ses enfants,
« lui fait au contraire un devoir impérieux de dis-
« poser de ses biens en leur faveur, et qu'elle lui im-
« pose la même affection et les mêmes devoirs envers
« les enfants du sexe masculin et ceux du sexe fé-
« minin; »
« *Que les hommes et les femmes*, dit Mahomet
« CORAN, *Chap. IV*, DES FEMMES, *verset 8, aient une*
« *portion des biens laissés par leurs père et mère*
« *que l'héritage soit considérable ou de peu de valeur.*»
« Et, plus loin, verset 12:» *Dans le partage de vos*
« *biens avec vos enfants*, dit le prophète, *Dieu vous*
« *commande de donner au fils la portion de deux*
« *filles.* » Et, plus loin encore, verset 37:» *Nous avons*
« *désigné à chacun les héritiers qui doivent recueillir*
« *la succession laissée par les père et mère... Ren-*
« *dez à chacun la portion qui lui est due, car Dieu*
« *est témoin de toutes vos actions.* »
« Attendu, cependant, qu'il est enjoint aux adeptes
« de l'Islamisme de faire leur testament dès qu'ils
« sentent leur fin prochaine; que cette prescription
« implique la faculté pour eux de s'écarter, en dis-
« posant de leurs biens, des règles tracées pour les
« successions, et, par conséquent, d'avantager tel ou
« tel de leurs héritiers; »
« Attendu que, s'il n'appert que Mahomet ait lui-
« même imposé les limites extrêmes de ces libéra-
« lités, ses commentateurs limitent au tiers de ses
« biens la portion qu'un fidèle croyant peut distraire
« de sa succession, au profit soit de ses enfants ou de
« l'un d'eux, soit de parents proches ou éloignés,
« ou même d'étrangers à sa famille; »
« Attendu que des termes de l'acte du 1er Décem-
« bre 1855, il résulte que Calandar Catouvara Ra-

« voutar avait l'énergique volonté d'avantager son
« fils; que cette volonté doit être respectée; qu'il y a
« lieu dès lors, non n'annuler la donation que cet
« acte constate, mais d'en restreindre l'effet dans les
« limites ci-dessus fixées, au cas toutefois où elle ex-
« cèderait la quotité disponible;«
              PAR CES MOTIFS.................
....

« Evoquant et statuant sur la dite question par arrêt
« nouveau, dit n'y avoir lieu de prononcer l'annulation
« de la donation dont il s'agit;»
« Ordonne que, sur la masse partageable, dans la-
« quelle sera comprise la valeur des biens faisant
« l'objet de la donation précitée, un tiers sera pré-
« levé par Oumaracata Ravoutar, à l'effet de le remplir
« de cette donation; dit et ordonne que le surplus sera
« partagé moitié pour lui et un quart pour chacune de
« ses sœurs;—dit que les biens composant la donation
« du 1ᵉʳ Décembre 1855, seront spécialement affec-
« tés à la portion héréditaire du donataire, et qu'au-
« cune distraction n'en pourra être faite qu'autant
« qu'il y aurait dans la succession paternelle insuffi-
« sance de biens pour remplir les appelantes de la
« portion que la coutume mahométane leur réserve;—
« etc, etc.«...
....

58. M. A. EYSSETTE (chose digne de remarque) ne fait suivre cet arrêt d'aucun
commentaire. Il répare cette omission dans
sa table, p. 297, T. II. au mot QUOTITÉ DIS-
PONIBLE, en disant:» – Les dons entre-vifs ne
« ne sont pas rapportés à la masse de la suc-
« cession; ils sont sortis du patrimoine du
« défunt.»— Et il cite, a l'appui de cette
« opinion PHARAON ET DULEAU ET SAUTEYRA
« ET CHERBONNEAU.» (1)

_____

(1) Il dit encore, p. 291 de sa table du T. II.
« L'arrêt 21 (c'est celui que nous avons reproduit) est

Les passages qu'il vise condamnent absolument l'arrêt de la Cour précité:

Voici comment s'expriment, en effet, PHA-RAON ET DULAU. »—Chaque musulman pou-
» vant disposer de ses biens *d'une manière*
» *absolue de son vivant*, si quelque héritier a
» reçu des donations du défunt, *il n'est pas*
» *tenu à les rapporter*. La masse partageable
» ne comprend donc que les biens QUI SE
» TROUVENT EFFECTIVEMENT *dans le patrimoine*
» du défunt, à l'époque de sa mort. » *Dr.*
» *civ. musulman.p.* 257.).

M. M. SAUTEYRA ET CHERBONNEAU, après avoir posé le principe que le père peut faire à l'un ou à quelques uns de ses enfants, au détriment des autres, *donation de tout ou partie de ses biens* et cité la jurisprudence de la Cour et des Tribunaux d'Algérie, rapporte l'espèce suivante:

» Le nommé *bel Kassem* avait fait donation
» à ses trois jeunes enfants d'une tabia (en-
» clos entouré de figuiers) située dans le
» haouch el Sonnar, tribu des Khachenas, de
» deux juments et d'une paire de bœufs de
» labour. Il avait donné également à ses
» deux fils aînés des bœufs, des instruments
» aratoires et des chevaux. A son décès, ces
» derniers prétendirent que leurs jeunes
» frères avaient été avantagés et ils deman-
» dèrent le rapport à la succession de tout
» ce que le père avait donné de son vivant;
» mais les enfants ayant été tous mis en

» conforme *à l'équité*. Voilà tout ce qu'on peut dire
» à son avantage. Au point de vue du droit, il n'est
» pas irréprochable. »

« possession, ces deux donations furent va-
« lidées et les fils aînés déboutés de leur
« demande. »

60. Serait-il permis d'opposer à ces graves autorités l'avis émané du Kazy de Pondichéry que M. A. EYSSETTE déclare avoir
provoqué, lequel est ainsi conçu?—

« Un père a le droit de faire la donation dite Hiba
« d'un meuble et d'un immeuble, soit à son fils cadet,
« soit à son fils aîné. Mais notre saint prophète Ma-
« homet condamne cette donation comme injuste et
« entachée de partialité en faveur d'un fils au détri-
« ment des autres. De même, les imans ou auteurs
« religieux, dans leurs ouvrages les plus renommés,
« déclarent qu'une pareille donation est un acte de
« perfidie pouvant donner lieu à une action sur le
« bien qui en fait l'objet, lequel sera partagé, en
« parts égales, entre tous les fils. »

« En outre, lorsqu'un père fait un testament con-
« tenant legs, dit *wasyet* il ne peut léguer que le
« tiers de ses biens, le surplus devant être partagé
« entre les fils, suivant la loi. »

« Ces textes, tirés des trois ouvrages arabes et
« Hindoustanis intitulés: *Dourroul Mouhtktar*, *Kan-
« zoudda hayah*, *Michekatt Masibih*, traités célèbres
« du droit musulman, ont été traduits en tamoul par
« Cheik Houçan Sahëb, second maître d'Hindoustani,
« avec l'approbation de Cheïk Miran Sahëb, Cazi de
« la Cour. »

N'y a t-il pas plutôt dans cette consultation
la confusion la plus manifeste et la plus déplorable des principes qui régissent les donations entre-vifs et les dispositons testamentaires?—Evidemment.

Qu'il soit regrettable que le législateur
n'ait pas proscrit l'exhérédation par le moyen de la donation entre-vifs comme il l'a
rendue impossible par voie testamentaire, le

legs ne pouvant jamais dépasser le tiers de la succession, d'accord;— mais appliquer aux donations entre-vifs les règles applicables aux legs, sous prétexte d'équité, est, je ne le crains pas de le dire, une hérésie en matière d'interprétation des lois.

61. Terminons l'examen de cette question par la conclusion magistrale de M. A. Eyssette (T. II, p. 288) «—A notre avis— (dit-
« il)— l'exhérédation par la voie indirecte
« de la *donation entre-vifs* n'étant réprimée
« PAR AUCUNE LOI POSITIVE (1) appartient
« exclusivement au for de la conscience et
« et le juge temporel n'a rien à y voir.
« ....Si, dominé par une aveugle pré-
« dilection, un musulman enrichit un de ses
« héritiers au détriment des autres, il com-
« met une mauvaise action, et, du même
« coup, il perd sa place dans le paradis,
« suivant la loi mahométane.»—

---

(1) A preuve le passage suivant:—«Dans les *Dona-*
« *tions* des parents à leurs enfants, il est *recommandé*
« (dit N. DE TORNAUW) de ne pas faire au profit de
« l'un un avantage au préjudice de l'autre. *Cette re-*
« *commandation n'est pas dans le* KORAN.—Elle résulte
« d'un *hédith* du prophète, qui, ayant entendu un
« de ses contemporains dire en sa présence qu'il avait
« le projet de *donner* à l'un de ses fils plus qu'à l'au-
« tre, se redressa de toute sa hauteur et lui répondit
« QUE LUI, MAHOMET, NE VOUDRAIT PAS ÊTRE PRÉSENT A
« UNE PAREILLE ACTION »(*Exposé du Dr. musulman.*
p. 183). La désapprobation du prophète peut elle être
assimilée à une proscription. Nous ne le pensons pas.

FIN
DES DONATIONS ENTRE-VIFS.

APPENDICE

DES HABOUS.

SOMMAIRE.

1. La donation dite *habous* n'existe pas dans nos Etablissements de l'Inde, affirme M. EYSSETTE et, de fait, je crois que les tribunaux de l'Inde n'ont jamais eu a se préoccuper de libéralités de cette sorte, à moins qu'on n'en voie quelque trace dans le jugement du Tribunal de Chandernagor du 15 Avril 1867 et l'arrêt de la Cour d'appel de Pondichéry du 14 Avril 1868. (1)

2. Tout récemment, toutefois, un musulmal de Karikal, le sieur *Mougamadou Abdelcadermarécar*, adressa à l'Administration supérieure de la Colonie une demande tendant à ce qu'il fût autorisé à accepter une donation faite par lui même, le 14 Décem-

---

(1) *Voir Recueil* A. EYSSETTE, *T. II. p. 170.*

bre 1885, de la presque totalité de ses biens
en faveur de la KAABA de la Mecque et d'une
mosquée dite *Madourasazaiah*, que ce musulman avait fait construire à Karikal.

Par cet acte de donation, le donateur s'é-
tait constitué l'administrateur de son œuvre
de charité et, en cette qualité, avait accepté
ladite donation.—Il appelait, après lui, ses fils
à l'administration de ladite œuvre dans
des conditions spéciales stipulées à l'acte.

Cette donation constituait un véritable
habous.

Or, voici comment M. M. PHARAON ET
DULAU s'expriment au sujet du *Habous*.

« C'est une sorte de *substitution*; mais elle
« n'établit aucune inégalité entre les mem-
« bres de la famille; elle respecte scrupu-
« leusement les droits légitimes de tous les
« héritiers ou plutôt elles les restreint avec
« égalité et en suivant l'ordre légal des suc-
« cessions.—*Mais les biens sont frappés d'in-
« terdit jusqu'à extinction complète de la race.* »

4. Le *habous* s'établit ordinairement par
acte entre-vifs; celui qui veut convertir
ses biens libres en *habous* doit se présenter
devant le Kadi et faire dresser acte de sa
volonté, d'après la formule suivante:

〃 Au nom de Dieu juste et miséricor-
〃 dieux;

〃 Par devant le très illustre, très sage,
〃 très éclairé et très vénéré *Kadi Malékite* (1)

---

(1) Il a été enseigné par plusieurs auteurs que l'institution du *Habous* était particulière aux musulmans

» du Tribunal séant à Alger est comparu le
» très vénérable *Mohammed ben-Adhel Ruh-*
» *many*, lequel a déclaré vouloir mettre en
» *habous* la moitié de la maison qui lui appar-
» tient et qui est sise à Alger, rue de la
» Marine;—ledit *habous* comptera de la date
» du présent acte.

---

qui suivent le rite *malékite*; mais, c'est là une erreur, à
preuve l'arrêt de la Cour d'Alger du 21 Juillet 1869
qui suit:

« Attendu qu'en 1867, et à la requête de *Ben Hel-
kil ben-Turki*, le Tribunal de première instance d'Alger a été saisi d'une demande en liquidation et partage des successions mobilières et immobilières de
divers membres de la famille *Mahi-Eddin* ayant pour
auteur commun *Si-Mahamed-ben-Mahi-Eddin*, décédé
en 1802;—Attendu que les défendeurs à cette demande, à laquelle viennent s'adjoindre plus ou moins
expréssement d'autres membres ou alliés de la famille,
repoussèrent l'action en partage, en excipant de trois
actes successifs de *habous* des années 1817, 1827 et
1849, qui, modifiant l'ordre héréditaire, avaient établi,
tant pour les biens meubles qu'immeubles, des dévolutions successives enlevant aux demandeurs tous
droits héréditaires...—En ce qui touche les *habous*
de 1817 et 1827:—Attendu que les parties de Mᵉ Cher-
bonnet en demandent la nullité par les motifs qui
suivent: exclusion des filles ou femmes; absence d'institution pieuse de la part du fondateur; absence aussi
de l'indication du rite régulateur de ces *habous*;—
Attendu que le texte et l'esprit des deux actes révè-
lent une pensée pieuse dans l'ordre des croyances musulmanes, puisqu'ils affectent la dévolution dernière
en faveur de la *Mecque* et de *Médine*; que l'un des
actes, parlant de ces villes saintes, ajoute ces mots:
« Que Dieu augmente toujours leur noblesse, ainsi
que la vénération que l'on a pour elles;— Attendu

« Le metteur en *habous* en aura la jouis-
« sance, après lui sa veuve; et alors que
« Dieu aura rappelé près de lui celle-ci, les

que les deux constitutions sont formellement placées
sous l'invocation du rite de *Habou-Hanifa*, et que, sous
ce rite, l'exclusion des femmes et des filles est autorisée;
que, néanmoins, pour le cas où celles-ci seraient sans
soutien et dans la pénurie, le constituant, dans chacun des deux actes précités, pourvoit aux besoins de
leur existence:—Attendu que ces actes ont été exécutés
sans contestation, jusqu'à ce jour, par les générations qui
se sont succédé depuis 1817 et 1827, lesquelles sont re-
présentées aujourd'hui par toutes les parties en cause;—
Que les dits actes ont donc eu, par des dévolutions et
jouissances successives divisées sur plusieurs têtes, la
consécration d'une période de temps considérable, l'un
de cinquante ans, l'autre de quarante;—Qu'il importe
au repos des familles que les *habous*, lorsqu'ils sont
conformes, comme ceux-ci, aux lois et aux coutumes
des Arabes Algériens, soient maintenus dans leur validité jusqu'à ce que la loi française ait complété les
dispositions modificatives que sollicite la matière;—
En ce qui touche l'acte de 1849:— Attendu qu'il est
argué de nullité en la forme et au fond;—Qu'on ob-
jecte, quant à la forme, qu'il n'aurait point force
probante, en ce qu'il n'est qu'une copie extraite d'un
registre particulier à la famille *Mahi-Eddin*, en ce qu'il
a été dressé par un écrivain dépourvu de la qualité
de Cadi, et en ce que, parmi les témoins dont il mentionne la présence, il en est un qui déclare aujourd'hui
n'avoir pas assisté à sa confection;—Attendu, quant
au fond, que les appelants prétendent que l'acte serait
nul:— 1° parce que, étant fait selon le rite *Maleki*, il
contient, contrairement aux défenses de ce rite, un *habous* personnel, c'est-dire une réserve d'usufruit en
faveur du constituant;— 2° parce qu'il exclut de la
dévolution les femmes et les filles;—3° parce qu'il comprend dans l'immobilisation les objets mobiliers;—

« droits du *Habous* passeront à ses en-
« fants de père en fils, jusqu'au dernier
« degré de sa descendance. — Le partage

Sur la forme de l'acte: — Attendu qu'il émane de *Sid-Ammar-ben-Ahmed-ben-Menouch*, alors *Kazi* des *Benli-Sliman*, du cercle *d'Aumale*; — Qu'à l'époque de sa confection, l'organisation de la justice musulmane existait, quant au personnel, telle que l'avait trouvée la conquête de l'Algérie, et que l'avaient consacrée diverses ordonnances sur la matière, notamment celle du 26 Septembre 1842. alors en vigueur; — Qu'il ressort des renseignements fournis par l'administration supérieure que *Sid-Ammar* a exercé longtemps dans les *Beni-Sliman* les fonctions publiques de Kadi; — que, dès lors, les actes émanés de son autorité doivent faire foi comme tous autres de cette nature; — Que, si on voulait articuler que l'acte de 1849 dont s'agit contient des mentions fausses, notamment en ce qui touche la présence parmi les témoins de *Yahia ben-Ferat*, il faudrait procéder par voie d'inscription de faux. — Qu'en effet, l'article 43 de l'ordonnance du 26 Septembre 1842, donne à cet acte le caractère authentique; que, par conséquent et en l'état, LA COUR ne saurait s'arrêter à un certificat contraire aux mentions de l'acte et émané, au cours du procès, d'un témoin dont la mémoire peut n'avoir pas conservé un souvenir exact de faits remontant à vingt ans; — Attendu que, si cet acte ne figure que dans *le livre Chartier* de la famille *Mahi-Eddin*, ce qui, au reste, est d'usage dans les grandes familles musulmanes, on ne saurait en inférer des causes de non-validité, puisque, d'une part, il est constaté qu'il a été l'œuvre d'un fonctionnaire compétent, et que, d'autre part, à cette époque, les Kazis n'étaient pas encore astreints, comme ils l'ont été, à partir du décret du 1ᵉʳ Octobre 1854, à transcrire leurs actes sur des registres tenus dans leur *Mohakend*; — Attendu, tout d'abord, que rien

« des biens aura lieu ainsi:—Les mâles
« auront deux parts et les femmes n'en au-
« ront qu'une.—Lorsque Dieu fera arriver
« l'extinction de toute sa race, ledit *habous*

---

dans le texte de l'acte ne témoigne qu'il se fonde sur
les prescriptions du *rite malekite*;—qu'il importe peu
que la copie extraite, le 26 Février 1868, du registre
de famille émane des adels du Cadi Maleki d'Alger;—
Que l'acte originaire ne peut recevoir par cela aucune attache Malekite; qu'ainsi, dans le doute sur le
point de savoir s'il se place sous l'invocation, soit
Hanafite, soit *Malékite*, la première de ces interprétations serait autorisée, en considération des *habous*
de 1817 et 1827, auxquels se rattache le dernier et
qui énoncent expressément l'invocation de *Habou Hanifa*:— Attendu qu'à ce point de vue, les trois griefs
de *personnalité* du *Habous*, *d'exclusion* des filles et
d'affectation des objets mobiliers seraient sans fondement, puisque, sous le rite *Hanafite*, de telles clauses
dans les actes de *Habous* sont licites;—Mais, attendu
qu'indépendamment de la loi musulmane primitive
et des doctrines diverses qui se sont successivement
agitées autour d'elle, suivant les temps et les lieux, il
échet de tenir compte de la force des coutumes locales auxquelles le législateur de 1842 attachait une
valeur régulatrice et probante;— Qu'en effet, dans
l'article 37 de l'ordonnance du 10 Août 1834, il est
dit que les indigènes sont présumés avoir contracté
entre eux, selon la loi du pays, à moins de convention
contraire;— Que la loi du pays, en Algérie, dans les
premiers temps de la conquête, était aussi bien la
coutume locale consacrée par le temps que les préceptes admis ou controversés de tel ou tel commentateur du KORAN, de tel docteur ou tel autre de la
jurisprudence musulmane;— Attendu que l'acte de
1849 invoque l'existence des coutumes locales comme
autorisant le *Habous* personnel,— Attendu qu'il ré-

« reviendra à la corporation religieuse de
« la grande mosquée qui deviendra défini-
« tivement propriétaire des biens. »

---

sulte des documents de la cause, notamment d'attes-
testations fournies par des Kadis de la subdivision
d'Aumale, que, depuis deux siècles environ, les constitutions de *habous* sont toujours établies, dans cette
contrée, de manière à réserver la jouissance, sa vie durant, au constituant, et à exclure les femmes et les
filles, à la charge de pourvoir à leur existence et à
leur entretien, quand elles sont non encore mariées ou
veuves; — Attendu que cet usage paraît si bien in-
vétéré dans la coutume et les mœurs de cette contrée,
qui est celle où réside, de temps immémorial, la famille
des marabouts *Mahi-Eddin*, que, même de la part de
quelques parties en cause, l'une *Si-Mahfaud* l'un des
appelants, l'autre *Sid-Ali* l'un des intimés, il existe des
actes de *habous* faits sous le rite *maleki*, par les quels
les constituants se réservent la jouissance, leur vie
durant, des biens affectés de substitution; — Attendu
qu'il n'existe donc pas de cause de nullité des *habous*
de 1827 et 1849, et qu'ils doivent s'exécuter selon
l'ordre de dévolution qu'ils contiennent; — Confime le
jugement du Tribunal d'Alger du 19 Mars 1868,
etc. »

Pourvoi en Cassation par Hassen-ben-Kelhil et Turki
et consorts.

ARRÊT:

La Cour; — Sur le premier moyen du pourvoi, tiré
de la violation de l'article 815, C. civil., et des principes du droit musulman: — Attendu que l'arrêt attaqué
ne conteste pas le principe de l'article 815. mais qu'il
examine seulement si les demandeurs avaient un
droit de co-propriété dans les biens dont ils récla-
ment le partage; — Attendu que, sur ce point, les demandeurs en cassation reprochent à l'arrêt d'avoir
violé le droit musulman, en validant des actes de *habous* contre lesquels étaient invoqués plusieurs moyens

« Le metteur en *habous* déclare se réser-
« ver le droit d'anéantir le présent acte
« dans un cas d'urgence et de reprendre
« ainsi tous ses droits sur sa propriété;» —
 « Fait et donné à Alger en présence du
« *Kadi Maléki* siégeant à son tribunal.»

---

de nullité, savoir: 1° absence d'institution pieuse ou
charitable, 2° défaut d'invocation d'un rite déterminé; 3° exclusion des femmes et des filles; 4° réserve d'usufruit au profit du constituant; 5° immobilisation des valeurs mobilières;—Mais, attendu que le
pourvoi ne signale la violation d'aucune loi et s'appuie exclusivement sur des opinions de jurisconsultes;—
Que l'arrêt attaqué, pour écarter les moyens de nullité
dont s'agit, s'est fondé, soit sur des constatations de
faits contraires aux soutiens des demandeurs, soit sur
des principes qu'il déclare conformes au rite sous lequel
lesdits *habous* ont été constitués, aussi bien qu'aux
usages locaux consacrés par le temps;— Que, dans
de telles circonstances, la Cour de Cassation ne peut
dire que la loi musulmane a été violée;— Rejette ce
moyen.

 Sur le second moyen, tiré de la violation de l'article 7 de la loi du 20 Avril 1810, en ce que l'arrêt
attaqué n'aurait pas motivé sa décision sur quatre
chefs des conclusions de la demande. *Premier chef:*—
Attendu que si l'arrêt, dans les considérants où il
s'occupe des *habous* de 1817 et de 1827 ne s'est pas
expliqué sur le moyen de nullité pris de l'immobilisation des choses mobilières, et s'est borné à déclarer
que ces *habous* avaient été faits sous le rite *hanafite*,
il a néanmoins examiné le même moyen en s'occupant du *habous* de 1849 et a alors motivé le rejet de
ce moyen par la raison que la clause dont s'agit est
autorisée par ce même rite;— Attendu qu'il résulte
de ce rapprochement que le motif de droit donné pour
le *habous* de 1849 doit recevoir application au *habous*

5. La forme adoptée par le metteur
en *habous Mougamadou Abdel Kadermarécar*
était évidemment défectueuse; mais l'Administration, pour refuser de faire droit à
sa demande tendant (il est peut être bon de
rappeler) *à ce qu'il fût autorisé à accepter la
donation qu'il se faisait à lui même à titre d'administrateur du habous qu'il instituait,*—l'Administration supérieure de l'Inde déclara qu'elle

---

de 1827;—Rejette le moyen sur ce chef;— *Deuxième
chef*:—Attendu que si les demandeurs ont conclu
devant la Cour d'appel à l'annulation du *habous* de
1849 pour défaut de destination pieuse, l'arrêt attaqué a suffisamment motivé le rejet de ce chef de con.
clusions, en déclarant que le *habous* de 1849 se rattachait directement aux *habous* de 1817 et de 1827
dans lesquels il avait constaté la destination pieuse;—
Rejette le moyen sur ce chef.

Mais sur les *troisième* et *quatrième* chefs:— Vu
l'article 7 de la loi du 20 Avril 1810.—Attendu, *sur
le troisième*, qu'il résulte des qualités de l'arrêt attaqué
que la demande tendait au partage de trois successions,
parmi lesquelles celle de *Kadoudja;*— Qu'il était prétendu par les demandeurs que cette dernière avait,
non seulement, des droits dans la succession paternelle,
droits dont elle aurait été illégalement dépouillée par
les actes de *habous*, mais aussi des valeurs mobilières
laissées par elle à son décès;— Attendu que l'arrêt attaqué a disposé qu'il n'y avait lieu aux partage et
liquidation desdites successions, motivant uniquement
sa décision sur ce que les *habous* de 1817, 1827 et 1849,
étant validés, devaient régler la dévolution des successions dont s'agit;— Qu'il n'a donné aucun motif pour
écarter la demande en partage des valeurs *non haboussées*, s'il en existait;— Qu'ainsi l'article 7 de la
loi du 20 Avril 1810 a été violé sur ce point;—Attendu,
sur le quatrième chef, que les demandeurs, supposant

ne voyait aucune raison de donner l'attache officielle à un acte dont elle ne devait ni profiter ni souffrir et renvoya le requérant à instituer son *habous* comme il lui conviendrait, sauf bien entendu aux parties qui seraient lésées par ce *habous* à faire valoir leurs droits devant les Tribunaux.

6. Nous avons dit plus haut que nous examinerions,—en traitant des biens *habous*,— la question de savoir s'ils peuvent faire l'objet d'une donation.

7. M. M. SAUTEYRA ET CHERBONNEAU disent que non, en droit musulman; mais que la législation algérienne le permet.

Le *habous*, dans le principe, était, en effet, inaliénable, non seulement vis-à-vis des héritiers mais à l'égard du constituant lui

---

le cas où le *habous* de 1849 serait déclaré valable, avaient conclu subsidiairement devant la Cour d'Alger à ce que la moitié des biens compris dans ce *habous* fut considérée comme restée aux mains du constituant *Mahammed*, et comme faisant partie de sa succession, cette moitié n'étant point passée à *Sid-Tahar* constitué conjointement avec *Mahi*, mais sans clause de reversibilité;—

Attendu que l'arrêt attaqué a rejeté la demande en partage dans son entier, sans donner aucun motif à l'appui du rejet des conclusions subsidiaires dont il s'agit;— D'où suit que, sur ce point encore, l'article 7 de la loi du 20 Avril 1810 a été violé;—

Casse, sur les deux derniers chefs.

Du 25 Mars 1873—Ch. civ.— M. M. DEVIENNE, 1ᵉʳ prés.; GASTAMBIDE, rapp.; BLANCHE, 1ᵉʳ av. gén. (concl. conf.); GONSE ET DARESTE, av.

45

même, à moins d'une réserve expresse le concernant, dans l'acte de constitution.

La législation algérienne, tout en maintenant le *habous* l'a déclaré aliénable et conséquemment prescriptible:—

On lit dans l'ordonnance du 1ᵉʳ Octobre 1844, art. 3:—«Aucun acte translatif de pro« priété d'immeuble consenti par un indi« gène au profit d'un Européen ne pourra « être attaqué par le motif que les immeu« bles était inaliénables aux termes de la loi « mahométane.

La loi du 16 Juin 1851 (art. 17) sur la propriété en Algérie reproduit cette disposition et le décret du 30 Octobre 1858, l'étend aux transactions entre indigènes.— On y lit en effet:—// Seront applicables aux tran// sactions passées ou à venir *de musulman à* // *musulman et de musulman à israélite* les dis// positions de l'article 3 de l'ordonnance // du 1ᵉʳ Octobre 1844 et de l'article 17 de // la loi du 16 Juin 1851. (1)

Fin
DES HABOUS.

---

(1) Sauteyra et Cherbonneau. T. II. p. 414./.

DES TESTAMENTS

OBSERVATIONS PRÉLIMINAIRES.

SOMMAIRE.

1. Rappel des principes qni régissent les donations entre-vifs, en droit musulman.

2. La loi musulmane valide cependant les legs faits pendant la vie du testateur et qui ne doivent produire d'effet qu'après sa mort.—Motifs de cette dérogation aux principes ci-dessus rappelés.

3. Le musulman n'est pas seulement invité à faire son testament. La loi lui en fait une obligation.

4. Division du titre.

1. Nous l'avons dit, (mais peut être n'est il pas inutile de le rappeler,) d'après la loi mahométane, tout propriétaire a le droit absolu de disposer de ses biens pendant sa vie; mais ce droit prend fin à sa mort et ses biens passent à ses héritiers. Il peut donner, par acte entre-vifs, la quotité de ses biens qu'il lui convient—la totalité même. (*Voir supra p.* 333) mais l'acceptation doit suivre immédiatement la donation; et il ne lui est pas permis d'en remettre l'effet à plus tard. (*Voir supra p.* 317 n° 10.)

Le droit de donner par acte entre-vifs cesse aussi avant la mort et nous savons qu'une donation faite au lit de mort ne peut comprendre plus du tiers des biens du donateur après le prélèvement des frais funéraires et des dettes, à moins que cette donation ne soit ratifiée par ses héritiers *après* son décês.

2. Par application de ces principes, le legs par une personne de ses biens, lequel ne doit produire effet qu'à sa mort, devrait être nul, puisque le droit de propriété de cette personne a pris fin à cette époque. Mais la loi valide une telle disposition d'une part, « comme un hommage rendu au droit « de propriété;» d'autre part «pour permettre « au testateur de corriger, dans une cer- « taine mesure, la loi des successions; de « faire participer ses proches exclus de « l'hérédité au partage de ses biens et de « reconnaître les services que lui ont rendus « les étrangers, le dévouement qu'ils lui ont « montré dans ses derniers moments.» (1)

3. De plus, le Prophète ne tolère pas seulement le testament; il le commande. Le pouvoir de tester n'est pas facultatif comme chez nous, il est impératif:—

« Il vous est *prescrit*,—enseigne Mahomet,— « que lorsqu'un d'entre vous est près de « mourir, il doit laisser, *par testament*, quel- » que bien à ses père et mère et à ses pro-

---

(1)— Sauteyra et Cherbonneau. Toutefois, ajou- tent ces auteurs, un hédith du prophète porte:« Vous « ne devez léguer une partie de vos biens que lors- « que vous laissez vos enfants ou vos héritiers lé- « gitimes dans l'aisance.» Et un autre: «Ce serait pé- « cher contre la nature que de frustrer vos enfants « d'un patrimoine que les liens du sang leur assi- « gnent de préférence aux autres indigents.»—Mais, comme le disent les mêmes auteurs, ces conseils avaient seulement pour but de prévenir *l'abus du droit de tester*. (T. II. p. 317.)

« ches, d'une manière généreuse—c'est un
« devoir pour ceux qui craignent Dieu».—(1)

Mais le prophète, tout en prescrivant le
testament, en restreint l'étendue au *tiers de
l'hérédité*, après le paiement des frais funéraires et des dettes. (2)

4. Pour exposer toute la matière des testaments, en droit musulman, et traiter les
diverses difficultés qu'offre l'étude de cette
partie de la loi mahométane, nous examinerons successivement les questions suivantes:—

I. Qui peut faire un testament.

II. Qui peut recevoir par testament.

III. De l'effet et de l'interprétation des
testaments.

IV. Quelles sont les règles générales sur
la forme des testaments.

Nous terminerons par quelques mots sur
les exécuteurs testamentaires et les modes
de preuve des legs et des testaments.

CHAPITRE PREMIER.

QUI PEUT FAIRE UN TESTAMENT.

SOMMAIRE.

5. Personnes capables de tester?
6. *Quid* des mineurs?

---

(1) KORAN, *Chap. 11. Vers.* 176.
(2) *Legacies cannot be made to a larger amount
than one-third of the testator estate, without the consent of the heirs.* (MACNAGHTEN, *Of Wills.* p. 53.)

7. Les légs faits *au lit de mort* sont ils valables?— Dans quelle proportion?—*Quid* des reconnaissances de dettes, *au lit de mort?*

8. La femme peut elle valablement tester?

0. La différence de religion entre le testateur et le légataire exerce-t-elle une influence sur la validité des legs.

10. Est-il nécessaire que le testateur soit propriétaire des biens légués?

5. Toute personne capable de contracter est capable de faire un testament; d'où la conclusion qu'un *esclave, un fou* ne peuvent tester. (1) Il faut, en outre, être *propriétaire* des objets mentionnés dans le testament.

6. *Quid* des mineurs?— D'après les HANAFITES, un testament fait pendant la minorité est radicalement nul, lors même que le testateur ne viendrait à décéder qu'après avoir atteint sa majorité. (2)

---

(1) « Quant aux individus pourvus d'un conseil « judiciaire et à ceux qui, à raison de circonstances « particulières, sont déclarés incapables par la loi mu « sulmane (le condamné à mort, le soldat en expédition, « la femme enceinte de sept mois, etc.) ils ne sont « point frappés d'interdiction et leur testament sera « réputé régulier, établi dans les conditions requises, « sauf aux héritiers à justifier qu'au moment où ils « ont fait leurs dispositions testamentaires, ils n'avaient « plus leur raison. SAUTEYRA ET CHERBONNEAU, T. II. « p. 319. »

(2)—«La validité d'un testament (dit IBRAHIM HALÉBI) « exige différentes conditions et, parmi elles, le testa « teur doit être majeur».—On lit dans le HÉDAYA:— « Le testament ou le legs fait par un enfant est nul.»

D'après SAUTEYRA ET CHERBONNEAU les *Schaféites* et les Malékites reconnaîtraient aux enfants le droit de tester. (T. II. p. 319.)

7. Nous avons vu, au titre précédent
(DES DONATIONS) que si la libéralité entre-
vifs faite au lit de mort est frappée *d'uu certain descrédit* (1) il n'en est pas de même des
legs qui se produisent dans les mêmes conditions.—Ils sont, à la vérité, réductibles au
tiers de l'hérédité—mais le pouvoir de tester comporte, d'après SAUTEYRA ET CHER-
BONNEAU, le droit pour un individu, même
en état de maladie, en se constituant débiteur d'une somme quelconque, de disposer par là de tout son bien et d'exclure ainsi
ses héritiers de sa succession. (2)

Ainsi porte le Code HANAFITE.

Les mêmes auteurs ajoutent:—«Le Med-
« jelès d'Alger a constaté que la même rè-
« gle existait chez les MALÉKITES, jusqu'à
« concurrence du tiers de la succession.
« Nous lisons, en effet, dans une de ses dé-
« cisions du 17 Mars 1855:— *L'acte fait par
« si Amed, pendant sa dernière maladie, sera
« considéré comme un testament et la disposition
« qu'il contient comme un legs.— Le legs est
« valable puisqu'il est fait en faveur d'un indi-
« vidu qui n'est pas héritier du testateur.*»

---

(1) V. *Supra*, n° 19, p. p. 321 et *suiv*.

(2) Se constituer, pendant sa dernière maladie, débiteur d'une somme et faire un acte de *donation* me
paraissent être deux actes absolument différents. Si
la reconnaissance de la dette est sincère, et si cette
dette absorbe l'actif de la succession, les héritiers devront souffrir l'exclusion.—Mais si elle constitue une
donation *déguisée*, j'estime que les héritiers, en le
prouvant, pourront faire réduire la libéralité au tiers
de l'émolument successoral,

8. La femme peut évidemment tester. Elle le peut, sans le consentement de son mari, étant propriétaire absolue de ses biens.

SAUTEYRA ET CHERBONNEAU justifient le droit de la femme de tester, en ces termes: «—Ce droit résulte pour elle:

« 1° De ce qu'aucun texte ne la prive de « cette faculté;»

2° De la disposition en vertu de laquelle elle peut disposer du tiers de ses biens. (1)

9. La différence de religion entre le testateur et le légataire est elle une cause de nullité d'un legs?—Non, déclarent le HÉDAYA ET IBRAHIM HALÉBI.— Donc, un musulman peut désigner pour légataire un chrétien ou un juif et réciproquement.

Seulement, disent SAUTEYRA ET CHERBONNEAU—« Si postérieurement à la confection « de son acte de dernière volonté, *le testateur* APOSTASIE, son testament est immédia- « tement frappé du nullité. — LE LEGS EST « ANNULÉ, porte le texte, LORSQUE LE TESTA- « TEUR A APOSTASIÉ. (2)

10. Terminons ce chapitre en disant, avec les mêmes auteurs, que le droit musulman, en édictant la règle que le testateur doit être propriétaire des biens donnés, n'a pas eu seulement pour but de proscrire le legs de la chose d'autrui, mais d'empêcher un testateur insolvable, c. à. d. dont le passif excéderait l'actif, de frustrer, par des dispositions de dernière volonté, ses créanciers

(1) V. *supra* p. 336.
(2) T. II. p. 321.

dont les droits sont supérieurs à ceux des
héritiers du sang ainsi que des légataires
et,—il faut l'ajouter—antérieurs à ceux de ces
derniers.

CHAPITRE DEUXIÈME.

QUI PEUT RECEVOIR PAR TESTAMENT.

SOMMAIRE.

11. Personnes en faveur desquelles un musulman
peut disposer par testament.

12. Personnes incapables de recevoir par testament, en droit musulman.

13. Quand le legs fait à un héritier devient-il
valable?— *Premier cas*.

14. Le conjoint peut-il être légataire de son conjoint?

15. *Second cas* où le legs fait à un héritier devient
valable.

11. « En principe, le testateur peut dis-
« poser de ses biens en faveur de toute
« personne» enseignent Sauteyra et Cherbonneau, même:

1° D'un chrétien, d'un juif, d'un idôla-
tre. (1)

2° De l'enfant conçu—mais non encore
né;—pourvu qu'il naisse viable.

3° De celui qui est décédé *avant* le testateur,
pourvu que celui-ci ait connu le décès du

---

(1) Les *Schafiites* exigent que le légataire soit musulman./. (Abou Chodja, p. 37.)

légataire; parce qu'alors on suppose que le legs a été fait en faveur de ses héritiers.

4° D'une mosquée.

5° D'œuvres pieuses.

6° Des pauvres.

12. Par exception à cette règle, sont incapables de devenir légataires:

1° LE MEURTRIER DU TESTATEUR, sans qu'il y ait lieu de distinguer si le meurtre est volontaire ou involontaire.

« Il en'est ainsi (dit LE HÉDAYA) parce que la
« loi ne veut pas que le légataire profite de
« son crime. »

Sur cette question, SAUTEYRA ET CHERBON-NEAU établissent les distinctions suivantes:—

« Les HANAFITES admettent toutefois que
« celui qui a été la *cause innocente* du meurtre
« commis par d'autres ne doit pas être assi-
« milé au meurtrier et qu'il peut, en consé-
« quence, recueillir le legs fait en sa faveur.

« —Les MALÉKITES sont plus faciles:—ils
« disent que l'incapacité du meurtrier est
« une incapacité relative qui disparaît par
« le pardon du testateur et ils considèrent
« comme équivalent à ce pardon le silence
« gardé par ce dernier. —« *Est* (*valable* dit
« SIDI KHALIL) *le legs en faveur de celui qui a tenté*
« *de donner la mort au défunt, lorsque celui-ci*
« *a su que le meurtrier était son légataire.*

« Dans le cas contraire, le legs serait-il va-
« lable?— Il y a plusieurs avis.

2° LES HÉRITIERS. On lit, en effet, au Cha-pitre IV du KORAN, *vers.* 37:—« Nous avons
« désigné à chacun les héritiers qui doi-
« vent recueillir la succession laissée par les
« père et mère, par les parents et par ceux

« avec lesquels vous avez formé un pacte.—
« Rendez à chacun la portion qui lui est
« dûe, car Dieu est témoin de toutes vos
« actions. »

TOUT LEGS FAIT A UN HÉRITIER EST DONC NUL.

13. « Il devient valable, dit SIDI KHALIL,
« lorsque cet héritier perd sa qualité de
« successible, bien que le testateur l'ignore.
« L'inverse peut aussi avoir lieu. *Dans tous*
« *les cas, la qualité de successible ou de non suc-*
« *cessible s'établit au moment de la mort du tes-*
« *tateur.* »

14. Il est important de noter ici que les
Hanafites font exception à cette règle *en fa-*
veur du CONJOINT.

« Le *conjoint,* survivant, (dit un auteur mu-
« sulman de cette secte,) doit être excepté,
« parce qu'il est *allié* et *non parent*; qu'il est
« héritier légitimaire et non héritier uni-
« versel. »

Cette exception n'est pas admise dans les
autres rites.

15. Mais tous les rites sont d'accord pour
valider un legs fait au profit d'un héritier,
lorsque tous les autres héritiers y consentent.

Ce consentement doit être formel et librement donné.

Il doit être exprimé *après la mort du de cu-*
jus.

Il y aurait lieu de craindre, s'il était
donné *avant,* que les héritiers n'aient subi
une contrainte morale de la part du testateur et que leur consentement n'ait pas été
absolument libre.—

CHAPITRE TROISIÈME.

DE L'EFFET ET DE L'INTERPRÉTATION DES TESTAMENTS.

SOMMAIRE.

16. Il faut se placer au moment de la mort du testateur pour interpréter les dispositions que renferme son testament.

17. La volonté du testateur doit être suivie, quand elle est conforme à la loi ou encore quand elle n'y est pas contraire.

18. Tout legs fait à un héritier est nul, à moins que tous les héritiers ne le ratifient, *après* la mort du testateur.

19. Réduction des legs qui dépassent la quotité disponible.

20. Cas ou le legs de la totalité de l'émolument successoral est valable.

21. Ce que comprend la quotité disponible.

22. Le leg de biens indivis est valable.

23. Le testateur peut il léguer une chose qu'il n'a pas en sa possession?

24. *Quid*, des contrats déguisés par lesquels le testateur dispose de plus que la quotité disponible?

25. Les dettes doivent être payées intégralement.— *Quid*, des reconnaissances de dettes *au lit de mort*?

26. Quelles choses peuvent être léguées?

27. Influence exercée sur la validité des legs par des changements ou améliorations survenus dans la chose léguée.

28. *Quid*, si le testateur a légué un ou plusieurs moutons à prendre dans un troupeau, au cas ou un certain nombre de têtes du troupeau viendraient à périr;—*Quid*, s'il a légué un tiers, un quart du troupeau.

29. Le legs d'une chose illicite est nul. Exemples.

30. *Quid*, du legs d'un bien *habous*.

31 A quoi faut il s'attacher, quand les termes du testament sont ambigus?

32. Le legs passe-t-il aux héritiers du légataire, au cas de la mort de ce dernier avant le testateur?

33. Des legs pieux.— Principes qui les régissent.

34. *Quid,* en ce qui concerne les legs successifs d'un même objet ou de la même part d'hérédité à deux ou plusieurs personnes différentes?

25. *Quid,* lorsque le testateur a fait, en faveur de la même personne, deux legs successifs?

16. Le testament ne devant produire effet qu'après la mort du testateur, il faut se placer à cette époque pour interpréter les dispositions qu'il renferme.

17. La volonté du testateur doit être suivie toutes les fois qu'elle est conforme à la loi ou tout au moins qu'elle n'y est pas contraire.—Et, si une de ses dispositions est prohibée par la loi, le reste du testament n'en doit pas moins être respecté, en vertu du principe que *"Utile per inutile non vitiatur."*

18. Le droit de chaque héritier à une part de la succession est absolu. Car le prophète, lui même l'a commandé. On lit en effet, dans le KORAN:*" Les hommes doivent " avoir une portion des biens laissés par leurs " père et mère et leurs proches;—les femmes " doivent aussi avoir une portion de ce que lais- " sent leurs père et mère et leurs proches.— " Que l'héritage soit considérable ou de peu de " valeur,* UNE PORTION DÉTERMINÉE LEUR EST *" DUE"* (1)

_____

(1) Chap. IV. *Vers.* 8.

En conséquence, est nul tout legs fait à une personne qui, à la mort du testateur, est-un de ses héritiers, à moins que tous les autres héritiers ne s'accordent—*après la mort du testateur*—pour le ratifier. Les auteurs musulmans enseignent que, dans ce cas, la libéralité est en réalité l'œuvre des héritiers plutôt que celle du testateur.

Un musulman ne peut donc faire de legs qu'en faveur d'un étranger et encore *ce legs ne doit pas excéder le tiers de l'hérédité* (1) après le paiement des frais funéraires et des dettes. (2)

19. Si le testateur a légué *plus du tiers* de sa succession, soit en une fois, soit à diverses époques, et que les héritiers refusent de ratifier ces legs, tous étant également

---

(1) On lit dans SAUTEYRA ET CHERBONNEAU, au sujet de la quotité disponible, ce qui suit:«— La *quotité disponible* a été fixée par un *hédit* que rapporte « le HÉDAYA. Dans l'année de la prise de la Mecque, « dit l'auteur de ce traité, Abou Ouikas étant malade « demanda au Prophète s'il pouvait faire des legs « pour la totalité de ce qu'il possédait. Il lui fut ré-« pondu: Non.—Et pour la moitié?—Pas d'avan-« tage.—Et pour le tiers?—Oui, répondit le NABI, « VOUS POUVEZ DISPOSER DU TIERS. (T. II. p. 333.)

(2) Rappelons qu'en droit musulman il n'y a pas à faire état, dans le calcul de la quotité disponible, des *Donations faites.*

« Les biens donnés à un étranger ou même à un « héritier sont sortis de patrimoine du donateur, ils « ne font plus partie de sa succession et ne peuvent « pas y rentrer pour servir à la fixation de la quotité « disponible.» (SAUTEYRA ET CHERBONNEAU p. p. 333 et 334.) V. *supra*, p. 316 nos 56 et suiv./.

valables, chaque légataire doit souffrir une réduction proportionnelle.

Exemple: Si un *tiers* de la succession a été donné à *Primus* et un sixième à *Secundus*, le tiers légal (*quotité disponible*) doit être divisé en trois parts.—*Primus* en recevra deux et *Secundus* une.

Autre exemple: Si un terrain évalué à 2000 roupies était légué à *Primus* et si un châle évalué à 200 roupies était légué à *Secundus*,—le tiers égal (*quotité disponible*) étant de 1100 roupies, *Primus* devrait, pour avoir droit au terrain à lui légué, payer à la succession 1000 roupies et *Secundus*, pour recevoir le châle, devrait payer 100 roupies.

Mais s'il ne convient pas à *Primus* et à *Secundus* de recevoir leurs legs à ces conditions les héritiers sont libérés en payant au premier 1000 roupies et au second 100; ou encore en faisant vendre les choses léguées et en en partageant le prix entre les légataires et les héritiers conformément au droit de chacun.

20. Il est bien entendu qu'il n'y a lieu a réduction des legs que par rapport aux droits légaux des héritiers. Si le testateur ne laisse pas d'héritier, le legs peut comprendre la totalité de la succession. (1)

---

(1) Ceci est vrai seulement en ce qui concerne les *Hanafites*. On peut lire dans Sauteyra et Cherbonneau ce qui suit:—«Il n'est loisible, dit Ibrahim « Halébi, de disposer *de plus d'un tiers* de sa succes- « sion que lorsqu'on n'a aucun parent ou héritier « legitime; on peut alors disposer à son gré de tout « son bien. Et le commentateur ajoute:«Si le tes-

21 La quotité disponible (tiers légal que peut léguer le testateur) comprend non seulement les choses qu'il a en sa possession, au moment ou il fait son testament, mais aussi les choses futures qui se trouveront être sa propriété au moment de sa mort.

22. Le testateur peut également léguer des choses qu'il possède indivisément avec d'autres— ou léguer une même chose à plusieurs personnes, sans qu'il ait besoin de de séparer ou de définir la portion de chacune d'elles. (1)

23. Lorsque le testateur lègue une chose qu'il n'a pas en sa possession, il faut, par exemple, qu'il déclare que cette chose doit être achetée et donnée, autrement le legs est nul. *Exemple:*— Si je lègue un cheval à une personne, et qu'à ma mort il n'y ait pas de cheval dans ma succession, le légataire ne reçoit rien;—mais si j'ai eu la précaution de dire que, sur mes biens il sera donné un cheval à *Primus*, mon exécuteur testamentaire ou mes héritiers devront lui donner soit un cheval soit le prix qu'il aurait coûté.

24. Pour empêcher le testateur de disposer *de plus du tiers légal*, en faisant des *legs déguisés* sous une autre forme, le

---

« tateur *manque absolument d'héritiers de l'un ou de* « *de l'autre sexe, il a la liberté de laisser* LA TOTALITÉ « DE SA FORTUNE *à un légataire universel.* (*T. II.* « *p.* 338.)

(1) C'est la règle contraire qui est vraie en matière de donation. V. *supra* p. p. 328 et sui. —

législateur assimile tout contrat (comme
une donation—une vente—une reconnaissance de dette) fait par lui au *lit de mort*, au
legs et le ramene au tiers (1).—Etsi la reconnaissance d'une dette est faite en faveur
d'un héritier, elle ne vaut que si elle est *ratifiée par tous* les autres héritiers.—

25. Il n'est pas besoin de dire que toute
dette contractée légalement doit être payée
sur la totalité de la succession;— avec ce
tempérament, toutefois, que s'il n'y a pas
d'autre preuve de la dette que la reconnaissance du *de cujus* et que les héritiers s'opposent, la reconnaissance par testament ne

---

(1) V. *supra* p. 367 et *à la note*. On lit encore
dans Sauteyra et Cherbonneau:—« Le Hédaya dit
à ce sujet: « *Le legs fait sous forme de donation dé-
« guisée n'est valable que jusqu'au tiers.*—*La recon-
« naissance de dette sur le lit de mort peut, suivant
« les circonstances, être assimilée à un legs et par
« suite être réduite à la quotité disponible.*— Quant
« à la jurisprudence, elle s'est manifestée dans les
« circonstances suivantes:— Une femme *Fathma* avait
« fait des dispositions ainsi conçues:— Je veux que
« *Ben Diaf* me succède et hérite de tout ce que je
« laisserai. *Je lui fais donation de tout ce que je pos-
« sède.*—*Ben Diaf* voulut appréhender la succession
« entière; les héritiers s'y opposèrent et le Kadi Ma-
« léki d'Alger déclara, par jugement du 30 Novem-
« bre 1869, que cette disposition appelant un étran-
« ger à l'héritage devait suivre la règle des legs et, en
« conséquence, il n'accorda à *Ben Diaf* QUE LE TIERS
« DE LA SUCCESSION. «— Cette décision, frappée d'ap-
« pel, a été confirmée par arrêt de la Cour d'Alger
« du 14 Février 1870. » (*T. II. p.* 335.)

47.

peut être validée que dans la proportion du tiers de la succession.

26. Toutes les choses qui sont dans le commerce, mobilières ou immobilières, animées ou non animées, peuvent être léguées par testament.—Les legs peuvent comprendre un objet déterminé comme un cheval, un fusil, ou une fraction de jardin, de maison, ou une quotité comme le *tiers*, le *quart* des biens meubles ou immeubles composant l'hérédité.

27. Le changement ou l'amélioration des objets légués n'a aucune influence sur la validité du legs:—voilà le principe.—Si la maison léguée a été blanchie, si le vêtement légué a été doublé, si l'orge a été battu et mélangé, le légataire les recevra dans ce dernier état. «—Il profitera (dit *Sidi Khalil*) « des améliorations»;—par contre, il subira les pertes survenues ou les charges imposées.(1)

Quid, cependant, si postérieurement au legs d'un terrain nu, le testateur y élève une bâtisse? Les auteurs répondent: le testateur et le légataire seront co-propriétaires de la bâtisse et du terrain, dans la proportion, pour le premier, de la valeur de la bâtisse et, pour le second, de celle du terrain.—Il y a controverse, au cas où le testateur aurait, *postérieurement au legs*, détruit la bâtisse existante sur le terrain légué; les uns penchent pour la nullité du legs; d'autres soutiennent que le légataire devrait recevoir le terrain nu.

_____

(1) Sauteyra et Cherbonneau *T. II. p.* 330.

28. Si le testateur a légué un ou plusieurs moutons à prendre dans son troupeau, le légataire conservera son droit, quand même le restant du troupeau viendrait à périr.—Si le legs comprend une fraction: le quart, par exemple, il aura droit au quart du troupeau tel qu'il se composera au moment du décès du testateur.

29. Est nul le legs de toute chose *illicite*: par exemple un legs de vin fait à un musulman;—il en est de même du legs fait en vue de faire commettre une action coupable. Ex: Un legs fait à une personne, à condition qu'elle incendiera telle maison; qu'elle tuera tel individu; qu'elle empêchera tel croyant de prendre part au pélérinage.

30. Le legs d'un bien *habous* est-il valable?—Non, d'après le droit musulman pur. Mais, depuis le décret du 30 Octobre 1858 qui a rendu les biens *habous* transmissibles en Algérie, (Voir *supra p.* 362) rien n'empêche qu'un bien de cette nature soit l'objet d'un legs. (1)

---

(1) M. M. SAUTEYRA ET CHERBONNEAU rapportent à l'appui de cette dernière opinion l'arrêt de la Cour d'Alger du 21 Avril 1874 rendu dans les circonstances suivantes:«*Omar ben el Bdioni* fit, en 1857, un testa-
« ment dans lequel il léguait le *sixième* de tout ce
« qu'il posséderait à son décès à son ancien nègre,
« Salem, qu'il avait affranchi.—Il mourut en 1860.
« Salem réclama son *sixième* notamment sur deux
« immeubles appelés, l'un le *haouch Aïn Kahla*,
« l'autre le *haouch Aïn Mara*. Les héritiers de son
« ancien maître s'y refusèrent, en soutenant que ces
« deux *haouchs* étaient *habous* et que leur auteur

21. Quand les termes dont s'est servi le testateur sont ambigus, il faut s'attacher surtout à réaliser son intention, pourvu qu'elle soit (bien entendu) conforme à la loi.

« n'avait pas eu le pouvoir de leur enlever leur ca-
« ractère et d'en disposer au profit d'un étranger. Ce
« système fut accueilli par le *Kadi* de la troisième
« circonscription; mais, sur l'appel, la Cour a infirmé
« la sentence du premier juge par un arrêt ainsi
« conçu:»

« Attendu que les biens *habous* peuvent être alié-
« nés aux termes du décret du 30 Octobre 1858; que,
« par un acte reconnu régulier remontant au 1er Juil-
« let 1857, *Omar ben el Bdioni* a légué un *sixième*
« de tout ce qu'il posséderait à son décès à Salem *ben*
« *Ali*; que ce legs a produit son effet lors du décès
« de *Omar*, en 1860, sous l'empire du décret de 1858;»

« Attendu que *Omar ben el Bdioni* pouvait dispo-
« ser de ses biens par lui constitués *Habous*; que
« cette disposition pouvait se faire aussi bien à titre
« gratuit qu'à titre onéreux; que le legs constituant
« une disposition à titre gratuit a donc pu parfaite-
« ment s'étendre aux biens dont s'agit.»

« Attendu que telle du reste a été l'intention for-
« melle de *Omar*; que cette intention résulte du texte
« même du legs portant:« Il (*Omar*) entend que le
« *sixième* indivis de tout ce qu'il aura laissé en prin-
« cipal et accessoires soit distrait de sa succession et
« remis intégralement à son affranchi Salem.»

« Qu'elle résulte aussi des motifs qui ont porté ledit
« *Omar* à faire ce legs du *sixième*, motifs qui sont ainsi
« indiqués dans l'acte de dernière volonté. Il (*Omar*)
« n'a pour but en cela que de « complaire à Dieu su-
« prême et d'en obtenir le pardon immense, car Dieu
« récompense ceux qui répandent des bienfaits.»

« Qu'elle résulte enfin de cette circonstance qu'*Omar*
« *ayant constitué tous ses biens habous*, sa disposition

Exemple: Dans ce legs: *Je lègue à* Primus et à Secundus *ma maison*, si *Primus* meurt avant le testateur, *Secundus* prendra la maison tout entière, à la mort de ce dernier. Pourquoi?—parce que le legs a été fait indistinctement; qu'il y a lieu d'en induire que la volonté du testateur a été que les deux légataires, d'une manière quelconque, posséderaient la maison.—Au contraire, si le legs avait été ainsi conçu:— *Je donne à* Primus *et à* Secundus *ma maison pour qu'ils la possèdent, par égale part.* Il est clair, alors, que l'intention du testateur a été de léguer a chacun d'eux une moitié de ladite maison. Si *Primus*, dans cette espèce, meurt avant le testateur, la moitié qui lui a été léguée fait retour à la succession de celui-ci et passe à ses héritiers./.

32. Un legs fait à une personne sans une clause stipulant que le legs passera à ses héritiers, au cas où cette personne mourrait avant le testateur, se trouve annulé lorsque cet évènement se produit. Le motif en est que le legs n'est jamais devenu la propriété du légataire et que le testateur n'a pas manifesté l'intention, qu'en ce cas, le legs irait aux héritiers du légataire; mais si le légataire survit au testateur, quelque bref que soit le temps de cette survie, le legs passe dans le patrimoine du légataire, en-

---

« testamentaire se serait trouvée à peu près caduque, « contrairement aux termes du legs et des mot fs qui « l'ont déterminé;»

. «*Par ces motifs etc....*»

core qu'il ne l'ait pas expressément accepté avant sa mort, son acceptation résultant implicitement de ce fait qu'il ne l'avait pas refusé.

33. Il n'y a pas de préférence à établir en faveur des legs *pieux* au regard des autres legs. *Les uns et les autres ne peuvent excéder le tiers de la succession.*—S'ils viennent en concours ils doivent souffrir une réduction proportionnelle.

Si les legs sont faits pour l'accomplissement de divers devoirs religieux, ceux faits pour l'accomplissement des devoirs les plus absolument obligatoires sont exécutés les premiers, que le testateur ait prescrit de les accomplir en premier lieu ou non.—Mais à l'égard de ceux dont l'accomplissement n'est pas obligatoire, *l'ordre* dans lequel le testateur a fait ses legs doit être suivi. Chaque devoir distinct doit être considéré comme un legs distinct, puisque chacun d'eux a un objet particulier.— (1)

---

(1) On lit cependant dans SAUTEYRA ET CHERBON-NEAU ce qui suit:

« Nous venons de voir que lorsqu'il y avait plusieurs
« legs et que *leur importance réunie dépassait le tiers*
« *des biens*, ces legs étaient assujettis à une réduction
« proportionnelle. C'est là en effet la RÈGLE GÉNÉRALE,
« mais il y a EXCEPTION POUR LE LEGS FAIT POUR L'AC-
« COMPLISSEMENT DES DEVOIRS RELIGIEUX, DES PRATIQUES
« FONDAMENTALES RECOMMANDÉES PAR L'ISLAMISME. Ce
« legs prime les autres; il doit être exécuté tout d'a-
« bord, dit LE HÉDAYA et dans l'ordre suivant:
« 1° pour la purification, 2° pour la prière, 3° pour
« les aumônes, 4° pour le jeûne, 5° pour le pèleri-
« nage.»

34. *Quid*, lorsque le testateur a légué le même objet ou la même part de l'hérédité successivement à deux ou plusieurs personnes différentes, sans qu'aucun de ces legs ait été révoqué par lui?— Dans ce cas, disent les auteurs musulmans, les différents légataires sont co-propriétaires de la chose ou de la quotité léguée.—

35. *Quid*, enfin, lorsque le testateur a fait deux legs successifs en faveur de la même personne? Sidi Khalil répond:« Les
« deux legs seront livrés au légataires, lors-
« que les deux legs se composent de choses
« différentes: des drachmes, et de l'argent
« brut, de l'or et de l'argent; mais si les
« deux legs ne diffèrent que sous le rapport
« du nombre ou de la quantité, ce sera le
« legs le plus important qui sera attribué
« au légataire, quand même il serait le plus

« Il y a également EXCEPTION pour les œuvres qui
« ont un caractère religieux, *sans avoir cependant*
« *l'importance des pratiques fondamentales*. Ces œu-
« vres passent également avant les legs faits aux par-
« ticuliers et sont classées par Sidi Khalil dans l'ordre
« qui suit: 1° le rachat des prisonniers; 2° l'affran-
« chissement posthume lorsque le *de cujus* l'avait
« promis de son vivant, 3° le payement de la dot,
« lorsque le testateur s'est marié pendant sa dernière
« maladie et a célébré le mariage; 4° le payement de
« l'impôt Zekat; 5° le payement du Zekat de la fête
« du Fitr; 6° le rachat d'une assimilation injurieuse
« et d'un meurtre; 7° l'expiation due pour le serment;
« 8° pour la violation du jeûne du Ramadan; 9° pour
« l'omission d'un vœu; 10 à 14° l'affranchissement
« d'un esclave; 15° le pèlerinage non obligatoire.»

« ancien. »—Sauteyra et Cherbonneau ajoutent, à juste raison, qu'au cas ou le legs le plus important ou les deux legs réunis dépasseraient la quotité disponible, il y aurait lieu à réduction.

CHAPITRE QUATRIÈME.

DES RÈGLES GÉNÉRALES SUR LA FORME DES TESTAMENTS.

SOMMAIRE.

36 Le droit musulman reconaît quatre sortes de testament.

37. Règles concernant le testament *authentique*.

38. Règles concernant le testament *s. s. privé*.

39. De la révocabilité des testaments.

40. La validité du testament est subordonnée à l'acceptation du légataire;— comment il faut comprendre cette prescription du droit musulman.

41. Du testament *nuncupatif*.

42. Est-il valable dans l'Inde française?

43. L'est-il dans l'Inde anglaise?— A quelles conditions?

44. Du testament par *signes*.

36. Le testament, en droit musulman, peut être fait:—

1° Par acte authentique passé devant le Kazi.

2° Par acte sous seing-privé.

3° Verbalement.

4° Par signes.

Nous examinerons, dans quatre paragraphes successifs, les règles qui président à chacune de ces sortes de testament; et nous dirons quelles formes de tester sont valables parmi les musulmans des Etablissements français de l'Inde.

I.

Du testament authentique.

37. Il est passé, avons-nous dit, devant le *Kadi*: SAUTEYRA ET CHERBONNEAU enseignent que, dans ce cas, la signature des témoins n'est pas obligatoire, pas plus que celle de la formule d'exécution.

Ils donnent cette copie d'un testament reçu par le *Kadi* d'Alger, le 1ᵉʳ Juillet 1857,— « *Par devant le Kadi et ses assesseurs a comparu* « *Sidi A...demeurant à........lequel a dé-* « *claré prendre les assesseurs à témoin comme* « *quoi il entendait, sa dernière heure arrivant et* « *le Dieu vivant l'appelant à lui, que le sixième* « *de tout ce qu'il laisserait* soit distrait de sa « succession et remis en principal et acces- « soires à S....son affranchi.* »

Les testaments des musulmans en Algérie sont valables lorsqu'ils sont dressés par les notaires français, conformément au Code civil.

Le Gouvernement de l'Inde française a publié, le 27 Septembre 1775, un arrêt de règlement dont l'article 19 est ainsi conçu: « LES TESTAMENTS DES MALABARS, GENTILS OU « CHRÉTIENS, DES MAURES OU AUTRES INDIENS, « NE POURRONT ÊTRE PASSÉS QUE PAR LE TA- « BELLION DE LA CHAUDRIE, LEQUEL SERA AP- « PELÉ, A CET EFFET, AVEC UN INTERPRÈTE JURÉ « ET DEUX TÉMOINS DE LA RELIGION DU TESTA- « TEUR; ET LES MAHOMÉTANS APPELERONT LE « CAZY ET LE MOULLAH AVEC DEUX TÉMOINS. »

48

Depuis, est intervenu L'ARRÊTÉ DU 6 DÉCEMBRE 1838 qui laisse aux natifs *la faculté d'appeler ou de ne pas appeler à la confection de leur testament des fonctionnaires de leur religion.* Les testaments publics se passent donc, selon les formes prescrites par le Code civil, devant le tabellion, sans l'assistance du Cazy ou du Moullah, à moins que le testateur ne juge à propos de faire appeler l'un ou l'autre.—M. Eyssette (à qui nous empruntons ce résumé historique) ajoute:«—On objectera vainement que l'article 19 de l'arrêt de règlement de 1775 a été abrogé par l'article 3 de l'arrêté du 6 Janvier 1819, portant promulgation de plusieurs de nos Codes dans la Colonie.—Cet article 3 garantit, il est vrai, aux natifs, le privilège d'être jugés, en matière civile, selon leurs lois, us et coutumes; mais l'article 1ᵉʳ maintient expressément *les règlements dont l'utilité a été consacrée par l'expérience, lesquels continueront d'être observés dans les Tribunaux de l'Inde comme lois de localité.*»

Il est impossible d'avoir plus raison que l'éminent arrêtiste et sa déduction nous paraît irréfutable.—

Dans l'Inde, donc, répétons le, les musulmans ont la faculté d'appeler à la confection de leurs testaments le tabellion qui les rédige selon les formes prescrites par le Code civil, ou le Kâzy et le Moullah avec deux témoins.

II.

Testament sous seing-privé.

88. Voici, en ce qui concerne ce mode de tester, les règles spéciales qu'on trouve dans SAUTEYRA ET CHERBONNEAU.

Après la recommandation de mettre en tête du testament la formule:«*Dieu seul est Dieu et Mahomet est son Prophète*» il est prescrit que le testament «doit être *écrit de la* « *main* du testateur, *revétu de sa signature* et « de plus de la *signature de deux témoins*, ou, « à défaut de la signature de deux témoins, « contenir la mention suivante: *Exécutez* « *le présent testament*.—Les mêmes au· « teurs ajoutent:«Tout acte qui ne porterait « pas la signature de deux témoins ou la « formule d'exécution ne serait considéré « que comme un simple projet et serait « sans valeur; *il sera annulé* dit SIDI KHALIL.»

On peut encore faire un testament valable en ces termes: *J'ai écrit mon testament et je l'ai confié à un tel; ayez confiance en lui.* Ces mots sont considérés comme équivalents à ceux plus haut rapportés: *Exécutez le présent testament*.— Mais le testament fait dans cette dernière forme au profit d'un fils ne serait pas valable d'après SIDI KHALIL. (1)

Le testament sous seing-privé est-il valable dans nos Etablissements?— Oui, bien que le règlement de 1775 semble le proscrire.—Mais l'usage et les tribunaux l'ont

---

(1) SAUTEYRA ET CHERBONNEAU. T. II. p. 340..

conservé. Notre jurisprudence n'a pas établi
les conditions de sa validité mais on lit dans
ELBERLING que le testament s. s. privé peut
être, soit écrit de la main du testateur, soit
seulement signé ou même *reconnu* par lui
devant deux témoins idoines et désintéres-
sés appelés *à cet effet*.

Il n'est pas absolument nécessaire, d'après
le même auteur, que les témoins soient informés du contenu du testament; (1) ils ne
sont requis qu'à l'effet de prouver que le
document dont s'agit contient *le testament* du
de cujus et non pour en établir le contenu
dont l'écrit fait foi.—Toutefois, *dans l'usage*,
on a soin, en pareil cas, de faire signer le
testament par les témoins et de leur donner
connaissance des dispositions qu'il renferme./.

On peut faire un legs *conditionnel*: léguer
tel objet, telle quotité de ses biens. « *Si l'on
meurt de telle maladie ou dans tel village.* »
Le legs est annulé si le testateur se rétablit
ou retourne dans son pays natal.— C'est
logique. Toutefois les jurisconsultes musulmans distinguent si le *de cujus* a retiré, ou
non, l'écrit contenant le legs conditionnel
des mains du tiers à qui il l'a confié:—Au
premier cas, il serait annulé; le retrait du

---

(1) On lit également dans SAUTEYRA ET CHERBONNEAU:
« Quoique le testateur n'ait pas donné lecture de l'acte
« de ses dernières volontés, qu'il ne l'ait même pas
« déplié; cet acte, si son contenu est attesté par la si-
« gnature des témoins, fera foi et sera rendu exécu-
« toire, quand même le testateur l'aurait conservé
« entre ses mains jusqu'à son décès......,»

legs indiquant le changement survenu dans ses intentions; et ils citent à l'appui de cette interprétation le texte suivant de SIDI KHALIL:—«*Si le testateur n'a pas retiré l'écrit après* «*son retour ou son rétablissement, l'annulation* «*n'a pas lieu.*» Mais, disent-ils, si, après avoir recouvré la santé et terminé son voyage, le testateur laisse son testament *conditionnel* entre les mains du tiers, il montre par là sa volonté de maintenir les dispositions qu'il avait précédemment faites et le legs doit recevoir son exécution. (1)

39. *Révocabilité des testaments*.— Le testament est essentiellement révocable, à la volonté du testateur. Cette révocation est directe ou indirecte:—directe, quand elle résulte d'un acte ou d'une déclaration du testateur. *Exemple:* Vous avez fait un premier testament en 1875 en faveur de Cassim fils d'Abdallah; en 1880 vous déclarez *révoquer* vos dispositions antérieures et léguer la quotité disponible aux enfants de Mohammed. Il est évident que le legs dont s'agit doit être attribué à ces derniers à l'exclusion de Cassim.

La révocation est *indirecte* quand les actes du testateur témoignent de son intention de pas maintenir le legs qu'il a fait: Notamment, s'il a vendu la chose léguée, s'il l'a dénaturée. SIDI KHALIL dit, en effet. «Le «legs est annulé, si le testateur a mis en «liberté l'esclave légué, s'il a récolté la

---

(1) SVOTEYRA ET CHERBONNEAU *T. II. p.* 341.—

« moisson, tissé la laine, travaillé l'argent,
« employé le coton ou égorgé les moutons
« compris dans le legs. (1)

40. La validité du legs est, en outre, subordonnée à l'acceptation du légataire.—
// Le legs (disent Sauteyra et Cherbonneau)
// tant qu'il n'est pas accepté, est suspendu
// dans ses effets.»(2) Non pas qu'il ne produise
ses effets qu'à partir de l'acceptation. Cette
acceptation est nécessaire pour établir le
vinculum juris entre le testateur et le légataire; mais, une fois l'acceptation intervenue,
le legs remonte au décès de *de cujus.*—
Conséquence:—les héritiers sont tenus de délivrer le legs augmenté de tous les fruits
qu'il a produits depuis le décès.—

III.

Du testament nuncupatif.

41. Le testament verbal ou *nuncupatif* est
valable en droit musulman.
Voici dans quels termes Mahomet l'autorise:—
// Chap. V. *Vers.* 105:— O croyants, *les*
// *témoignages* entre vous, lorsque quelqu'un
// d'entre vous se trouvera à l'article de la
// mort et *voudra faire un testament,* se feront
// ainsi:— Prenez deux personnes droites
// parmi vous ou parmi d'autres;— (c. a. d.
// *des croyants non liés avec le testateur par au-*
// *cun degré de parenté)* Si vous êtes sûr quel-

---

(1) Sauteyra et Cherbonneau. T. II. p. 342
(2) Les mêmes. T. II. p. 343.

" que point éloigné du pays et que la ca-
" lamité de la mort vous surprenne; vous
" les renfermerez toutes les deux, après la
" prière et si vous doutez encore d'elles,
" vous leur ferez prêter le serment suivant:
" *Nous ne vendrons pas notre témoignage pour*
" *quelque prix que ce soit*, pas même à nos
" parents et nous ne cacherons pas notre
" témoignage, car nous serions criminels.»
" *Vers*. 106:— S'il se trouvait que ces deux
" témoin*s* se fussent rendus coupables d'une
" fausseté, deux autres parents du testa-
" teur, et du nombre de ceux qui ont dé-
" couvert le parjure, seront substitués aux
" deux premiers."—Ils prêteront serment
" devant Dieu, en ces termes:— Notre té-
" moignage est plus vrai que celui des deux
" autres; nous n'avançons rien d'injuste,
" autrement nous serions du nombre des
" criminels".

On lit encore dans le *Chap. II. du* KORAN,
vers. 177:

"—Celui qui, après avoir entendu les dis-
" positions du testateur, *au moment de sa mort*,
" les auras altérées, commet un crime.
" Dieu voit et entend tout.»

Point de doute, en ce qui concerne les
musulmans en général et d'Algérie en particulier; ils peuvent tester *oralement*.

42. Mais, en est-il de même pour les musulmans de l'Inde française?

La Cour d'appel de Pondichéry a eu l'occasion de se prononcer sur cette question
délicate; mais elle a, en quelque sorte, évité
de le faire.

Voici le considérant de son arrêt du 24 Mai 1870 sur ce point important.

    // —Attendu que la seconde partie de l'offre
// en preuve n'est pas admissible, *les dispo-*
// *sitions testamentaires devant être consacrées*
// PAR ÉCRIT;—*qu'en admettant même qu'elles*
// *pussent être établies* PAR TÉMOINS, en vertu
// du droit musulman, d'après la consultation
// du *Cazy* fournie par l'appelant, il faut que
// la disposition testamentaire ait lieu pen-
// dant que le testateur est en bonne santé
// .....etc.

    M. A. EYSSETTE. (*T. II. p.* 194, *à la note*) s'est prononcé, lui, catégoriquement sur la question et il ne pense pas que le testament oral existe encore chez les musulmans de nos Etablissements:—

    Voici ses raisons:—// La loi a établi—
// (dans nos Etablissements)— des notaires,
// des tabellions auxquels appartient le droit
// exclusif de recevoir les déclarations des
// parties et d'en dresser acte.—Elle n'admet
// pas que des particuliers viennent attester
// qu'en leur présence tel ou tel de leurs
// *coréligionnaires* a légué à tel autre tout
// ou partie de ses biens. Le musulman....
// peut tester selon les formes de la loi fran-
// çaise, ou, *s'il aime mieux*, PAR ACTE SOUS-
// SEING PRIVÉ RÉDIGÉ SELON LES PRESCRIPTIONS
// DE SA LOI PARTICULIÈRE;—mais pour la ma-
// nifestation de sa volonté, *il lui faut abso-*
// *ment un acte écrit.* Le sort de la pro-
// priété, surtout de la propriété immobilière
// ne peut être abandonné aux variations,
// aux caprices, aux perversités de la preuve

» testimoniale. (1)—Le Gouvernement local s'était préoccupé, dès le principe, de la grave question des testaments........ (Suit l'historique des règlements et arrêtés que nous avons reproduit à la page 385)......

43. L'éminent arrétiste ajoute:—«Dans « l'Inde anglaise, la loi mahométane sur les « testaments est exécutée sans restriction: « *The mahomedan law, with regard to wills of* « *mussulmanns, is acknowledged in all the courts* « *in India*, dit William Sloan, *Dig. V° Vill, p.* « 126. Il n'y a rien de bien étonnant. Les an- « glais admettent la preuve testimoniale dans « toutes sortes de contestations, à quelque « somme qui puisse s'élever la valeur de « l'objet litigieux.....»

M. A. Eyssette, dans son appréciation de la manière radicale dont les anglais appliquent la loi musulmane en matière de *testament oral*, est-il resté dans la mesure exacte qui est en quelque sorte la caractéristique de ses jugements?

C'est ce qui n'est peut être pas inutile de vérifier.

Si l'on lit, en effet, dans Elberling » qu'en » droit musulman, un testament peut être » fait *oralement*; que, quand ce testament est

---

(1) Ce sont des idées *françaises* plus que musulmanes. Rappelons ce que nous disions dans notre introduction *p.* 14 *à la note:*—En droit musulman, « *les actes écrits ne font pas preuve* suffisante pour « qu'ils puissent servir de base à la décision d'un « procès; il faut des dépositions de témoins, pour « établir la validité et la légalité de ces moyens de « preuve.» (N. de Tornauw.)

49

» suffisamment établi, il est valable et pro-
» duit effet»; il est à noter que cet auteur
s'empresse d'ajouter que » bien que le tes-
» tament *oral* soit aussi valable que le tes-
» tament *écrit*, il résulte de la nature du
» testament (qui est une déclaration essen-
» tiellement révocable) que, si le testateur
« ne meurt pas bientôt après sa déclaration,
« il n'est pas déraisonnable de présumer
« qu'il a modifié ses projets. C'est pourquoi
« le testament oral, est dans ce cas, sans aucun
« effet, parce que les intentions du testateur
« ont pu se modifier ultérieurement:—»

Il dit encore: « La disposition doit être faite
« en termes qui démontrent chez le testateur
« la ferme *intention de léguer* et non en paroles
« sans suite (LOOSE DISCOURSE).—De plus, le
« testateur doit prendre les personnes pré-
« sentes à témoin de ses intentions.—»

« Ce n'est pas tout.—Si les témoins n'ont
« à déposer du fait que *longtemps après la mort*
« *du testateur*, on peut toujours objecter à leur
« témoignage que leur mémoire ne leur per-
« met pas de rapporter ses paroles avec une
« exactitude absolue.»

Si je ne me m'abuse, ce sont là des restrictions importantes qu'il n'était pas inutile
d'opposer à la déclaration de M. A. Eyssette
aux conclusions finales duquel je me rallie
absolument du reste.— La forme *orale* est
incompatible avec la conception française
que nous avons du testament. Les règlements et arrêtés au moyen desquels nous l'a-
vons entouré, chez les populations natives de
l'Inde française, des garanties les plus

étroites, doivent conserver leur force et, *sur ce point,* la loi musulmane doit être pour le juge LETTRE MORTE.

IV.

Testament par signes.

44. Enfin, le musulman peut faire son testament par *signes.*—Il suffit que sa volonté soit clairement manifestée pour que ce testament soit valable.

Si le juge français, au moins dans l'Inde, rejette le testament NUNCUPATIF *a fortiori* repousserait-il le testament par *signes.* Nous ne citons cette forme de tester que *pour mémoire* et parce qu'elle est indiquée chez les auteurs musulmans. (1)

---

(1) Voici ce qu'on lit dans SAUTEYRA ET CHERBONNEAU:—......« *Sidi Khalil* nous dit dans son texte « qu'on peut tester *par signes;* et Abdel Baqui, le « commentateur autorisé du Précis de jurisprudence, « le confirme, en ces termes;—*Une disposition testa-* « *mentaire est valable et légale, lorsqu'elle est conçue* « *en termes explicites, comme:* JE DONNE OU JE LÉGUE « A UN TEL, *ou par toute autre forme indiquant, d'une* « *manière intelligible, l'idée et l'intention du testateur.* « *— Le testament est* ÉGALEMENT VALABLE ET LÉGAL, « LORSQU'IL EST FAIT PAR SIGNES ET, CE, QUOIQUE LE TES- « TATEUR PUISSE PARLER. »

CHAPITRE CINQUIÈME.

DES EXÉCUTEURS TESTAMENTAIRES ET DE LA

PREUVE DES LEGS ET DES TESTAMENTS.

SOMMAIRE.

I.

Des exécuteurs testamentaires.

45. On entend par exécuteurs testamentaires des personnes que le *de cujus* commet au soin de veiller à l'exécution de ses dernières volontés et de son testament. (1).

Mais les exécuteurs testamentaires n'ont pas seulement pour mandat de veiller à ce que les dispositions des testaments reçoivent leur exécution, que les legs soient fidèlement remis à ceux que le testateur a désignés;—ils ont *surtout* pour mission d'administrer les biens de la succession et de prendre soin des intérêts des enfants mineurs: *ce sont donc de véritables tuteurs.* (2)

46. Le testateur peut nommer un ou plusieurs exécuteurs testamentaires.— Il peut choisir une femme ou un homme. La femme mariée, pour accepter la charge d'exécuteur testamentaire, n'a pas besoin du consentement de son mari. (3).

Un mineur pourrait il être nommé exécuteur testamentaire?—Oui; mais, jusqu'à sa majorité, un administrateur lui serait substituée dans son mandat.

47. Mais la loi exige—disent SAUTEYRA ET CHERBONNEAU—que l'exécuteur testamentaire soit *musulman*.

On lit, cependant, dans ELBERLING: *On inheritance p.* 28 *à la note:*—«D'après la loi mahométane, si une personne d'une autre re-

---

(1) SAUTEYRA ET CHERBONNEAU. T. II. p. 344.

(2) Les anglais distinguent le *Will* du *testament*. L'acte de dernière volonté d'une personne prend le nom de *Will* quand il porte indication d'un exécuteur testamentaire; quand il n'en porte pas; il prend le nom de *testament* (ELBERLING, *on Wills, p.* 139.)

(3) C'est le contraire de la disposition de l'art. 1029 de notre Code civil.

« ligion a été nommée exécuteur testamen-
« taire, le testament n'est pas invalidé pour
« ce fait. Mais il appartient à la *Civil Court*
« d'en désigner une autre. HÉDAYA *vol.* IV.
« p. 541: mais cette prescription a été *abo-*
« *lie.*—Un indou, un chrétien peuvent *léga-*
« *lement* être choisis pour exécuteurs testa-
« mentaires par un musulman et *vice*
« *versa.* »

48. Si deux ou plusieurs exécuteurs testamentaires ont été désignés *séparément*,
l'un d'eux peut agir sans le concours de
l'autre et celui là qui a agi est seul responsable de ses actes.—Si tous les exécuteurs
au contraire sont disposés à agir collective-
ment, ou s'ils ont été nommés ensemble, ils
ne peuvent agir que conjointement. Il y a
exception à cette règle toutefois, dans les
cas suivants:

1° Quand l'acte dont s'agit ne peut souffrir de retard, comme le paiement des frais
funéraires, et des frais d'entretien des fils du
testateur;

2° Quand l'acte est d'un caractère obligatoire.—Ex: la restitution d'un dépôt.

3° Quand l'acte n'est susceptible d'aucune
délibération:Ex: l'émancipation d'un esclave,
la délivrance d'un legs conformément à la
volonté du testateur.

4° Enfin, quand l'acte doit profiter évidemment à l'hérédité: comme l'acceptation
d'une donation, par exemple.

49. Si de deux exécuteurs testamentaires
désignés *séparément* l'un vient à décéder,
le droit d'agir passe au survivant.

Mais, après la mort d'un de deux exécuteurs testamentaires nommés *ensemble*, le
survivant n'a point qualité pour agir exclusivement.—La raison en est que, si le testateur avait cru qu'un seul de ses exécuteurs
eût suffi à l'administration de sa succession, il n'en aurait pas nommé deux.—Si le
de cujus, a ce sujet, a laissé des instructions,
elles doivent être suivies, s'il n'en a pas
laissé, les instructions de l'exécuteur décédé doivent être prises en considération.
Si aucune instruction n'existe, il y a lieu
pour la justice de nommer un exécuteur à
la place de celui décédé.—

Si un exécuteur testamentaire unique
meurt après avoir désigné un exécuteur à
son propre testament, la personne ainsi
nommée devient l'exécuteur du premier testateur.

50. Le devoir de l'exécuteur testamentaire est de veiller à ce que les volontés du
de cujus soient exécutées le mieux possible.
L'importance et le nombre de ses obligations varient et diffèrent selon le contenu
du testament.—Tout ce qu'il fait en confor-
mité de la lettre ou de l'esprit du testament,
(pourvu que ce ne soit contraire ni a la loi
naturelle ni a la loi positive) est légal est valide; tout ce qu'il fait, au contraire, a l'encontre de la volonté du *de cujus* et du droit
des tiers est illégal et nul et engage sa
responsabilité.—Ses obligations sont en général, de veiller à ce que le *de cujus* soit con-
venablement enterré, de recouvrer les créances, de payer les dettes, de délivrer leurs
parts aux héritiers.

51. _Durée des fonctions de l'exécuteur testamentaire_: L'exécuteur testamentaire musulman n'est pas, comme l'exécuteur testamentaire français, limité dans la durée de son administration à _l'an et jour_ de l'art. 1026 du Code civil.— Il administre l'hérédité pour _des années_, jusqu'à la réalisation d'un but spécifié—ou pour un temps, limité (1) par exemple: jusqu'à la majorité des légataires et des héritiers, ou encore jusqu'à leur mariage. Sauteyra et Cherbonneau ajoutent: « La durée et l'importance du mandat sont « alors fixées par le testament et c'est à l'in- « tention du testateur, telle qu'il l'a formulée, « qu'il faudrait recourir en cas de contesta- « tion. »

52. Il n'y a aucune différence entre les devoirs des exécuteurs, des légataires et des héritiers au regard des funérailles du _de cujus_, de ses dettes et de ses obligations. Ils sont les mêmes. Si la succession est insolvable, tous les legs sont annulés ainsi que toutes les donations _au lit de mort_.

53. Les dettes sont payées avant les legs et antérieurement à toute distribution entre les héritiers.—Or, comme il est impossible de forcer tous les créanciers a se faire immédiatement connaître, l'exécuteur testamentaire doit laisser, depuis la mort du testateur, un certain temps s'écouler avant de faire aucune distribution soit aux légataires soit aux hériters;—autrement il serait responsable de l'indu paiement.—Il ne peut

---

(1) Elberling, _On inheritance, p._ 30.

d'autre part,forcer les créanciers à attendre, même pendant un temps très court, car ils ont le droit de le contraindre au paiement, tant qu'il y a des biens dans la succession.— (1)

54. C'est au légataire ou à son mandataire et non à un autre que doit être délivré le legs.—Un legs à un mineur doit donc être remis à son tuteur légal. Mais les exécuteurs testamentaires du père, du grand père, de la mère, du frère ou de l'oncle paternel deviennent, d'après la loi Mahométane, les tuteurs des enfants mineurs ou absents; cependant l'exécuteur testamentaire n'a pas le droit de partager la succession entre les héritiers et de retenir entre ses mains le legs du mineur. Au cas où l'exécuteur le ferait, les héritiers le rendraient responsable de la perte du legs, le legs étant une dette de la succession.

Ces règles sont applicables au legs fait à un absent.

Un legs fait à une femme mariée doit être—d'après le droit musulman—délivré en ses propres mains, ce legs faisant partie intégrante de sa fortune personnelle.

55. Il entre dans les pouvoirs de l'exécuteur testamentaire de vendre les biens de

---

(1) La loi anglaise, pour donner aux créanciers le temps de se faire connaître, prescrit aux exécuteurs de ne pas payer leur dû,— si ce n'est à leurs risques et périls,—aux créanciers et aux légataires,avant un an depuis la mort du *de cujus*. La loi musulmane ne prescrit qu'un délai *raisonnable*, laissé conséquemment à l'appréciation de l'exécuteur testamentaire.

la succession, mobiliers comme immobiliers;
et, que cette vente soit nécessaire ou non
au paiement des dettes et des legs, elle doit
être respectée.—Mais l'exécuteur est responsable, si elle a eu lieu sans des motifs plausibles et au détriment des intéressés.

II.

De la preuve des legs et des testaments.

56. On lit dans SAUTEYRA ET CHERBONNEAU
que les testaments se prouvent par:
« 1° L'acte authentique passé devant le
« notaire ou le Kadi;
« 2° Par des déclarations de témoins pourvu
« qu'ils remplissent les conditions et pré-
« sentent les garanties voulues;
« 3° Par la possession; (1)

57. Les deux derniers modes de preuves: *déclarations de témoins et possession* dérivent des principes du pur droit musulman.

---

(1) T. II. p. p. 344 et 345.—Voici l'arrêt dont
ces auteurs font suivre le mode de preuve des testaments tiré de la *possession:*—« Attendu que le legs
« est attesté par un acte de notoriété remontant au
« 24 Octobre 1853; que el Hadj Aïssa possède le
« tiers à lui légué et en jouit tranquillement depuis
« plus de vingt ans, en présence des appelants;—
« qu'il résulte de ces faits et de toutes les circons-
« tances de la cause que Salah ben Rabah a réelle-
« ment légué le tiers de ses biens à el Hadj Aïssa;
« que ce legs est valable et doit continuer à recevoir
« son exécution.» (COUR D'ALGER, 27 *Avril* 1874.»)

On a pu voir qu'en ce qui concerne la preuve, en général, et en particulier la preuve testimoniale, la tendance de la Cour et des Tribunaux de l'Inde a été d'amener les natifs de l'Inde française, (indous ou musulmans)à se soumettre aux prescriptions de notre Code civil qui leur offre des garanties autrement sérieuses que leurs législations particulières.—Cette évolution est faite, on peut dire, aujourd'hui;— et c'est aux règles du Code civil français qu'il y aurait lieu de recourir exclusivement, à mon avis, pour prouver l'existence des legs et des testaments émanés de musulmans de nos Possessions.

DE LA COMMUNAUTÉ

SOMMAIRE.

1. La communauté indoue n'existe pas chez les musulmans.

2. Propension innée chez eux vers cette forme de gouvernement domestique.

3. Décisions par lesquelles la Cour de Pondichéry a constamment repoussé les efforts des musulmans pour introduïre dans leur famille la Communauté.

4. La Cour a-t-elle agi prudemment en repoussant systématiquement les prétentions des croyants à la Communauté?—

5. Les Maplets ont adopté sans contestation la communauté de la côte Malabare appelée *Tarwad*.

1. Disons immédiatement que la Communauté—telle qu'elle est constituée par le droit indou—n'existe pas en droit musulman; que les principes de cette communauté ne peuvent être invoqués par les musulmans dans leurs débats entre co-héritiers.

2. Ce n'est pas que les croyants n'aient un gout marqué pour la communauté indoue, comme le remarque à bon droit M. A. Eyssette, mais la Cour d'appel de Pondichéry, par une jurisprudence constante, invariable, a opposé un *veto* absolu—irrémédiable à cette « propension innée chez eux « vers cette forme de gouvernement do-« mestique. » (1)

_____

(1) M. A. Eyssette *T. II. p.* 244.

3. Cela dit, il ne nous reste qu'à faire connaître les décisions par lesquelles la Cour a constamment et systématiquement repoussé les efforts tentés par les musulmans pour faire consacrer, *dans leur caste,* les principes de la Communauté indoue. (1)

1°.— Arrêt du 18 Novembre 1843 :

« Attendu qu'en vain l'intimé prétend
« que les deux frères *étaient en commu-*
« *nauté* de biens......qu'un pareil système
« est inadmissible; qu'en effet, LA COMMU-
« NAUTÉ DE BIENS, TELLE QUELLE EST RECONNUE
« DANS LE DROIT INDOU, N'EST PAS ADMISSIBLE
« CHEZ LES MUSULMANS. »

2°.— Arrêt du 23 Octobre 1852.

« Attendu qu'on ne peut pas dire que le
« terrain (dont s'agit) soit devenu commun
« à tous les autres membres, LES HÉRITIERS
« D'UN MUSULMAN NE SE TROUVANT PAS DANS UN
« ÉTAT DE COMMUNAUTÉ, TEL QUE LE DÉFINIT LA
« LOI INDOUE, mais seulement dans un état
« d'indivision qui......etc....»

3°.—Arrêt du 26 Avril 1856.

« Attendu........qu'on ne trouve aucun
« texte d'où l'on puisse induire que la com-
« munauté indoue peut être étendue aux
« musulmans; QUE LE CONTRAIRE EST ÉTABLI
« PAR L'USAGE. » (2)

___

(1) Voir dans la PRÉFACE ce que nous disons à ce sujet.

(2) LES MAPLETS OU MOPLAHS, musulmans de la côte malabare ont réussi a vivre sous le régime d'une communauté appelée *Tarwad.*— L'aîné de toute branche est chef de famille et se nomme *Karnaven.* Les auteurs membres s'appellent *Anandraven.* Le titre de *Kar-*

4°.— Arrêt du 8 Octobre 1859,

« Attendu.........que LA COMMUNAUTÉ DE
« BIENS qui est l'état normal des familles
« indiennes, N'EXISTE PAS CHEZ LES MUSUL-
« MANS.»

5.°—Arrêt du 1er Juin 1875 confirmatif du jugement du Trib. de 1re inst ance de Pondichéry— qui avait sta tué en ces termes.

« Attendu qu'en vain le demandeur........
« puise-t-il ses arguments dans les princi-
« pes qui régissent la communauté indoue;
qu'il a été jugé par la Cour...... *(le tribunal fait l'historique des arrêts successifs que nous
venons de rappeler)*.......

4. Donc pas de doute sur ce point:— Il
n'y a pas chez les musulmans— d'e COM-
MUNAUTÉ, telle qu'elle est reconnue dans
le droit indou.

Mais, par la succession d'arrêts que
vous avons tenu a reproduire, on a pu juger
de la persistance des musulmans de l'Inde
à vouloir adopter ce régime. Nous pensons,
avec M. A. EYSSETTE, que la Cour de l'Inde
française a agi dans la circonstance avec

---

naven passe au parent le plus âgé du *Karnaven* décédé
et non au plus proche parent par le sang. Un *Anandraven* ne peut obtenir la dissolution de la communauté; le consentement de tous est nécessaire.—Par
voie de conséquence, le créancier d'un *Anandraven* ne
peut provoquer le partage du *Tarwad* pour se faire
payer ce qui lui est dû sur la part dudit *Anandraven*.
(Voir, pour plus amples détails, ce que j'ai dit de la
loi du *Maroumacatayom* dans la PRÉFACE.)

sa prudence habituelle. Nous avons déploré dans nos LEÇONS DE DROIT INDOU le nombre considérable de procès soit entre parents soit avec des tiers auxquels donnait lieu ce régime insuffisamment organisé.

5. Les musulmans de la côte *Malabare*—nous l'avons dit plus haut—ont été plus heureux que leur congénères de la côte de *Coromandel* et du *Bengale*. A Mahé, les Maplets ont adopté sans opposition la communauté de cette région dite *Tarwad*.

FIN

DE LA COMMUNAUTÉ ET DE LA DEUXIÈME PARTIE

DES

LEÇONS DE DROIT MUSULMAN·

TABLE DES MATIÈRES.

51

Prescription.—Nous n'avons pas consacré de chapitre particulier à la *prescriptiou* des musulmans, toutes les prescriptions particulières des natifs de l'Inde française (*Indous* ou *Maures*) ayant été abolies, (ainsi que nous l'avons enseigné dans nos *Leçons de droit Indou.*) par un arrêté du Gouverneur de St-Simon, en date du 10 Octobre 1838, quia promulgué dans nos Etablissements, comme loi obligatoire pour tous les indigènes, le Titre xx du Livre III du Code civil.—Cet arrêté a été déclaré constitutionnel par un arrêt de la Cour de cassation du 29 Juin 1853.—(*V. Leçons de dr. ind.* p. 202 et *suiv.*)

Prise de possession nécessaire pour que la donation soit valable.—Le donataire doit se mettre immédiatement eu possession, 308.

Puissance paternelle, 158 et *suiv.*

Q.

Quotité disponible(V. Testament et legs).

R.

Rapport— (La donation n'est pas sujette à—), 346.—

Réduction proportionnelle des legs. 374, 375.—

Renonciation à sucession, 265.

Répudiation, 120;— Causes de répudiation que peut invoquer le mari, 121;—celles que peut invoquer la femme, 121, 122;— De la formule répudiaire, 122;—Combien de fois elle doit être répétée, 122 et *suiv.*— Le mari peut il revenir sur sa répudiation, 125.— Quand et à quelles conditions, 126;—compétence en matière de répudiation, 129.—

Résiduaires:— (Héritiers), 241.

Retour, 254.— Les époux y ont-ils droit?—N. DE TORNAUW s'exprime ainsi sur ce point: «*S'il* «*n'y a pas de* PARENTS, l'époux survivant recueille la «part qui lui est attribuée d'après la loi, c. à. d. «l'homme, la *moitié*; la femme le *quart.*— *Le reste* «d'après LE DROIT DE RETOUR.» LE SIRAJIYAH: (*Commentaire* de SIR W. JONES, Traduction de BABICK, p. 38) contient sur ce sujet le passage suivant:—

FIN.

de la table des matières.

www.ingramcontent.com/pod-product-compliance
Lightning Source LLC
Chambersburg PA
CBHW060520220326
41599CB00022B/3376